맹자에게
경영을 묻다

孟子

經營

맹자에게

경영을 묻다

유학과 경영의 낯선 만남,
미래를 여는 경영 이야기

유정년 지음

지식공감 도서출판

최근 인문학의 열풍이 강하게 불고 있습니다. 기업 등에서 조찬 강연과 임직원 연수만이 아니라 지자체의 시민 강좌에서 인문학은 이제 빠지지 않은 단골 또는 없으면 안 되는 필수요소가 되고 있습니다. 사실 인문학은 인간으로서 "나는 누구인가?"라는 정체성을 묻고 시민으로서 "나는 무엇을 하고 있는가?"라는 의미를 찾는 과정에서 중요한 역할을 합니다. 이처럼 인문학은 특정한 지식을 알려주는 기술 분야와 달리 삶의 전체와 마주하게 됩니다. 바로 이 때문에 인문학을 다소 어렵게 여기기도 합니다. 이러한 느낌은 평소 직업과 취미 등 자신의 부분에 열중하다가 의미와 정체성 등 자신의 정체를 만나게 되니까 가지는 당혹감이라고 할 수 있습니다. 이 당혹감을 피하지 않고 자주 만나다 보면 인문학은 어려운 학문이 아니라 반드시 해야 하는 학문이라는 것을 저절로 느끼게 되리라 봅니다.

〈맹자에게 경영을 묻다〉도 인문학과 만남에서 집필의 동기를 찾을 수 있습니다. 누구나 그렇듯이 한 인간이 삶을 열심히 살다가 어느 나이에 이르게 되면 이전과 다르다는 느낌을 받게 됩니다. 특히 가족에게 잘하려고 했지만, 결과적으로 아쉬움과 후회가 많이 남게 마련입니다. 유정년 교수도 이러한 느낌은 마찬가지입니다. "소중한 사람들과의 관계를 바쁘다는 핑계로 소홀히 하며 살아왔다는 사실을 뒤늦게 깨달았다." 이러한 깨달음은 인간의 관계를 성찰해보게 됩니다. 관계를 고민하다 보면 유학을 만나지 않을 수가 없습니다. 유정년 교수도 말하듯이 "유학은 관계의 학문"이기 때문이죠.

저자 유정년 교수는 다년간 경영 현장에 종사했고 성균관대학교 유학대학원에서 대학원과정을 마쳤습니다. 재학 중 사서오경을 두루 읽으면서 유학에 대한 기초 소양만 아니라 경영 현장과 유학을 결합시킬 수 있는 생각을 많이 했습니다. 또 학생회장을 열성적으로 맡아서 원우들의 대학원 생활이 알차게 되도록 큰 도움을 주었습니다. 저도 유학대학원에서 산둥성에 있는 공자와 맹자의 유적지를 탐사하면서 유정년 교수가 답사 준비를 철저히 하여 참가자들이 많은 것을 보고 느끼게 하는 데에 일조하는 모습을 직접 보았습니다.

유정년 교수는 경영 현장의 경험과 유학대학원의 수학 등을 결합하여 "바쁜 직장인들에게 인문학 고전을 읽기 쉽고, 활용이 가능한 방식으로 소개하고 싶은" 마음을 더욱 굳게 가지게 되었습니다. 이러한 굳은 결의가 이번 〈맹자에게 경영을 묻다〉라는 책으로 오롯이 드러나게 되었습니다. 책을 보면 전체 3부로 구성되어있으며 맹자에 주목하는 이유를 밝히고 나서 맹자와 경영의 결합을 논의하고 나아가 유학이 바라보는 인간 세상을 이야기하고 있습니다. 목차와 내용에서 보이듯이 맹자를 키워드로 하여 '유학 경영'의 특성을 구성하려고 노력하고 있습니다. 이 과정에서 서술하는 내용과 밀접한 시 9수를 『시경』에서 골라 자칫 딱딱하기 쉬운 내용을 부드럽게 만드는 솜씨를 발휘하고 있습니다.

사람은 각자의 눈높이에서 말합니다. 수십 년간 연구에 종사한 전문가가 유학을 아무리 쉽게 말하고 응용을 이야기한다고 해도 어려움을 피하기가 쉽지 않습니다. 이 책은 다년간에 걸친 경영 현장의 경험과 지식이 독자의 눈높이에서 『맹자』와 만남을 통해 고스란히 드러날 수가 있습니다. 이 덕분에 책을 집으면 술술 넘어가는 재미를 만끽할 수 있을 것입니다. 책장을 쉽게 느끼며 연신 고개를 끄덕이게 할 수 있는 솜씨야말로 다른 책에서 느낄 수 없는 이 책만의 장점이라고 할 수 있습니다.

사람은 경험에 갇혀서 새로운 도전과 변화를 시도하려고 하지 않습니다. 유정년 교수는 이 책으로 맹자와 경영의 결합이라는 의미 있는 도전을 시도했습니다. 앞으로 이 땅의 삶의 현장에서 소중한 지식을 길어 올린 분들이 유학을 통해 개인의 노하우를 여러 사람들과 공유할 수 있는 지혜로 성찰할 수 있으면 좋겠습니다. 이를 통해 경영 현장이 보다 인간의 얼굴을 한 활동으로 탈바꿈하는 날이 가까이 다가올 것입니다.

2017년 5월

유학대학원장 신정근 씁니다

지금, 맹자에게
경영을 물어야 하는 이유

재물은 집을 윤택하게 하고, 덕은 몸을 윤택하게 한다.

선이 쌓이면 마음이 넓어지고 몸이 펴진다.

富潤屋이요 德潤身이라 心廣體胖하도다.[1]
부윤옥   덕윤신   심광체반

틈틈이 유학 공부를 시작한 것이 어제 같은데 벌써 6년이 되었다. 마침 대학원 졸업도 있고 해서 그간의 공부를 종합 정리하고 싶었다. 그 전부터 물론 책을 쓰기로 마음은 먹고 있었다. 평소 의식주를 해결하듯 책을 읽어대던 필자가 유학을 만나고 얻은 삶의 변화와 기쁨을 타인들과 나누고 싶었기 때문이다. 이는 그간 타 종교나 철학에서 얻지 못했던 경험이었다. 유학은 일상에서의 올바른 도리와 판단 기준을 보여 주었다. 한순간에 느껴지는 영적 평안은 아니지만, 유학 공부에서 비롯된 생활의 조그만 변화들은 나의 부족했던 빈틈을 채우는 충만감을 안겨 주었다.

---

1 『대학장구(大學章句)』 6, "富潤屋 德潤身 心廣體胖"

필자는 얼마 전, 오랜 직장 생활을 마쳤다. 요즘 필자 또래 베이비붐 세대들의 퇴직이 한창이다. 경기 침체까지 겹쳐 매해 많은 친구들이 직장을 떠나고 있다. 퇴직한 친구들을 만나면 가장 먼저 나오는 한숨이 노후 걱정이다. 그런 경우 이구동성으로 하는 소리가 있다. 앞만 보고 달려오다 보니 노후를 준비할 새가 없었다는 것이다.

그런데 돌이켜 보면, 미처 챙기지 못한 건 노후의 경제력만이 아니다. 야속한 세월에 어느새 부모님은 돌아가셨고, 자식들은 커서 한 명씩 품을 떠나고 있다. 가족만이 아니라 직장에서도 친구 간에도 많은 사람들과의 이별이 있었지만, 한번 지난 순간은 다시 돌이킬 수 없다는 사실을 잊고 있었다. 곰곰이 생각해 보면 돌아가신 부모님께도, 함께 늙어가는 아내에게도, 훌쩍 커버린 아이들에게도 제대로 못 해준 아쉬움이 크게 남는다. 소중한 사람들과의 관계를 바쁘다는 핑계로 소홀히 하며 살아왔다는 사실을 뒤늦게 깨달았다.

유학은 관계의 학문이다. 다행히 늦게나마 유학을 접하면서 내 삶에서 무엇이 부족했는지 알게 되었다. 떠나신 부모님을 다시 뵙지 못함이 유감스럽지만, 유학 덕분에 이제라도 소중한 사람들과의 관계를 조금이나마 바로 잡을 수 있을 것 같아 그나마 다행이라고 생각한다. 하루하루 마음이 조금씩 여유로워지고, 몸이 펴지는 기쁨을 느끼고 있다.

경영자를 위한 보물섬, 공맹孔孟

책을 쓰기로 한 또 다른 이유는, 바쁜 직장인들에게 인문학 고전을 읽기 쉽고, 활용이 가능한 방식으로 소개하고 싶었다. 우리 사회에 인문학 열풍이 분 지 이미 오래되었다. 내가 다니던 직장에서도 임원들을 대상으로 매주 인문학 강좌를 개최해 다양한 분야의 내용을 소개하고 있었다. 기업에서 큰 비용을 들여가며 인문학을 강의하는 취지는 더욱 풍부하게 인성을 개발하고, 창의성을 고취하려는 취지에서일 것이다. 그러나 아쉽게도 필자의 체험만을 보자면 한 번씩 접하는 인문학 강좌 내용을 현업에서 활용하기는 어려웠다.

무엇보다도 잠깐 전해 들은 철학, 문학, 사상 등을 실제 경영 현장에서 어떻게 적용해야 할지 생각할 여유가 없었다. 평소 인문학을 체계적으로 공부하지 않은 사람에게는 경영과 인문학 간의 간극이 너무 커서 경영에 적절히 활용하기가 쉽지 않았다.

그러다 마침 수년 전 우연히 방송을 통해 『논어論語』 강의를 접했다. 그것이 계기가 되어 체계적인 공부를 위해 성균관대 유학대학원에 진학했다. 공부하면서 미처 개발되지 않은 보물섬을 찾은 것 같은 흥분을 느꼈다. 리더십, 소통, 직업윤리, 인간관계 등 많은 경영과 관련된 주제들에 대한 동양의 보석 같은 지혜가 먼지 쌓인 창고에 처박혀 있었다. 그래서 기회가 되면 꼭 경영 현장에 공맹孔孟이란 보물섬에서 필자가 발견한 것들을 제대로 전달하고 싶었다.

이 책은 주로 30대 이상의 직장인을 염두에 두고 썼다. 직장에서 한창 일할 시기라 체계적으로 인문학을 접하기 어려운 사람들에게 직장에서 흔히 접하는 문제의식에 초점을 맞춰 맹자의 사상을 소개했다. 따라서 지금 우리의 삶과 밀접하게 관련된 주제들이라 유학 경전의 내용이 쉽고 편하게 전해질 수 있기를 바란다.

『맹자』를 가지고 사서四書를 꿰다

유학 사상도 수천 년 역사를 통해 많은 변화가 있었다. 공자와 맹자가 살았던 춘추전국시대 유학과 이후 우리에게 익숙한 조선 성리학과는 천오백 년 이상의 시대 차이가 있고 많은 변화가 있었다. 이 책『맹자에게 경영을 묻다』는 '선진유학先秦儒學'이라 불리는 소위 진나라 이전 원시 유학을 기본으로 하여 그중에서도, 특히 맹자의 눈을 통해 우리 사회의 현상과 기업 경영의 문제를 바라보려고 시도했다.

맹자는 유학사儒學史에서 특별한 지위에 있는 존재이다. 공자에게서 직접 수학한 쟁쟁한 제자들이 많이 있었음에도 불구하고 공자 사후 100여 년 뒤에 태어난 맹자가 공자를 누구보다도 깊이 이해했다. 평생의 소원이 공자를 배우는 일이라던 맹자를 통해 공자의 사상이 알기 쉽게 해석되고 보완되었다.

약 1만여 자로 써진『논어』에 비해,『맹자』는 대략 3만 자가 넘는다. 내용이 많은 만큼『맹자』에는 단답식으로 써진『논어』를 이해하는 데 필요한 풍부한 사례와 자세한 설명이 담겨 있다. 그래서 공자의 사상을 이해하는데『논어』만 가지고 보기보다는『논어』와『맹자』를 비교하며 보는 것이 훨씬 생생하고 이해하기 쉽다. 따라서 이 책에서는 꼭『맹자』만이 아니라 사서四書에 속하는 나머지『논어』와『대학』,『중용』등에서 맹자의 주장과 관련되어 있거나 연원이 있는 여러 내용들을 함께 담았다. 사서를 통합해 함께 보는 즐거움과 사서에서 주제별로 가르침을 발췌하여 엮었으므로 깊이 있게 보는 기쁨을 누릴 수 있기를 바란다.

또한, 맹자는 단지 공자를 배우는 데서 그치지 않고 '성선설性善說'과 자신만의 여러 독창적인 사상들을 정립해 유학이 제자백가諸子百家를 넘어서 동아시아 사상의 대표로 올라서는데 결정적으로 기여했다. 맹자가 없었다면 아마 유학은 치열한 철학사에서 진작 소멸했을지도 모른다.

고전 원문 직접 만나기

반면에 맹자는 아성亞聖이라 불리며 성인의 반열에 올랐으면서도, 오랫동안 권력자들로부터 불온시되고, 금서로 취급되기도 했다. 『맹자』에 담겨 있는 혁명적 발상을 많은 권력자들이 두려워하고 미워했기 때문이다. 그만큼 『맹자』에는 정의의 새 시대를 열망하는 혁명가의 정신이 담겨 있다. 촛불의 힘으로 새 시대를 열어가는 광장의 시민들에게 또 4차 산업혁명 앞에서 혁신을 꿈꾸는 기업인들에게 맹자는 시대를 초월한 지혜와 용기를 줄 수 있다.

이 책은 경전 내용이 약 70퍼센트고, 경영과 사회 현상에 대한 이야기가 30퍼센트 정도로 구성되어 있어 기본적으로 경영 서적이라기보다는 동양 고전을 현재 경제 사회 문제와 관련해서 읽어 보는 인문학 서적이라고 해야 할 것 같다. 고전을 읽는 재미를 위해 독자들이 한자를 불편해할지도 모른다는 우려에도 불구하고 책에 한자를 많이 사용했다. 또한, 필자처럼 혹시라도 나중에 더 깊이 유학 고전을 공부하고 싶어 할 사람들을 위해 인용된 경전 내용은 가능한 한 모두 주석을 붙여 한문

원문을 소개했다. 이 책이 계기가 되어 고전 원문을 직접 만나보시기 바란다.

각 장 끝 부분에 『시경』에서 9편을 엄선하여 실었다. 305편에 달하는 시 중에서 대표시라고 할 수는 없겠지만, 공자나 맹자가 평소 중요하게 인용했거나, 수천 년이란 시공간을 초월해 인간의 공통된 정감을 나눌 수 있는 시를 택했다. 공자는 어린 아들 백어에게 시를 모르면 벽을 마주하고 서 있는 것과 같다고 가르쳤다. 그리고 그는 제자들이 시를 통해 정감을 고취하고 풍부한 어휘와 표현법을 배우기를 원했다. 이는 공자의 사상이 인간의 보편적 정감에 기초한 것임을 잘 보여 준다. 최소 2,500년 이전의 시를 통해 고전이 왜 아직도 우리에게 생생한 감동을 주는지 직접 느껴보시길 기대한다.

그리고 처음부터 유학에 관한 이론적인 설명을 불편해하실 분들을 고려하여 유학의 인간관과 경제관, 그리고 맹자에 대한 소개를 3부에 배치했다. 만약 자신이 느끼기에 유학에 대한 지식이 전혀 없거나 반대로 관심이 크신 분들이라면 1부를 읽은 다음에, 2부를 건너뛰고 3부를 먼저 읽는 것도 좋을 듯하다. 그렇게 한다면 2부의 내용을 이해하는 데 도움이 될 것이라고 생각한다.

끝으로, 지난 2년간 공맹의 장대한 숲길을 친절하게 안내해 주신 성균관대 유학대학원 교수님들께 감사드린다. 직접 곡부까지 가서 공자와 맹자의 삶을 안내해 주신 신정근 학장님, 선진유학의 깊은 철학적 의미를 깨우쳐주신 김성기 교수님, 공맹의 예술 정신을 가르쳐 주신 김응학 교수님, 『시경』의 감동을 생생하게 살려주신 상지대 이상은 교수님의 친절한 가르침 등이 없었다면 이 책은 나올 수 없었다. 진심으로 감사드린다. 또한, 직장을 퇴직하고 불현듯 학교로 가버린 나를 믿고 응원해 준 가족들에게도 감사한다. 특히, 아내는 원고를 꼼꼼히 읽어가며 많은 조언을 해주었다. 항상 미안하고 고맙다.

2017. 5. 10.
인능산 서재에서
유정년

3부. 유학이 바라보는 인간 세상

1. 유학의 인간관 •225

꿇어앉은 맹자 석각상

제나라에서 벼슬을 하던 맹자가 노나라에 돌아와 어머니 3년 상을 마치고 제나라로
돌아가면서 안타까운 마음에 어머니 묘 곁에 묻어 둔 본인의 좌상이다. 지금은 맹자
의 어머니를 모신 사당 안에 놓여 있어 왼손은 오른손 위에 포개고 어머니의 신위를
응시하고 있는 중년의 맹자를 볼 수 있다.

왜 맹자인가?

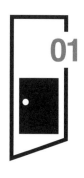

01

경영의 위기,
근본에서 생각하다

맹자가 왜 경영을 말하는가?

최근 수년간 경영권 문제로 롯데 그룹이 세상의 주목을 받았다. 첫째 아들과 둘째 아들 간 경영권 승계 다툼이 화제가 되었고, 그 과정에서 불거진 각종 탈세 혐의로 검찰 조사를 받았다. 지난해에는 롯데 그룹 부회장이 검찰 출두를 앞두고 자살하는 일까지 발생했다. 롯데가 일본에서 출발한 기업인 데다가 지배 구조가 분명치 않고 그 오너의 자제들도 한국말에 서툴다 보니 사태를 바라보는 사람들의 심경이 복잡했다.

사람들 사이에선 한국의 대표적인 내수 기업인 롯데가 과연 한국 기업인지 일본 기업인지를 두고 논란이 있었다. 더구나 늘 일본과 독도 문제로 갈등을 겪고 있는 우리 입장에서는 롯데라는 기업의 지배권 향방이 큰 관심사가 아닐 수 없었다. 만약 롯데가 지배 구조에 있어 사실상 일본 기업이라고 판명된다면 사람들의 충격은 클 것이다.

단순 비교는 불가능하겠지만, 롯데 그룹의 가치와 독도의 국익적 가치를 따져본다면 어느 것이 더 가치가 클까? 참고로 2014년 말 기준으로 롯데 그룹 내 상장사의 시가총액과 비상장사의 순자산 가치를 합치면 약 71조 원에 달한다. 2015년도 국내 롯데 그룹의 91개 계열사 총 매출은 68조 원을 넘었다. 정규 임직원 수만도 9만 6,000명이다.[2] 아마 이에 비정규직과 협력업체 인원수까지 포함한다면 롯데 그룹과 관련된 일로 생업을 삼고 있는 임직원 수는 최소한 정규직 수의 두 배 정도인 20만 명을 넘을 것이다. 이들이 가장이라면 그 가족 수를 세 명만 잡아도 족히 60만 이상의 사람들이 롯데 그룹의 직접적인 영향권 아래서 살고 있다고 볼 수 있다. 이 숫자는 2015년 제주도 인구수 64만 명에 버금간다. 롯데 그룹의 경영권 분쟁으로 촉발된 경영 위기는 오너 형제들만의 개인사가 아니라 수많은 주변 사람들의 삶에 직접적으로 영향을 주고 있는 것이다.

고대에는 땅은 넓고 인구가 없어 서로 백성과 노비를 차지하기 위해 싸웠다. 제국주의 시대에는 자원과 시장 획득을 위한 영토 전쟁을 불사했다. 그러나 지금 같은 자유무역주의 시대에는 나라마다 서로 기업을 육성하고 유치하기 위해 치열하게 다투고 있다. 후기 자본주의 체제에서 국가가 지켜야 할 가장 귀한 자산이 무엇인지 다시 생각하게 된다.

그런데 이처럼 거대한 조직의 운명이 오너 몇 사람의 잘못된 처신 때문에 마구 흔들려도 되는 것일까? 롯데 그룹에 관련된 인구수는 공자가 살았던 춘추시대 기준으로 보면 어림잡아도 큰 제후국에 해당된다. 공자와 맹자는 잘못된 위정자 때문에 고통받는 백성들을 구제하기 위해

---

2 곽정수, 「재계 5위 롯데 2015년 매출 60조」, 『한겨레』, 2016. 6. 16.

천하를 주유하며 제후들에게 왕도 정치를 유세했다. 지금 다시 공맹이 살아난다면 분명히 두 사람은 기업가들을 주목할 것이다. 그리고 과거 제후들에 버금가는 중책을 맡고 있는 기업인을 위해 많은 가르침을 남겼을 것이라고 생각한다. 그런 점에서 이 책은 맹자의 눈을 통해 오늘날 우리 사회와 기업 경영의 문제점을 짚어 보고, 맹자의 사상 속에서 그 해결책을 찾아보려고 한 시도이다.

창업 신화의 소멸, 그 이후 기업 문화는?

해방 후 시작된 우리 기업의 역사도 벌써 70여 년에 접어들었다. 국내 대표 기업들의 경영권이 어느새 창업자의 3세, 4세로 넘어갔다. 시대가 흐르면서 달라진 것이 있다. 과거에는 기업 현장에 기업의 임직원들이 함께 공유했던 창업 세대들의 신기하고 놀라운 무용담이 있었다. 산업화 초기 기업 창업주들의 불굴의 도전과 모험적인 성공 스토리들이 바로 그것이다. 현대 그룹의 창업자인 정주영 회장이 500원짜리 지폐에 있던 거북선 그림을 가지고 해외 투자가를 찾아가 설득했다는 전설 같은 이야기가 그런 예이다.

그 세대가 활동하던 시절에는 어느 곳에서나 창업자의 체험과 생각이 기업 문화의 DNA가 되었다. 사회 전반적으로 교육이 부족하던 시절 선지자적인 창업자의 안목은 경영의 교과서가 되고 그들의 말은 어록이 되어 조직 문화의 근간을 이루었다. 대부분 기업은 별다른 경영 이론보다는 제각기 창업자의 개인적인 사업 경험과 철학에 근거해 서로 다른 기업 문화를 구축했다.

그러나 지금 산업 현장에 근대화의 주역이었던 창업 1세대들은 없다. 어느새 세상을 떠난 지 10년이 넘은 창업자들은 젊은 세대에게는 이미 역사 속의 인물이다. 20~30대 직장인들에게는 선배 사원으로부터 구전을 통해 전해 듣는 창업 세대 이야기는 대부분 비현실적인 신화에 가깝다. 기업 문화에서 창업자에 대한 기억이 사라져 가고 있다.

창업자들이 떠나면서 기업 문화에 두 가지 큰 변화가 생겼다. 그 첫 번째는 가난을 딛고 일어서서 사업을 일군 창업자들의 모험적이고 역동적인 기업가 정신이 잊혀가는 것이다. 밑바닥부터 직원들과 함께 동고동락하며 쌓아온 풍부한 사업 경험은 대부분 기업에서 기업 문화의 핵심이었다. 선진 경영 기법은 아닐지라도 험난한 현대사에서 고난을 이겨내며 창업자들이 이루어낸 사업 성과는 무엇과도 비교할 수 없는 생생한 경영 교과서였다. 그 기억들이 사라져 가는 것이다. 두 번째는 해방 전에 태어난 창업 세대들에게는 근대화 전후를 함께 경험한 사람들이 공유하고 있었던 전통문화에 대한 친숙한 이해가 있었다. 창업 세대들을 통해 공동체를 강조하고 개인의 인성을 중시하던 전통문화가 회사 인사 및 조직 관리에 스며들어 있었다. 그러나 어느 순간부터 경영 현장에서 급속히 전통문화의 단절 현상이 심화되었다.

통상 많은 사람들이 전통문화라면 사라져 가는 구시대의 관혼상제만을 연상한다. 그러나 오랜 역사를 거쳐 이어져 온 전통문화에는 우리 민족이 가지고 있는 우주와 인간에 대한 철학적 물음과 답변들이 녹아 있다. "인간은 누구인가?", "정의란 무엇인가?", "무엇이 윤리적인가?" 등등. 이런 질문들은 동서고금을 막론하고 문명의 근본을 이루는 것들이다. 창업 세대들은 비록 체계적인 교육을 통해 이런 철학을 접하지 않았다 할지라도, 성장 과정에서 자연스럽게 이를 체득하고 이해해 왔다. 그리고 창업 세대를 통해 전통문화는 기업의 인사, 조직관리, 마케팅 등 여러 분야에 깊숙이 배어들었다.

그러나 근대화 세대가 은퇴하면서 우리 세대가 가진 전통에 대한 이해도는 급격히 추락했다. 유복한 환경에서 서구식 교육을 받으며 자란 후대 경영자들에게 전통문화는 오히려 극복해야 할 구습처럼 비치고 있다.

이런 후대 경영자들에게 창업 세대가 사라지며 나타난 기업 문화의 공백은 생각보다 다루기 어려운 도전 과제가 되었다. 더구나 과거 창업 세대에게는 개인적인 흠결이 있더라도 맨손으로 시작해 사업보국事業報國을 이루었다는 누구나 인정해 줄 만한 공적이 있었다. 반면에 후대 경영자들은 본인의 사업 경륜은 일천한데 조직은 과거와 비교할 수 없을 정도로 거대해지고 복잡해졌다. 그래서 과거보다 리더십의 권위가 약한 지금 경영자들에게 조직을 하나로 만들어 줄 새로운 기업 문화를 정립하는 일은 날로 더 어려워지는 과제가 되고 있다.

지금 오래된 기업에서 기업 문화에 대한 창업자 정신의 빈자리를 서구에서 도입된 경영 이론들이 대부분 대신하고 있다. 그 과정에는 특히 미국 MBA 출신들이나 경영 컨설팅 회사들의 역할이 컸다. 특히, IMF 이후 구조 조정과 경영 혁신을 목표로 붐을 이루었던 대기업들의 경영 컨설팅의 영향으로 우리의 기업 문화에 큰 변화의 바람이 불었다. 기존의 가족주의적 문화에 서구의 합리적 경영 문화가 급격히 유입되었다. 덕분에 산업계 전반에서 주먹구구식 의사결정이 과학적 분석과 판단에 따른 경영으로 바뀌고, 경영 활동이 표준화, 계량화되는 발전이 있었다.

그러나 부작용도 많았다. 경영 지식은 물리, 수학 같은 순수 과학 지식이 아니다. 새로 유입된 경영 지식은 대부분 서구 사회의 오랜 역사와 인문학적 사상을 배경으로 수립된 것들이다. 서로 출발과 가정이 다른 문화에 대한 충분한 고려 없이 무분별하게 이식된 경영 방식으로 인해 여러 곳에서 문화 충돌이 발생했다. 특히, 미국식 경영의 특징인 개인주의 강조, 단기성과 지향, 이해 관계자 중 주주 이익 우선, 고용 안정성보다 고용 유연성 강조 등의 경향은 기존 사회 문화와도 많은 마찰을 초래했다.

이 과정에서 회사에 따라서는 경영자의 리더십 부재로 기업 문화가 급격히 와해되고 심각한 노사 갈등의 원인이 되기도 했다. 이는 더 나아가 사회적으로 경제 양극화를 초래하고 사회 공동체를 훼손하는 원인이 되기도 한다. 회사의 정체성을 이루는 기업 문화를 구성원들의 주체적인 사업 경험과 우리 사회가 지향하는 보편적인 철학 위에서 정립하지 못한 결과였다고 생각된다.

이제 창업자 정신의 빈자리를 채우고 미국식 경영 문화의 무분별한 수용으로 인한 부작용을 줄이기 위해서라도 우리 고유의 정신문화에 대한 이해가 필요하다. 그런 의미에서 유학에 대한 고찰은 의미가 있다. 유학은 우리의 정체성을 이해할 수 있는 핵심사상 중 하나이다. 유학 사상은 동양 철학의 중심축이면서 이미 1,600년 이상 불교와 함께 우리 정신문화의 핵심을 이루어 왔다. 우리 민족은 오랫동안 공자를 통해 대동 사회에 대한 꿈을 키웠고, 맹자를 통해 사회 정의의 기준을 배웠다. 아직도 우리 사회의 윤리 의식과 사회 제도 곳곳에는 유학 정신이 흐르고 있다.

이처럼 공맹의 사상을 이해하고 우리 문화의 뿌리를 안다는 것은 앞으로 바람직한 기업 문화를 정립할 수 있는 중요한 열쇠가 될 것이다. 우리 기업들이 자신의 정체성을 제대로 이해하고 이를 토대로 일방적인 미국식 혹은 한국식 기업 문화가 아닌 보다 보편적이고 미래 지향적인 기업 문화를 만들 수 있기를 기대한다.

세계화 시대에 보편적 가치를 찾아서

우리나라는 산업화 초기부터 좁은 내수 시장으로 인해 많은 어려움이 있었다. 경공업이든 중화학공업이든 단지 국내 수요만을 겨냥해서는 대규모 투자를 감행할 수 없었다. 그래서 대부분의 큰 투자 사업은 창업 초기부터 해외 시장을 염두에 두고 사업을 전개했다. 다행히 짧은 시간 안에 훌륭한 성과를 거두고 근대화에 성공했다.

2015년 현재 우리나라의 무역 의존도[3]는 88퍼센트로 미국과 일본의 30퍼센트대에 비해 매우 높은 수준이다. 이 같은 수출 강국으로의 변모는 기업 경영 현황에서도 그대로 드러난다. 기업 기준으로 2014년 현재 국내 대기업의 수출 의존도는 약 50퍼센트에 달했다. 수출이 1조 원 이상인 기업만 76개에 이르렀다. 매출에 있어 높은 해외 비중은 사업장의 해외 진출을 가속하는 요인이 되었다. 삼성 그룹만 해도 2014년 현

---

3 국민 총소득 대비 수출입 비율.

재 91개국에서 600개 해외 거점을 운영하고 있다. 해외 직원 수도 급증하여 삼성전자 한 회사의 동남아 사업장만 해도 현지 직원 수가 11만 명이 넘는다.

이제 웬만한 대기업에서는 다국적 직원들이 함께 일하는 것은 일상사가 되어 의사소통에 있어서 외국어 사용은 매우 자연스러운 모습이다. 이런 기업에 있어 인사 제도나 복리 후생은 당연히 글로벌 스탠더드에 따라야 한다. 그렇지 않고서는 우수한 외국 인재의 영입은 불가능하다. 사업에 있어서 세계화는 지분 구조에서도 반영된다. 국내 대표 기업인 삼성전자의 외국인 지분은 이미 50퍼센트를 넘어서 있다. 경영 방침에 있어서 국내 이해 관계자만을 위한 치우친 의사 결정은 용납되지 않는다. 이처럼 다각적인 기업 경영의 세계화는 필연적으로 기업들에게 세계 시민으로서의 윤리와 책임감을 요구한다. 국내에서도 법과 질서의 존중이 필요하지만, 해외 현지에서도 해당국의 법과 문화와 가치관을 존중하고 그 지역 주민 사회에도 기여해야 한다.

그러나 이 같은 우리 기업들의 비약적인 확장에도 불구하고 아직 많은 기업의 문화가 인류 사회가 승인할 만한 보편적 가치관에 못 미치고 있다. 일부 기업에서 전해지는 외국인 노동자에 대한 편견과 불법적인 착취는 아직 우리 사회가 성숙되지 못했음을 보여 준다. 대기업에서조차도 아직 학연, 지연, 혈연이라는 연고주의가 잔존하고, 오너 친인척들의 경영 참여가 일반적이다. 많은 기업이 세계 무대에서 활동하지만, 우리 정체성을 지키면서도 세계화 시대에 걸맞은 고급문화를 찾아서 뿌리 내리기에는 갈 길이 멀다.

이런 시기에 인간관계의 학문인 유학을 다시 음미한다는 것은 큰 도움이 될 것이다. 공자와 맹자는 이미 2,500년 전 인본주의에 바탕을 두고 인간관계에서의 도리에 대해 설파했다. 그리고 그 지혜가 전수되고 발전하여 수천 년 동양 사회의 가치관을 이루었다. 공맹의 가르침은 어느 특정 민족이나 국가에 국한되지 않는다. 공자는 직장을 구해 먼 나라로 떠나가는 제자들에게 "말이 진심을 담고 신뢰할 수 있으며, 행실에 무게가 있고 공경스럽다면 사나운 오랑캐의 나라에 가서도 통할 것이다."[4]라고 가르쳤다. 즉, 공맹의 가르침은 만민이 함께 수용하고 인정할 만한 인간의 보편적 도리를 지향하고 있는 것이다. 세계화 시대에 이러한 공맹의 지혜가 글로벌 기업 시민으로 변신하고자 하는 우리 기업들에게도 기업 문화 혁신의 좋은 지침서가 될 것이라고 믿는다.

----

4 『논어집주』, 「위령공(衛靈公)」 5, "子曰 言忠信 行篤敬 雖蠻貊之邦 行矣"

구구하고 우는 징경이關雎

징경이 우는 소리 모래톱에 들리네
아리따운 아가씨는 군자의 좋은 짝

올망졸망 마름풀을 이리저리 찾네
아리따운 아가씨를 자나 깨나 그리네
구해도 얻을 수 없어 자나 깨나 그 생각뿐
부질없는 이 마음 잠 못 이루고 뒤척이네

올망졸망 마름풀을 이리저리 뜯네
아리따운 아가씨와 거문고 타며 즐기리
올망졸망 마름풀을 이리저리 고르네
아리따운 아가씨와 북을 치며 서로 즐기리

關關雎鳩는 在河之洲로다 窈窕淑女는 君子好逑로다
　관관저구　　　　재하지주　　　　요조숙녀　　　군자호구

叄差荇菜를 左右流之로다 窈窕淑女를 寤寐求之로다
　참치행채　　　　좌우류지　　　　요조숙녀　　　오매구지

求之不得이라 寤寐思服하여 悠哉悠哉라 輾轉反側하노라
구지부득　　　　오매사복　　　　유재유재　　　　전전반측

參差荇菜를 左右采之로다 窈窕淑女를 琴瑟友之로다
참치행채　　　　좌우채지　　　　요조숙녀　　　　금슬우지

參差荇菜를 左右芼之로다 窈窕淑女를 鍾鼓樂之로다
참치행채　　　　좌우모지　　　　요조숙녀　　　　종고락지

『시경詩經』은 중국에서 가장 오래된 시집으로 주 왕조의 건국 초기부터 춘추시대 초기까지 약 500여 년간의 시가 작품이다. 『시경』은 원래 '시詩' 혹은 '시삼백詩三百' 등으로 불렸으나 한대에 와서 그것이 공자의 손을 거쳐 정리되었다고 하여 경經 자를 붙여 불리게 되었다. 이후 『역경易經』, 『서경書經』, 『예기禮記』, 『춘추春秋』와 함께 유가의 대표 경전인 오경五經이 되었다. 정확한 작품 연대나 작자는 거의 알 수 없으나, 위로는 조정의 제례나 향연 때 연주되던 노래, 그리고 아래로는 각 지방의 민간 가요 등 약 300여 편의 시를 모은 것이다. 『시경』의 시를 내용상으로 분류하면 세 가지로 나뉘는데, '풍風'은 각 지방의 민간 가요이고, '아雅'는 조정에서 연주되던 음악이며, '송頌'은 종묘에서 조상을 제사 지내며 부르던 악가樂歌이다. 『시경』의 작품 중에는 '국풍國風'[5]에 160편, '소아小雅'[6]에 80편, '대아大雅'에 31편, '송頌'에는 40편이 실려 있다. 따라서 모두 311편이지만 그중 소아의 6편은 편명만 있고 가사는 전해지지 않아 사실상 305편이다.

---

5 국풍은 주나라 천자의 통치를 받던 여러 나라(15개국)에서 불리던 민간의 노래를 말한다.

6 조정에서 연주되던 아(雅)는 '소아(小雅)'와 '대아(大雅)'로 구분되며 소아는 잔치 때 쓰이던 음악이고, 대아는 조회 때 쓰이던 음악이다.

공자는『시경』을 직접 정리해 교육에 활용했으며 평소 시를 배우지 않으면 말을 할 수 없고, 마치 담장을 정면으로 마주하고 서 있는 것과 같아진다고 가르쳤다.[7] 그만큼 당시 지식인들은 시를 통해 감정을 표현하고 뜻을 전달하는 데 익숙했기 때문에『논어』와『맹자』에도『시경』의 시를 인용한 대화가 많이 나온다. 공자는『시경』의 요지를 한마디로 정리하여 '생각에 사특함이 없는 것'이라고 표현했다.[8]

「관저」는『시경』첫머리에 나오는 '주나라 남쪽 지방의 민간 시'國風 周南이다. '주남'은 '주나라 이남의 땅'이라는 의미이다. 관關은 새가 우는 소리를 나타내는 의성어이다. '징경이'라고 번역된 '저구雎鳩'라는 새가 어떤 새인지 명확하지는 않으나 현재의 '물수리'를 말하는 것으로 추정된다. 마름풀은 물가에 자생하는 다년생 수초를 말한다. 전체 내용은 높은 신분의 군자가 암수가 서로 어울려 울어대는 징경이 소리를 듣고 물가에서 마름풀을 뜯으면서 자신도 정숙하고 아름다운 배우자를 만나고 싶다는 마음을 노래한 시이다.

『논어』에는 공자가 이 시에 대해 평한 대목이 있다.

관저는 즐거우면서도 지나치지 않고 슬프면서도 화和를 해치지 않는다.[9]

7 『논어집주』,「계씨」13, "子曰 不學詩 無以言",「양화」10, "人而不爲周南召南 其猶正牆面而立也與"
8 『논어집주』,「위정」2, "子曰 詩三百 一言以蔽之 思無邪"
9 『논어집주』,「팔일(八佾)」20, "子曰 關雎 樂而不淫 哀而不傷"

송나라 유학자 주자朱子는 이를 주석하면서 훌륭한 배우자를 만나는 일은 매우 중요하니 구하지 못하면 자나 깨나 생각하며 근심이 없을 수 없고, 구하여 얻으면 북을 치고 거문고를 뜯으며 즐거워함이 마땅하다. 그러나 그 근심이 비록 깊더라도 화和를 해치지 않았고, 그 즐거움이 비록 성대하나 그 바름을 잃지 않았기 때문에 공자가 이를 칭찬했다고 설명했다.

산동성 추성鄒城에 있는 아성 맹자 묘

돌담으로 둘러싸인 비석 뒤에 있는 숲이 거대한 봉분이다. 우리와 장묘 문화가 달라 봉분에 나무와 풀이 자연스레 자라도록 관리하고 있다.

맹자, 경영을 말하다

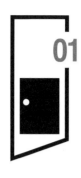

01 의롭고 정직한 경영

인의는 공공의 이익

> **양혜왕:** 노인께서 천 리를 멀리 여기지 않고 오셨으니, 또한 장차 내 나라를 이롭게 함이 있겠습니까?
>
> **맹자:** 왕은 하필 이利를 말씀하십니까? 오직 인의仁義가 있을 뿐입니다.

『맹자』의 첫 구절이다. 『맹자』는 첫 대목부터 『논어』와 너무도 다른 분위기로 시작한다. 공자 사후 제자들이 모여 집필한 『논어』와 다르게 『맹자』는 본인이 직접 쓴 책이다. 아마도 첫 구절에서 맹자는 자신이 평생을 주장한 철학 사상의 핵심을 표현하려고 고민했을 것이다. 맹자답게 출발부터 팽팽한 긴장감 속에서 이야기가 전개된다.

70세가 넘은 군주가 53세인 맹자를 처음 만나 깍듯이 존대하며 말한다. 당신이 가지고 있는 부국강병의 방법을 말해 보라. 늘 국가 존망을 걱정해야 하는 전국시대에 양혜왕은 유세를 위해 찾아온 맹자에게 어쩌면 너무나 당연한 기대를 말한 것이다. 그런 왕에게 맹자는 정색을 하며 말한다. 정치에 있어 이익利을 우선하지 마라. 오직 인의仁義의 정치만이 있을 뿐이다. 민주주의 시대인 지금 들어도 서슬 퍼런 권력자 앞에서 쉽게 말하기 어려운 주제로 맹자는 말문을 열었다. 이어 맹자는 정치를 함에 있어 임금이 왜 인의만을 생각해야 하는지 그 이유를 이렇게 설명한다.

왕께서 어떻게 하면 내 나라를 이롭게 할까 하시면, 대부들도 어떻게 하면 내 집안을 이롭게 할까 하며, 선비들과 서민들도 어떻게 하면 내 몸을 이롭게 할까 할 것입니다. 윗사람과 아랫사람이 서로 이익을 취한다면 나라가 위태로울 것입니다. 만 승乘[10]의 나라에 그 군주를 시해하는 자는 반드시 천 승을 가진 공경公卿의 집안이요, 천 승의 나라에 그 군주를 시해하는 자는 반드시 백 승을 가진 대부大夫의 집안입니다. 만 승에 천 승을 취하며 천 승에 백 승을 취함이 많지 않은 것은 아니지만, 만일 의義를 뒤에 하고 이利를 먼저 한다면 모두 서로 빼앗지 않으면 만족하지 않을 것입니다.[11]

---

10 승(乘)은 전쟁에 쓰이는 수레를 말하는데, 수레 한 대에 무장병 3명, 보병 72명, 지원병 25명, 군마 4필이 따른다.

11 『맹자집주』, 「양혜왕장구」, 1, "王曰 何以利吾國 大夫曰 何以利吾家 士庶人曰何以利吾身 上下交征利 而國 危矣 萬乘之國 弑其君者 必千乘之家 千乘之國 弑其君者 必百乘之家 萬取千焉 千取百焉 不爲不多矣 苟爲後義而先利 不奪不饜"

양혜왕과의 첫 만남에서 맹자의 주장은 명확하다. 법과 제도를 만들고 예악禮樂을 선도하는 임금이 자신의 이익만을 우선하여 주장하면 온 나라 사람들도 자기 이익만을 생각하게 된다는 것이다. 그럼 나라 안은 위아래가 서로 빼앗지 못해 안달하는 소위 '만인에 대한 만인의 투쟁 상태'가 될 것이라고 말한다.

왕은 북극성과 같아서 모든 이들이 바라보는 존재이다. 그래서 백성들 모두가 왕의 처신을 보고 자신의 행동거지에 대한 기준으로 삼는다. 그런 왕은 늘 하루하루 이익을 좇아 살아가는 서민들과 달라야 한다. 일상에서 자신의 이익을 추구하는 서민들이 사욕이 지나쳐 공동체의 이익을 해치거나 타인의 권리를 침해하지 않도록 공정한 심판관이 되어야 한다.

그 공정함의 기준이 바로 '인의'이다. 왕이 국가의 지도자로서 인의의 마음을 놓치지 않으면, 백성들도 지나친 사욕을 자제할 것이다. 그러면 사람들의 마음도 선량해지고 서로 화합하여 돕고 사는 상부상조가 이루어진다. 그런 나라는 자연히 생활이 안정되고 인구가 늘어 경제력과 국력이 커질 것이다. 그런다면 왕이 그토록 바라는 참된 부국강병이 이루어진다는 것이다. 그러니 무엇 때문에 눈앞의 이익만을 좇다가 도리어 나라를 잃으려 하느냐고 묻고 있는 것이다.

결국, 맹자는 정치란 당장의 이익이 아니라 오직 인의를 추구해야 한다고 말하지만, 궁극적으로는 왕이 듣고 싶어 했던 더 근본적인 부국강병책을 제안한 것이다. 단지 이利가 개인의 사욕이라면 인仁과 의義로 추구하는 목표는 공공의 이익이란 점에서 구분하여 말했을 뿐이다.

이처럼 첫 구절을 통해 맹자는 본인 사상의 핵심을 인의로서 정리한다. 맹자는 인의야말로 사람과 짐승을 구별하는 핵심 요소라고 보았다. 따라서 인간 윤리의 모든 기준이 인의로부터 나온다. 그래서 『맹자』에는 인의에 대한 언급이 특히 많다.

> 인仁은 사람의 마음이고 의義는 사람이 가야 할 길이다.[12]

'사람의 마음'이란 모든 사람이 가지고 있는 측은한 마음, 타인의 아픔과 기쁨을 함께 공감할 수 있는 마음이다.[13] '사람이 가야 할 길'이란 사람으로서 당연히 행해야 할 길이며 사람이라면 누구나 가야 할 길이다. 이는 추상적이고 별다른 정신세계가 아닌 일상 속에서 누구나 지켜 가야 할 사람으로서의 도리를 말하는 것이다.

사람에겐 타인과 공감할 수 있는 '인'이라는 능력이 있기 때문에 우리는 사회의 공통된 가치와 정의의 기준을 만들 수 있다. '의'란 것도 이처럼 공감할 수 있는 사람들의 마음이 만들어낸 일상의 상식적인 가치 기준에서 벗어나 있지 않다. 의란 소수의 사람만이 실천할 수 있는 높고 어려운 금욕적인 기준도 아니고, 또 그들에게만 요구되는 것도 아니다. 매사 우리가 부딪치는 상황 속에서 각자 본인의 역할과 직분에 맞도록 과불급이 없는 행동거지의 수준을 지켜나가는 것을 말한다.

이러한 맹자의 제안은 이윤 추구를 목표로 하고 있는 현대 시장 경제에서도 그대로 적용될 수 있다. 누구나 자신의 이윤 추구를 목적으로

---

12 『맹자집주』, 「고자장구」 상 11, "仁 人心也 義 人路也"
13 『논어집주』, 「안연」 2, "仲弓問仁 子曰 己所不欲 勿施於人"

시장에 참여하지만 당장의 이익에만 매몰된 경영은 결국 모두의 공멸을 초래한다. 2008년 세계를 뒤흔든 미국의 서브프라임 사태가 좋은 사례이다. 금융 위기는 대표적으로 신용평가사와 일부 금융기관의 무절제한 탐욕에서 비롯된 재난이었다. 자본주의가 기본적으로 사적 이윤 추구를 전제로 해서 만들어졌지만, 그렇더라도 오직 이윤만을 우선한 결과는 시장의 붕괴뿐이다.

특히, 시장에서 공정한 관찰자 역할을 하도록 만든 신용평가사들마저 이윤 극대화의 탐욕에 빠져 직분을 소홀히 했다. 그 결과 전체 시스템의 붕괴를 아무도 막지 못했다. 신용평가사들만이라도 올바른 길義을 걸었다면 전 세계가 그처럼 큰 고통을 겪지는 않았을 것이다. 이처럼 공동체의 장기적이고 지속적인 성장 발전을 위해서는 공직자뿐만 아니라 시장 참여자들에게도 맹자가 주장하는 인의에 대한 각성이 요구된다.

정직한 인재 발탁은 경영의 출발

출범부터 위태로워 보였던 박근혜 정부가 결국 탄핵으로 마감했다. 지난 정부에서 고위 공직자의 비위 행위는 이전에 비해 종류도 다양했지만, 죄질은 훨씬 더 나빠졌다. 이전에 고위직 인사의 불법 행위가 주로 부동산 투기나 아들의 병역 비리 등에 몰려 있었다면, 박근혜 정부는 국정 전반에 걸쳐 온갖 종류의 비행을 망라했다. 임기 초 국민들을 경악하게 했던 해외 순방 수행 대변인의 성추행 사건을 필두로 임기 내내 고위 공직자들의 다양한 추문이 이어졌다. 심지어 버젓이 언론을 향해 국민은 개, 돼지라고 주장하는 공직자까지 등장했다. 대통령이 주도한 헌정 문란도 큰 문제였지만, 대부분 비위 관련자들의 거짓말과 무책임, 파렴치함의 정도와 수준은 충격적이었다. 결국, 촛불을 든 성난 민심에 정권이 무너지기에 이르렀다.

옛날 전제 군주 시대에도 백성들의 민심을 얻고 복속시킨다는 것은 쉬운 일이 아니었다. 어느 날 노나라의 젊은 군주인 애공이 공자에게 물었다.

애공: 어떻게 하면 백성이 복종합니까?
공자: 정직한 사람을 발탁해 모든 굽은 사람 위에 쓰면 백성들이 복종하며, 굽은 사람을 들어 모든 정직한 사람 위에 쓰면 백성들이 복종하지 않습니다.[14]

'굽은 사람'이란 '부정한 사람'을 말한다. 공자는 애공에게 민심을 얻음에 가장 급선무는 재물을 베풀거나 세금을 낮추거나 군역을 면제해 주는 것이 아니라 정직한 인재를 발탁해 높은 자리에 앉히는 일이 우선이라고 말한다. 정직함을 좋아하고 부정함을 미워하는 것은 모든 사람들의 당연한 정서다. 정치가 이 이치를 따르면 백성들이 복종하고 이를 거스르면 배반하리라는 것이다. 예나 지금이나 정치를 함에 있어서 인사가 만사임에는 틀림없는 것 같다.

---

14 『논어집주』, 「위정」 19, "哀公問曰 何爲則民服 孔子對曰 擧直錯諸枉 則民服 擧枉錯諸直 則民不服"

맹자도 곳곳에서 훌륭한 인재 등용의 중요성을 누누이 강조했다. 그리고 리더가 구성원들에게 미치는 영향에 대해 이렇게 설명한다.

위에서 무엇을 좋아하면 아래에서는 반드시 그보다 더 심함이 있다. 비유하면, 위정자의 덕은 바람이요, 백성의 덕은 풀이다. 풀 위에 바람이 가해지면 풀은 반드시 그리로 쏠린다.[15]

맹자의 이 말은 쉽게 공감이 된다. 어느 사회나 상류층은 풍속과 유행을 선도한다. 지금도 마찬가지다. 유명 연예인들의 옷차림, 헤어스타일 하나까지 모두가 사람들의 입소문에 오르고 패션의 상징이 된다. 더구나 그 상대가 사회 지도층이라면 그들의 가치관, 삶의 방식까지 대중의 관심이다. 그들은 성공의 상징이고 선망의 대상이기 때문이다. 그들이 하는 대로 따라 하면서 사람들은 성공에 대한 대리 만족감을 얻는다.

그래서 맹자는 경계한다. 사회 지도층이 무엇인가를 좋아하면 백성들 중엔 이들보다 훨씬 더 그것들을 탐하는 자들이 나타나니 위정자라면 자신의 언행 하나하나에 신중해야 한다는 것이다. 마찬가지로 모든 것이 공유되는 지금 같은 정보 통신 사회에서 사회 지도층이 자신은 비리를 밥 먹듯 하면서 서민들은 조용히 법에 순종하기를 기대한다면 착각이 망상 수준에 이른다 하겠다.

---

15 『맹자집주』, 「등문공장구(滕文公章句)」 상 2, "上有好者 下必有甚焉者矣 君子之德 風也 小人之德 草也 草上之風 必偃"

이 때문에 인자仁者만이 높은 지위에 있어야 하는 것이다. 불인不仁하면서 높은 지위에 있으면 그 폐해가 여러 사람에게 끼친다. 위에서는 도道로 헤아림이 없고, 아래서는 법을 지킴이 없으며, 조정에서는 도를 믿지 않고, 관리들도 법도를 믿지 아니하며, 정치가 의義를 범하고, 백성이 법을 범한다면 그러고도 나라가 보존되는 것은 요행일 뿐이다.[16]

맹자의 이 통렬한 경고를 들으면 혹시 우리도 앞으로 요행에 기대어 살아가야 하는 것이 아닌지 다시 한 번 우리 현실을 둘러보게 된다. 그러나 이런 맹자의 지적은 반드시 국가 정치에만 적용되는 이야기는 아니다.

경영 현장에서도 조직 문화에 임원이나 부서장들이 미치는 영향은 절대적이다. 필자는 직장 생활 중에 사장의 음식 취향 하나까지도 무의식 중에 임직원들이 따라 하는 것을 보곤 했다. 사장이 사치스러우면 구성원들도 사치스러워진다. 사장이 대화 중에 비싼 와인 이야기를 몇 번만 화제로 삼으면 곧 임직원들이 와인 공부에 몰두한다. 사장이 회의시간에 골프 이야기를 꺼내면 곧 회사의 중간 간부까지도 골프 연습장에 등록한다. 이런 상태에서는 아무리 회사가 비상 경영을 선포하고 비용 절감을 외쳐도 별 효과가 없다. 사장이 검소하면 임직원도 검소하고, 사장이 사치스러우면 임직원들도 따라 한다.

그런데 왜 인사권자는 바르고 곧은 사람을 윗자리에 임용하지 못할

---

16 『맹자집주』, 「이루장구(離婁章句)」 상 1. "是以惟仁者 宜在高位 不仁而在高位 是 播其惡於衆也 上無道揆也 下無法守也 朝不信道 工不信度 君子 犯義 小人 犯刑 國之所存者 幸也"

까? 누구나 현명하고 바른 사람을 좋아한다고 하면서 인사에 실패하는 이유는 무엇일까? 여러 이유가 있겠지만, 맹자는 흥미로운 진단을 말한다. 우선, 맹자는 사람들이 훌륭한 인재를 쓰지 못하는 가장 큰 폐단은 대부분 남의 스승 되기를 좋아하는 데 있다고 말한다.[17] 스승 노릇이 학문과 덕행이 실제로 충분하여 남들이 먼저 찾아와 이루어진다면 자연스러운 일이다. 하지만 만일 스스로 남의 스승 되기를 좋아한다면 이미 자만심에 물들어 더 이상 발전이 없다는 것이다.

> 장차 크게 훌륭한 일을 할 수 있는 군주는 반드시 함부로 부르지 않는 신하가 있다. 그리하여 상의하고자 하는 일이 있으면 그를 찾아갔으니, 덕을 높이고 도를 즐거워함이 이와 같지 않으면 더불어 훌륭한 일을 할 수 없는 것이다. …중략… 지금 천하가 영토가 비슷하고 정치 상황도 비슷해서 누구 하나 특별히 뛰어나지 못함은 딴 것이 아니다. 자기가 가르칠 수 있는 사람을 신하로 삼기를 좋아하고, 자기가 가르침을 받을 수 있는 사람을 신하로 삼기를 좋아하지 않기 때문이다.[18]

군주가 바르고 곧은 인재를 등용하지 못하는 이유가 남의 스승 노릇하기를 좋아하는 허세 때문이라는 맹자의 지적은 지금도 날카롭게 핵심을 찌르고 있다. 회사의 상사들 중에는 조직 내에서의 직책을 단순히

---

17 『맹자집주』, 「이루장구」 상 23, "孟子曰 人之患 在好爲人師"
18 『맹자집주』, 「공손추장구(公孫丑章句)」 하 2, "故 將大有爲之君 必有所不召之臣 欲有謀焉則就 之 其尊德樂道 不如是 不足與有爲也 … 今天下 地醜德齊莫能相尙 無他 好臣其所敎 而不好 臣其所受敎"

업무에 있어서의 역할 분담으로 받아들이지 못하고 모든 일에 있어서 자신의 우월함으로 착각하는 사람들이 많다. 이런 사람들로 인해 정직하고 유능한 인재들보다는 오히려 상사 비위나 잘 맞추고 영합하는 사람들이 조직에서 득세하는 일들이 발생한다.

인재 발탁을 위한 기업 사례: 삼성에서의 인간미와 도덕성 회복 운동

그래도 다행히 우리 기업 발전사에는 정직하고 우수한 구성원들을 얻기 위해 인성과 도덕성 회복을 기업 혁신의 출발점으로 삼아 성공한 사례들이 있다. 그중의 하나가 '신경영'을 통해 세계적 기업으로 도약한 삼성 사례이다. 삼성 이건희 회장은 취임 이후 21세기 초일류기업을 비전으로 제시하고 질 중심의 경영을 선언하면서 다음과 같이 말한다.

> 내가 회장 취임 후 제일 먼저 얘기한 것이 삼성은 질 위주로 가야 한다는 것이었다. 50년 동안 굳어 온 양 중심의 관행과 사고의 틀을 깨지 않으면 살아남지 못하기 때문이다. 양에서 질로 가는 것은 거창하게 얘기하면 우리의 오천 년 역사를 바꾸는 것이고, 짧게 얘기해도 삼성의 반세기 역사를 바꾸는 것이다. 혁명을 하는 것보다 더한 각오로 하지 않으면 안 된다.[19]

당시 이건희 회장이 말한 질 위주의 경영은 단지 상품의 질만 높이는 데 국한되지 않았다. 초일류기업이 되기 위해서는 사람의 질, 경영의 질

19 송재용 외, 『Samsung Way』, 21세기북스, 2013, 77쪽.

까지도 함께 올려야 실제적이고 공고한 발전이 가능하다고 보았다. 그래서 신경영 선언과 함께 이건희 회장이 가장 중요하고 시급한 과제로 지목한 것이 인간미와 도덕성의 회복이었다. 그는 좋은 제품과 서비스는 그만큼 양질의 삶을 살고 인성 수준이 높은 사람들만이 만들어낼 수 있다고 주장하며 이런 취지에서 인간미, 도덕성, 예의범절, 에티켓을 '삼성헌법'으로 선언했다.

삼성이 2차 산업인 제조업에 전력하던 시절엔 인간미와 같은 덕목들은 기업 경쟁력에 그다지 큰 영향을 미치지 않았다. 모든 임직원은 옆 사람이 뭘 하든 자신이 맡은 일만 하면 그만이었고, 창의력과 상상력도 그다지 중요하지 않았다. 매뉴얼에 쓰인 대로 자신의 업무만 기계처럼 묵묵히 수행하는 것으로 충분했다.

그러나 삼성이 질 위주의 경영을 통해 나아가고자 하는 소프트화, 2차 산업인 제조와 3차 산업인 서비스를 결합한 2.5 산업화는 더 이상 이런 관행을 용납하지 않았다. 고부가가치 업무는 기계적인 반복성이나 정밀함보다는 인간의 유연하고 창의적인 발상을 토대로 했다. 여기서는 종업원들이 자신이 맡은 일뿐만 아니라 전체 프로세스를 이해하고 동료들과 끊임없이 협조해야 하기 때문이다. 이런 의미에서 삼성헌법은 기업 구성원들의 역량을 최대한 발휘하도록 하는 데 있어 가장 중요한 항목들이었다.

그리고 삼성은 1993년 정기 인사를 통해 '질 경영'을 실천할 수 있는 사람들로 상위 경영층을 대대적으로 교체함으로써 신경영이 실제로 뿌리 내리게 했다. 그 결과 수년 후 삼성 그룹은 기대했던 것처럼 세계적 기업의 반열에 올라설 수 있게 되었다. 인간미와 사람의 질을 중시했던 삼성의 성공 사례는 재물을 모음에도 덕을 중시했던 유학적 경영관의 가치를 잘 보여 준다.

> 군자는 먼저 덕을 삼간다. 덕이 있으면 사람이 오고 사람이 모이면 이에 토지가 있다. 토지가 있으면 이에 재물이 있고 재물이 있으면 이에 씀이 있는 것이다.[20]

지조와 염치

종종 뇌물 수수나 공금 횡령으로 구속되는 고위 공직자나 기업 경영자들을 본다. 대부분 사회에서 남보다 크게 성공했다고 불릴 만한 위치에 있는 사람들인데 저지르는 범죄의 내용이 너무나 파렴치해서 의아스러울 때가 많다. 그래서 그 정도의 기본 소양도 없이 어떻게 그렇게 높은 지위까지 올랐을지가 먼저 궁금할 정도다.

그런 범죄자들이 끊이지 않는 것을 보면 어쩌면 한 개인의 일탈이라기보다는 수십 년 동안 지나치게 성과 위주로 달려온 우리 사회의 업보가 아닐까도 생각해 본다. 성과 위주 사회에서는 뭐든 잘하는 사람을 좋아한다. 맥가이버와 같은 만능인을 좋아하고, 목표가 주어지면 물불을 안가리고 해내는 사람을 칭찬한다. 어디에서나 그런 사람들이 대부분 능력자로서 선망의 대상이 된다.

---

20 『대학장구』 10, "君子 先愼乎德 有德 此有人 有人 此有土 此有土 有財 有財 此有用"

그러나 도덕적 가치를 고려하지 않는 성과 위주, 효율성 위주의 사고야말로 지금 우리 사회가 겪고 있는 많은 문제의 뿌리가 아닐까 싶다. 더구나 속한 조직이 기업인 경우에는 이익이 모든 가치 판단의 중심이 되므로 성과주의 문화의 폐단은 더욱 심해진다.

그렇다면 춘추시대 격동의 사회를 살아야 했던 공자는 그렇게 물불 안 가리고 뭐든 해내는 사람을 어찌 보았을까? 공자는 이들을 한마디로 '소인'이라고 단언한다. 군자란 비록 눈앞의 이익이 있어도 선이 아니라면 꺼릴 줄 아는 사람이어야 한다.

> 중니께서 말씀하셨다. 군자의 행위는 중용을 지킨다. 그러나 소인이 행위는 중용에서 어긋난다. 군자가 중용을 행함은 군자답게 때에 맞추어 중을 실현한다. 그러나 소인이 중용에서 어긋남은 기탄함이 없어서이다.[21]

기탄忌憚과 무기탄無忌憚은 군자와 소인을 나누는 중요한 기준이다. 그런 점에서 요사이 우리는 남들과 대화할 때 흔히 기탄없이 말하자고 제안하지만, 이는 잘못된 이야기다. 기탄없는 모습은 소인배들의 대표적인 특징이다. 성숙한 인간이라면 상황에 맞게 생각하고, 절도 있게 처신함이 기본이다. 맹자 역시 그런 기탄없는 사람은 크게 기대할 바가 없다고 경계한다.

---

21 『중용장구(中庸章句)』 2, "仲尼曰 君子中庸 小人反中庸 君子之中庸也 君子而時中 小人之中庸也 小人而無忌憚也"

사람이 하지 않음이 있은 뒤에야 훌륭한 일을 할 수 있는 것이다.[22]

맹자는 사람은 자기만의 지조가 있어서 절제하여서 하지 않는 바가 있어야 훌륭한 사람이라고 보았다. 이처럼 사리에 맞지 않는다면 하지 않을 수 있는 마음이 의로운 마음이다.

살다 보면 공맹의 통찰이 참으로 정확함을 느낀다. 누구나 힘든 처지에 빠지면 다급한 심정에 뭐든 하고 싶어진다. 비록 올바른 길이 아니지만 그런 처지에서 벗어날 방법이 있다면 그 유혹을 이겨내기란 정말 힘든 일이다. 대부분의 사람은 그런 유혹 앞에서 평소 자신이 가졌던 소신이나 가치관을 까맣게 잊기 쉽다.

그러나 아쉽게도 우리는 평소 지조와 절제력을 가진 사람을 눈여겨보지 않는다. 필자도 오랫동안 기업에 몸담았지만 돌이켜보면 직원을 평가할 때 뭐든 잘할 것 같은 사람을 선호했다. 그러다 보니 실제로 직원들을 신규 채용해 새로 입사한 직원들을 만나면 그들의 공통된 첫 인사가 "뭐든 시켜만 주십시오. 열심히 하겠습니다."인 경우가 태반이었다. 우리 사회가 윤리 의식을 우선하지 않고 뭐든 시키기만 하면 잘할 수 있는 사람을 선호하다 보니 그런 사람들이 더 승진하고, 그들이 결국은 후배 직장인들의 역할 모델이 되었다.

시키면 뭐든 잘하지만, 자신의 도덕적 자율성이 약한 사람들은 위험하다. 이들이 어느 날 다른 사람으로부터 견제받지 않을 위치까지 오르

---

22 『맹자집주』, 「이루장구」 하 8, "人有不爲也而後 可以有爲"

고 나면 공사를 구분하지 못하고 욕심이 시키는 대로 불법을 자행한다. 우리가 접하는 고위층의 부정부패가 대체로 그런 결과가 아닐까 싶다.

그렇다면 어떻게 평소 지조가 있는 사람을 구분해 낼 수 있을까? 맹자는 평소 언행에서 그 사람의 염치를 보면 그 사람의 도덕적 자율성을 알 수 있다고 말한다.

사람은 염치가 없어서는 안 되니 염치가 없음을 부끄러워한다면 치욕스런 일이 없을 것이다. 염치가 사람에게 있어서 매우 중요하다. 임기응변의 기교만을 쓰는 자는 염치를 쓰는 바가 없다. 염치가 남들과 같지 않다면 어느 것이 남과 같겠는가.[23]

이 구절에 대해 송대 주희朱熹는 "염치는 내가 본래 가지고 있는 수오지심羞惡之心이다. 이것을 보존하면 성현聖賢에 나아가고, 잃으면 금수禽獸에 떨어진다."고 풀이했다. 이처럼 수오지심이 있음은 바로 의로운 마음이 있음을 의미한다. 염치와 지조는 모두 의義를 한 뿌리로 하고 있기에 염치를 보면 지조도 알 수 있는 것이다.

우리는 평소 주변에서 극도로 자기중심적인 염치없는 사람들을 종종 만난다. 김영란법 시행 전 그 법이 발효되면 인간관계가 소원해지고 삭막한 사회가 될 것이라고 비판하던 공직자나 언론인들이 대표적으로 그런 부류에 가깝다. 난 아직도 왜 자신들이 남에게 대접받지 않으면 세

---

23 『맹자집주』, 「진심장구」 상 6, 7. "孟子曰 人不可以無恥 無恥之恥 無恥矣 孟子曰 恥之於人 大矣 爲機變之巧者 無所用恥焉 不恥 不若人 何若人有"

상의 인간관계가 나빠진다고 생각하는지 신기하기만 하다. 항상 남에게 얻히어 먹고사는 것에 익숙한 사람들은 스스로 그걸 청렴이고 세상의 윤활유라고 여기는 것 같다. 아마도 고위 공직자가 되어 큰 비리를 저지르는 사람들 중에서도 상당수가 젊어서부터 자기 돈을 내어 밥을 먹거나 술을 마셔보지 못한 사람들이 많을 것이다.

그들을 생각해 보면 대부분 사리를 분별하지 못하여 부끄러움이 없는 사람들이다. 인간관계에서도 이유 없이 남의 도움을 받는다는 행위에 부끄러워하는 마음이 있어야 한다. 사리를 분별하고 마땅함을 지켜나갈 만한 힘이 없는 사람에게 도덕적 자율성을 기대하긴 어렵다. 『맹자』에 보면 천하에 부끄러움을 모르는 사례로 제나라 사람 이야기가 있다.

제나라 사람 중에 한 아내와 첩을 두고 사는 자가 있었는데, 그 남편이 밖으로 나가면 반드시 술과 고기를 배불리 먹은 뒤에 돌아오곤 했다. 그 아내가 남편에게 누구와 더불어 음식을 먹었는가를 물었더니 모두 부귀한 사람이었다. 그 아내가 첩에게 말하기를 "남편이 외출하면 반드시 술과 고기를 배불리 드신 뒤에 돌아오기에 내가 누구와 더불어 음식을 먹었는가를 물어보니 모두 부귀한 사람이었다. 그런데도 일찍이 훌륭한 자가 찾아오는 일이 없으니, 내 장차 남편이 가는 곳을 엿보겠다."하고는 아침 일찍 일어나 남편이 가는 곳을 미행했다. 그러나 따라가 보니, 남편이 온 장안을 두루 배회했으나 더불어 서서 말하는 자도 없었다. 그는 마침내 동쪽 성곽 북망산이 있는 무덤 사이에서 제사하는 자에게 가서 남은 음식을 빌어먹고, 거기에서 부족하면 또 돌아보고 딴 곳으로 가니, 이것이 술과 고기를 배불리 얻어먹는 방법이었다. 그 아내가 돌아와

서 첩에게 말하기를 "남편은 우리가 우러러 바라보면서 일생을 마쳐야 할 사람인데 지금 이 모양이다." 하고는 첩과 더불어 남편을 원망하고 꾸짖으며 서로 뜰 가운데서 울고 있었다. 이때 남편은 그것을 알지 못하고서 의기양양하게 밖으로부터 와서 처첩에게 교만하게 했다.[24]

맹자는 공동묘지에서 음식을 빌어먹는 제나라 사람의 이야기를 들어 소위 성공한 많은 이들이 권력과 재물을 얻기 위해 행하는 작태를 이에 비유했다. 지금 우리 사회에서도 공직자로서의 사명과 책임감을 잊고 부귀를 위해서라면 이보다 훨씬 부끄러운 짓을 일삼는 사람들이 많다. 심지어 경영 현장에서 기업 오너의 비리에 연루되어 교도소에 가게 된 사람이 있으면 그걸 부러워하는 사람들을 본 적도 있다. 형기를 마치면 평생 일자리가 보장되기 때문이라는 것이다. 실제로 그렇게 교도소를 다녀온 사람들 중엔 회사에 손해를 끼친 걸 미안해하기보다 도리어 거들먹거리고 교만한 이들도 적지 않다. 이들 대부분은 회사의 구성원으로서 직업윤리 의식을 제대로 갖추지 못한 사람들이 상사가 시키는 일이라면 뭐든 잘한다는 이유로 중요 보직에 발탁된 것이다. 이들을 향해 맹자는 이렇게 꾸짖는다.

---

24 『맹자집주』, 「이루장구」 하 33, "齊人 有一妻一妾而處室者 其良人 出 則必饜酒肉而後 反 其妻 問所與飮食者 則盡富貴也 其妻 告其妾曰 良人出 則必饜酒肉而後 反 問其與飮食者 盡富貴 也 而未嘗有顯者來 吾將瞯良人之所之也 蚤起 施從良人之所之 徧國中 無與立談者 卒之東 郭墦間之祭者 乞其餘 不足 又顧而之他 此其爲饜足之道也 其妻 歸 告其妾曰 良人者 所仰望 而終身也 今若此 與其妾 訕其良人 而相泣於中庭 而良人 未之知也 施施從外來 驕其妻妾"

군자의 입장에서 본다면, 지금 부귀와 영달을 구하는 사람 중에 그 처첩이 그것을 보면 부끄러워서 서로 울지 않는 자가 별로 없을 것이다.[25]

군자는 의로움에 밝고, 소인은 이익에 밝다[26]

이利에 밝은 자는 흉년이 그를 죽이지 못하고, 덕이 후한 자는 나쁜 세상이 그를 어지럽히지 못한다.[27]

『논어』에서 '군자'라고 하면 보통 두 가지 의미를 가진다. 첫째는 학문과 덕행이 높은 사람을 의미하고, 둘째는 벼슬을 하여 높은 관직에 오른 자를 뜻한다. 유학에서는 어려서부터 학문을 배우고 수신에 힘써 때가 되면 관직에 나아가 치국에 참여하는 것을 선비의 이상적인 삶이라고 생각했다. 그러다 보니 통상 군자는 덕행이 높거나 행정에 참여하는 사람을 뜻한다. 여기서 말하는 군자는 인덕도 높지만, 우선 높은 관직에서 행정 업무를 담당하고 있는 사람으로 해석하는 것이 좋겠다. '군자'가 '관리'를 의미한다면, '소인'은 벼슬에 나가지 않은 '일반 백성'을 가리킨다고 봐야 할 것이다.

---

25 『맹자집주』, 「이루장구」 하 33, "由君子觀之 則人之所以求富貴利達者 其妻妾 不羞也而不相泣者 幾希矣"
26 『논어집주』, 「이인(里仁)」 16, "子曰 君子喩於義 小人喩於利"
27 『맹자집주』, 「진심장구」 하 10, "周于利者 凶年 不能殺 周于德者 邪世不能亂"

공자는 실천과 경험을 매우 중시하고, 허황된 생각을 싫어했다. 어려서 일찍 부친을 여의고 생계를 꾸린 탓에 여러 가지 직업에 종사하면서 다양한 경험도 쌓았다. 공자 스스로 자신은 어린 시절 신분이 미천하여 여러 가지 일을 하다 보니 재주가 많아졌다고 자평할 정도이다.[28] 그만큼 공자는 백성의 삶을 잘 이해했고, 벼슬을 해서 관직에 나간 것이 아니라면 이재理財에 힘써서 생활을 안정시키는 것을 당연하게 생각했다.

부가 구하여 얻을 수 있는 것이라면 말채찍 잡는 일이라도 나는 했을 것이다.[29]

공자는 어린 시절 돈을 벌 수 있기만 했다면 마부라도 했을 것이라고 말한다. 그만큼 백성들의 경제 활동에 적극적인 입장을 취했다. 따라서 일반 백성들에게 일상의 궤도를 벗어난 윤리 기준을 강요하지도 않았다. 공자는 사람에게는 누구나 자신의 처지와 직분에 맞는 마땅한 덕목이 있다고 생각했다. 백성이라면 자신에게 이익이 되는 일에 밝아야 한다. 백성들이 자기 이익에 관심을 가지고 잘살고자 하는 마음을 내는 것은 당연한 일이다. 서민이 부지런하여 잘 먹고 잘사는 것은 그 직분이고 책임이다. 나라에 도가 실천되고 있는데도 사람이 이익에 어둡고 부지런하지 못하여 가난하게 산다면 오히려 이를 부끄러운 일이라고 생각했다.

---

28 『논어집주』, 「자한(子罕)」 6, "吾少也 賤 故 多能鄙事"
29 『논어집주』, 「술이(述而)」 11, "富而可求也 雖執鞭之士 吾亦爲之"

나라에 도가 있을 때 가난하고 또 천한 것은 부끄러운 일이며, 나라에 도가 없을 때 부하고 또 귀한 것은 부끄러운 일이다.[30]

반면에 관직에 있다면 자신의 이익을 우선하여 생각하는 서민과는 다른 책임과 역할을 가지게 된다. 공직에 있는 사람이 자신의 이익에 밝아서야 되겠는가. 공직자의 덕은 공공의 이익을 우선하는 마음에 있다. 사람들이 자신의 이익을 우선하다 보면 경우에 따라서 이해 충돌이 생길 수 있다. 지나친 경우에는 내 이익만을 앞세우며 다른 사람의 이익을 침해하고 억압할 수 있다. 그때 사회 질서를 바로잡기 위해 공익을 위한 합리적이고 공정한 법 마련과 집행이 필요하다. 이것이 바로 공직자의 역할이라고 보았다.

맹자는 공자의 생각에서 한 걸음 더 나아가 공직자와 시장의 기능에 대해서도 적극적인 의견을 제출했다. 시장에 참여하는 사람은 모두가 자기의 이익을 위해 오는 사람들이다. 물건을 파는 사람도 물건을 사려는 사람도 모두 자신의 이익 관점에서 거래에 나선다. 맹자는 그들의 활동을 장려했다. 이익을 추구하는 사람들의 마음이야말로 사회 경제를 풍요롭고 넉넉하게 만들어 주는 원동력이라고 보았다. 다만, 이익을 추구하되 혼자서만 이익을 독점하려 들지 말라고 한다. 그리고 위정자들에게는 시장 상인들에 대해 세금을 낮추고 왕래의 자유를 보장하라고 권하고 있다.

---

30 『논어집주』,「태백(泰伯)」13. "邦有道 貧且賤焉 恥也 邦無道 富且貴焉 恥也"

시장의 가게에 자릿세만 받고 '화물에 대한 세금'을 징수하지 않으며, 법대로 처리하기만 하고 자릿세도 받지 않으면 천하의 장사꾼들이 모두 기뻐하여 그 시장에 화물을 보관하기를 원할 것입니다. 성문에서는 수상한 자를 검문하기만 하고 세금을 징수하지 않으면 천하의 여행자들이 모두 기뻐하여 그 길로 나가기를 원할 것입니다.[31]

이렇게 하면 자연히 나라에 인구와 물자가 늘어 국가가 부강해진다. 이것이 진정한 부국강병책은 오직 인의 정치에 있다는 맹자의 정치사상이었다. 그러나 시장에는 자신의 이익만을 위해 농단龍斷을 저지르는 사람들이 있기 마련이다. 그들은 자기 이익만을 앞세우다 공정한 룰을 위반하고 부정한 일을 저지른다. 공직자의 역할은 시장 기능을 적극적으로 지원하면서도 한편으론 공익적 관점에서 사람들의 지나친 이윤 추구 행위를 다스릴 합리적인 기준을 마련하는 것이라고 보았다. 그것이 맹자가 생각한 의로움에 밝은 군자의 모습이었다.

그렇다면 기업에서 의로움에 밝은 경영자란 어떤 사람일까? 경영 현장에서 최고경영자의 임무와 역할은 다양하다. 그러나 크게 보면 최고경영자의 핵심 업무는 대략 네 가지로 분류해 볼 수 있다. 첫째, 회사의 비전을 제시하고, 둘째, 이를 달성할 핵심 역량을 축적하며, 셋째, 문제 해결을 위한 의사 결정을 하고, 넷째, 조직 내 이해관계를 조정하는 일 등이 일상적인 주요 업무가 된다.

---

31 『맹자집주』, 「공손추장구」 상 5, "市 廛而不征 法而不廛 則天下之商 皆悅而願藏於其市矣 關 譏 而不征 則天下之旅 皆悅而願出於其路矣"

이 중에서 특히 의에 밝은 경영자의 안목이 중요하게 요구되는 부분이 있다. 바로 '조직 내 이해 상충을 조정하는 일'이다. 어느 회사에서나 전체 회사 차원과 단위 사업부 혹은 팀 차원 사이에 이해 충돌이 생길 수 있다. 어디서나 발생하는 조직의 딜레마이다. 이를 경영학에서는 전체 최적화[32]와 부분 최적화의 문제라고 한다. 여기가 의에 밝은 경영자의 가치가 드러나는 대목이다.

예를 들어, 삼성전자처럼 사내에 핸드폰 사업부와 반도체 사업부를 함께 가진 회사인 경우를 살펴보자. 핸드폰 사업부 입장에서는 경쟁사에 부품을 공급하는 반도체 사업부는 이해 상충이 발생하는 본부이다. 핸드폰 사업부 입장만을 고려한다면 반도체 사업부가 경쟁사에 대한 납품을 가능한 자제하거나, 자신들에게 경쟁사보다 훨씬 유리한 조건으로 부품을 제공해 주길 기대할 수 있다. 혹은 경쟁사에 대한 정보를 핸드폰 사업부에 제공해 주길 원할 수도 있다. 그러나 그럴 경우 단기적으로는 핸드폰 사업부에 도움이 될 수도 있겠으나 장기적으로 봐서는 반도체 사업부는 시장 내 신뢰를 잃고 사업 기반을 상실하여 결과적으로 회사 전체에 큰 손실을 불러오게 된다.

혹은 반대의 경우도 생각해 볼 수 있다. 경우에 따라서는 단기적으로 전사 손익에 일정 부분 손실이 발생하더라도 장기적인 성장을 위해 단위 사업부나 팀의 사업 활동을 고취하고 장려할 필요가 있을 수도 있다. 당장 수익 전망이 불투명한 장기적인 투자인 경우 어느 회사에서나

---

32 최적화의 사전적 의미는 '어떤 조건 아래에서 주어진 함수를 가능한 최대 혹은 최소로 하는 일'을 말한다.

종종 발생하는 문제이다.

이처럼 사내 부분 간에 이해 충돌이 발생할 경우 경영자는 전체 회사와 단위 사업부 혹은 장기적 성장과 단기적 성장 간의 균형점을 고려한 의사 결정을 해야 한다. 이것이 항상 공동체의 이익을 염두에 두면서도 과불급이 없는 중용의 균형점을 찾을 수 있는 감각이 경영 현장에서도 중요하게 요구되는 이유이다. 이런 안목을 갖춘 사람이 결국 의에 밝은 경영자라고 할 수 있다.

그런 점에서 늘 전체 최적과 부분 최적 간의 문제를 고민하는 경영자들에게 이를 오랫동안 연구해 온 윤석철 교수의 다음과 같은 견해는 도움이 될 수 있다.

> 개개의 기업 차원에서 보면 전체 최적과 부분 최적의 갈등이 사업부제, 독립채산제, 집단 이기주의 문제와 얽힌다. 나라가 망하면서 국민이 잘 살 수 없음을 우리는 일제 36년의 역사적 경험을 통해 알고 있다. 또 자기 직장이 망하면서 그 종업원이 잘될 수 없다는 것도 평범한 상식 논리이다. 이처럼 전체로서의 조직이 쇠퇴하면서 그 부분 조직이 융성·발전할 수 없다는 것은 일반론적 진리이다. 반면에 구성단위 하나하나가 죽어가면서 그 조직이 발전할 수 없다는 것도 엄연한 진리이다. 그러므로 전체 조직이 위태로울 때는 부분 최적이 희생되어 전체를 살려야 하고, 전체 조직이 안정적일 때는 각 부분 조직이 건강하게 발전하도록 충분히 배려해 주어야 한다.[33]

---

33 윤석철, 『프린시피아 매네지멘타』, 경문사, 1991, 203쪽.

인간 중심 경영과 온고지신

요즘은 많은 기업들이 '인간 중심 경영'을 경영 이념이나 원칙으로 내세우고 있다. 회사 소개 자료를 보면, 다수의 기업이 사람 위주의 경영을 홍보한다. 그러나 이런 기업 중에서도 정작 불황기를 만났을 때 해결 방안을 구성원들에게서 찾는 기업은 생각보다 많지 않다. 우선, 손쉬운 정리 해고나 연구비 삭감부터 검토하는 기업이 대다수다. 경쟁력을 키우고자 할 때도 구성원들의 지혜와 능력에서 길을 찾는 기업은 드물다. 대부분은 새로운 설비 도입이나 신기술 구매를 통한 방법을 더 신뢰한다.

아마도 우리 경영 현장에서 아직은 '인간 중심 경영'이란 표현이 회사가 잘되면 구성원에게도 좀 더 나은 복리 혜택을 주겠다는 정도의 의미인 것 같다. 너도나도 사람의 중요성을 외치지만, 정작 사람에 대한 믿음은 부족해 보인다.

그렇다면 인문주의를 대표하는 공자는 사람의 중요성에 대해 어떤 생각을 가졌을까? 결론부터 말한다면, 공자는 인간에게 모든 것을 걸었다. 공자의 철저한 인간 중심 사상이 때로는 유학의 한계가 되기도 했지만, 또한 유학의 영원한 생명력이기도 하다.

『중용』에는 노나라의 젊은 임금 애공이 천하 주유를 마치고 귀국한 늙은 공자와 나누는 대화가 나온다. 애공이 정사에 대해 묻자 공자가 이렇게 대답한다.

문왕과 무왕의 훌륭한 정치는 목판이나 죽간竹簡에 많이 쓰여 있습니다. 그러나 그러한 가치를 구현할 수 있는 사람이 있으면 그 정치는 흥할 것이고, 그러한 사람이 없으면 그 정치는 쇠락하고 말 것입니다. 사람의 도는 정치에 민감하게 나타나고, 땅의 도는 나무에 민감하게 나타납니다. 대저 바른 사람을 얻기만 한다면 정사에 미치는 신속한 효험은 쉽게 자라는 갈대와 같습니다. 그러므로 정치를 한다는 것은 제대로 된 사람을 얻는 데 있습니다.[34]

공자는 젊은 임금에게 정사의 첫째는 제대로 된 사람을 구하는 것임을 강조한다. 아무리 제도가 완벽하고 이상적으로 갖추어져 있다고 해도 제대로 된 사람이 없다면 아무 의미가 없다. 정치에 미치는 바른 인재의 효용은 마치 빨리 자라는 갈대를 보는 것과 같다고 조언한다. 그러므로 성공하는 정치의 핵심은 땅을 늘리거나 재물을 더 모으는 것이 아니라 우선 사람을 얻는 데 있음을 역설하고 있다.

사람의 중요성에 대해서는 맹자의 신념도 이에 못지않다. 대표적 민본주의 사상가인 맹자는 인간의 무한한 잠재력과 가능성을 더 구체적으로 설파했다. 맹자는 인간에게는 경험이나 교육에 의하지 않고도 선천적으로 사물을 알 수 있는 능력이 있다고 보았다.

사람들이 배우지 않고도 능한 것은 양능良能이요, 생각하지 않고도 아는 것은 양지良知이다. 두세 살 먹은 아이라도 그 어버이를 사랑할 줄 모르는 아이가 없으며, 장성해서는 그 형을 공경할 줄 모르는 이가 없다. 어버이를 친애함은 인이요, 어른을 공경함은 의이니, 이는 다름이

---

34 『중용장구』 20. "子曰 文武之政 布在方策 其人存 則其政舉 其人亡 則其政息 人道敏政 地道 敏樹 夫政也者 蒲盧也 故爲政在人"

아니라 온 천하에 공통되기 때문이다.[35]

이 양지와 양능이 있기 때문에 인간은 선천적으로 도덕을 분별할 수 있고, 더 나아가 사물이 가진 보편적 진리를 깨달을 수 있다는 것이다. 이 양지와 양능에 대해 북송의 유학자 정이천程頤, 1033~1107은 양지, 양능은 모두 타고날 때부터 가지고 있는 것이니, 이는 바로 하늘에서 나온 것이요, 인위에 매여 있지 않다고 풀이했다. 그러나 이렇게 하늘로부터 부여받은 양지, 양능도 좋은 환경에서 온전히 키우지 못하면 끝내 꽃을 피우지 못하거나 훼손되어 버린다.

비록 천하에 쉽게 생장하는 물건이 있더라도 하루 동안 햇볕을 쬐고 열흘 동안 춥게 하면 능히 생장할 것이 있지 않다.[36]

맹자는 인간에게는 인의와 같은 선한 본성과 양지, 양능 같은 훌륭한 자질이 있지만, 대부분은 욕심에 가리고 게으름에 묻혀서 제대로 발현되지 못한다고 말한다. 누구나 가진 이런 위대한 자질이 보통은 마치 겨울에 뿌려진 씨앗처럼 싹트지 못하고 묻혀 있다는 것이다.

---

35 『맹자집주』, 「진심장구」 상 15, "孟子曰 人之所不學而能者 其良能也 所不慮而知者 其良知也 孩提之童 無不知愛其親也 及其長也 無不知敬其兄也 親親 仁也 敬長은 義也 無他 達之天下也"
36 『맹자집주』, 「고자장구」 상 9, "雖有天下易生之物也 一日暴之 十日寒之 未有能生者也"

그럼 인간이 가진 이런 탁월한 재능을 어떻게 개발할 수 있을까? 공자와 맹자는 모두 '배움'에서 길을 찾았다. 그래서 공자는 모든 이들에게 차별 없는 교육을 주장하면서 학교를 짓고 백성을 가르치는 것을 정치의 최우선 과제로 삼았다.

그러나 공자가 시행한 교육은 지금 학교 공부처럼 단순히 지식 습득만을 목표로 하지 않았다. 이론적 지식은 생업을 위한 기초일 뿐이다. 공문孔門[37]의 교육 방향은 학생들에게 단순한 지식 암기를 넘어서는 윤리적이고 심미적인 정감의 함양을 강조했다. 이는 눈과 귀로 배운 인문 지식만으로는 갈 수 없는 경지이다. 실천을 통해 자신의 경험과 지혜로서 체화되어야 가능한 일이다. 너무도 유명한 『논어』의 첫 구절도 그런 의미를 가지고 있다.

배우고 늘 익히면 기쁘지 않겠는가?[38]

배운다는 것은 객관적 지식을 얻는 것이다. 익힌다는 뜻의 '습習'은 새가 날갯짓을 하면서 자주 나는 것이니, 스승으로부터 배운 지식을 단지 머리에 담아 두는 게 아니라 실행을 통해 실제로 몸에 익힌다는 의미이다. '실행'은 현장에서 이루어지는 것이다. 효도에 대해 배운다면 집에 가서 부모에게 실제로 효행을 실천하는 것이다. 신의를 배웠다면 교우 간에, 이웃 간에 실제로 믿음 가는 행동을 하는 것이다. 그래야 말과 글로

---

37 '공자의 문하'란 말로 일반적으로 유학을 가리킴.
38 「논어」, 「학이」 1, "子曰 學而時習之 不亦說乎"

는 다 전달하지 못하는 지식 너머의 깊은 이치를 깨닫고, 지식을 살아 있는 지혜로 전환시키는 것이다. 이것이 앎과 실천의 합일을 중시하는 전형적인 유학의 공부법이다. 공자는 그런 자신의 교육관을 이렇게 요약한다.

> 배우기만 하고 생각하지 않으면 얻음이 없고, 생각하기만 하고 배우지 않으면 위태롭다.[39]

지식으로 얻었을 뿐 자신의 경험을 토대로 마음으로 생각하지 않으면 실제 얻음이 없고, 혼자만의 경험만을 앞세울 뿐 원리를 제대로 배우지 않으면 위태롭다는 말이다. 요점은 결국 어느 한쪽으로만 치우쳐서는 얻는 것이 없거나 위험하니, 지식으로 배우되 반드시 실천을 통해 주관적인 체험을 쌓으라는 것이다. 그리고 이렇게 덧붙인다.

> 옛것을 잊지 않고 새것을 알면 스승이 될 수 있다.[40]

공자는 예전의 경험을 깊이 생각하고 응용한다면 미래를 내다보고 이해할 뿐만 아니라 나아가 타인의 스승 노릇까지 할 수 있다고 말한다. 이는 우리 경험에 비추어봐도 타당한 이야기다. 미래를 내다보는 창의성이란 밑도 끝도 없이 튀어나오는 기발한 발상이 아니라 오랜 경험과 지

---

39 『논어집주』, 「위정」 15. "學而不思則罔 思而不學則殆"
40 『논어집주』, 「위정」 11. "溫故而知新 可以爲師矣"

식 위에서 자연스럽게 드러나는 영감이기 때문이다. 이처럼 '학'과 '습'을 통해 누구나 성인이 될 수 있고, 온고지신을 통해 타인보다 앞설 수 있다는 것이 공맹의 교육관이다.

이러한 공맹의 지혜는 오늘날 경영 현장에도 시사하는 바가 크다. 세계 일류기업을 지향하는 회사라면 학습 활동의 일상화는 필수이다. 그리고 더 나아가 구성원들이 가지고 있는 경험과 지혜 위에서 새것을 소화하고 이해하는 온고지신의 문화가 깊이 뿌리내려야 한다. 우리 기업들도 이제는 단순히 값싼 인건비에 의지해 경쟁하던 시대는 지났다. 저렴한 인건비를 무기로 한 산업은 중국이나 동남아 등 다른 나라들의 영역이 되었다. 이미 많은 우리나라 회사들이 세계의 선두에 서 있다. 이런 기업들이 앞으로 나아가면서 부딪히는 문제는 과거처럼 단순히 외국기업을 흉내 내거나 타 기업의 기술 도입을 통해 대처할 수 있는 것들이 아니다. 이제는 추종자가 아닌 선행자로서 스스로 새로운 길을 찾고 개척해야 한다.

아무도 가지 않은 미답未踏의 길을 가야 하는 우리 기업들에게 가장 믿을 수 있는 핵심 역량이란 바로 구성원들이 만들어 내는 온고지신의 지혜이다. 이는 경영 활동에서 봉착하는 문제의 해결을 설비구매나 인건비 절감에만 기대지 않고 현장에서 쌓아 온 구성원의 경험과 지혜로 풀어나갈 수 있다는 믿음에서부터 출발한다. 그러기 위해서 구성원이 가지고 있는 양지良知와 양능良能을 신뢰해야 한다. 그리고 그 재능을 발휘할 수 있도록 기회를 주고 격려해 주어야 한다. 그것이 바로 온고지신을 통한 문제 해결법이다. 많은 복지나 화려한 사무실이 곧 '인간 중심 경영'이 아니다. 구성원들이 자신이 가지고 있는 양지와 양능을 개발하고 함께 회사 문제 해결의 주체로서 참여할 때 참된 인간 중심 경영이 꽃피게 될 것이다.

실천과 모범의 리더십

세월호 참사 이후 국가적 재난 앞에서 우리나라 지도자와 미국 지도 자의 대응 자세를 비교하는 보도가 많이 나왔다. 기록을 보면, 2001년 9.11테러 당시 미국 부시 대통령은 초등학교를 방문 중이었다. 테러 보고를 듣고도 처음 7분간 부시 대통령은 별다른 대응을 하지 않았다고 한다. 이로 인해 임기 내내 그는 대통령의 자질을 의심받았다. 하지만 9.11 테러 조사 보고서를 보면 당일 부시 대통령은 초기 7분을 제외하고는 이후 숨 가쁘게 국가 안보 상황에 대처했음을 알 수 있다. 반면에 우리 나라에서는 수많은 의혹 제기에도 불구하고 세월호 침몰 7시간 동안 대통령의 행적이 아직도 미궁이다. 관저에서 밥을 먹고 머리를 매만지며 많은 시간을 썼다는 것만 알려졌을 뿐 수백 명의 국민 목숨이 걸린 중대한 재난 앞에서 국민들은 대통령의 모습을 찾을 수 없었다. 심지어 나중에도 상황 파악마저 못 한 무책임한 발언으로 국민적 공분을 샀다. 이런 우리나라 대통령의 자세가 동서 세계 문화의 차이는 아닐 것이다. 굳이 미국과 비교하지 않더라도 국가를 이끌어가는 대통령으로서 국정에 임하는 기본자세에 심각한 문제가 있었음을 누구나 인정한다.

그렇다면 본래 동양 문명이 지향하던 리더십은 어떤 모습일까?『대학』에 보면, 국정에 임하는 국가 지도자의 자세에 대해 언급한 부분이 있다.

요·순이 천하를 인仁으로써 솔선하시자 백성들의 풍속도 선해졌으며, 걸·주가 천하를 포악하게 다스리자 백성들도 악한 풍속에 빠졌다. 군주가 명령하는 바가 군주 자신이 실제 좋아하는 바와 반대가 되면 백성들도 알아채고 따르지 않는다. 이러므로 군자는 자기 자신이 선善하게 된 뒤에 남에게 선을 요구하며, 자기 자신에게서 악함을 없앤 뒤에 남의 악을 비난하는 것이다. 자기 자신이 가지고 있는 것을 가지고 남을 가르치지 않고不恕, 없는 것을 가지고 능히 남을 깨우치는 자는 없다.[41]

요임금과 순임금은 중국 고대 전설상의 성인이며 황제이다. 요임금의 선양을 통해 순임금이 뒤를 이었으며, 둘 다 태평성대를 이룬 제왕으로서 받들어지고 있다. 그에 반해 걸桀과 주紂는 중국 역사에 나오는 대표적인 폭군 걸왕桀王과 주왕紂王을 말한다. 중국 고대 하夏나라 최후의 왕이 걸이고, 고대 은殷나라 최후의 왕이 주이다. 이 구절의 요지는 아무리 권력자라 할지라도 본심과 다른 명령을 내리면 백성들은 바로 마음을 간파하여 그 지시를 따르지 않는다는 것이다. 유학의 기본 이념인 수기치인修己治人은 정치에 임하는 위정자는 우선 인격 수양이 전제되어야 함을 요구하고 있다.

이는 우리 정치 현실에 비추어봐도 당연하다. 대통령이 각료회의에서 공직 윤리를 아무리 강조한다 하더라도 대통령 자신과 비선 실세들이 국정을 농단하고 있다면 이를 지켜보는 공직자들이 속으로 무슨 생각

---

41 『대학장구』 9, "堯舜 帥天下以仁 而民從之 桀紂帥天下以暴 而民從之 其所令 反其所好 而民不從 是故 君子 有諸己而後 求諸人 無諸己而後 非諸人 所藏乎身 不恕 而能喩諸人者 未之有也"

을 하겠는가? 국가 재난 상황에 대통령이 혼자서 밥을 먹고 머리를 매만지며 소일하고 있는데, 국가 재난 관리 시스템이 제대로 돌아가기를 기대한다는 것은 터무니없는 기대였음이 분명하다. 오히려 현대 민주공화국에서 기본 소양이 전혀 갖춰지지 않은, 심지어 나태하기까지 한 사람이 명예와 권력을 좇으면서 심지어 대통령에까지 선출될 수 있었다는 사실이 놀라울 뿐이다. 이처럼 유난히 도덕과 책임감이 취약한 위정자들에게 평소 덕치를 강조했던 공자는 이렇게 비유한다.

> 정치를 덕으로 한다면, 이는 북극성은 제자리에 머물러 있으면서 뭇별들이 그에게로 향하는 것과 같다.[42]

본래 중국 한자에서 '덕德'이란 '무엇인가를 행하여 마음속에 얻은 것得'이라는 뜻이다. 즉, 공자가 말한 "정치를 덕으로 한다."는 것은 임금은 임금답게 자신에게 주어진 직분을 충실히 하여 마음에 얻음이 있는 것을 말한다. 덕치란 결코 무위도식하면서 타인에게 책임이나 미루고 소일하는 정치가 아니다. 누구보다 부지런하고 헌신적인 삶을 요구한다. 그런 덕으로써 정치를 하면 마치 북극성이 밤하늘에 중심이 되듯 강제하지 않아도 수많은 사람들이 위정자의 덕에 감화되어 그를 삶의 모범으로 삼아 살아간다는 것이다. 성인이지만 누구보다 배움을 좋아하고 중시했던 공자에게도 평생 본받고 싶은 그런 북극성이 있었다. 『중용』에서 그에 대해 나오는 구절을 인용해 본다.

----

42 『논어집주』, 「위정」 1, "子曰 爲政以德 譬如北辰 居其所 而衆星 共之"

중니仲尼는 요·순을 조종으로 삼아 도를 높이고, 문왕·무왕의 법을 가까이 지켰으며, 위로는 자연의 운행을 본받고, 아래로는 물과 땅의 이치를 답습했다.[43]

문왕과 무왕은 포악한 은나라의 주왕을 물리치고 주나라를 세운 임금으로 성군으로 추앙되는 사람들이다. 공자는 옛 성인들을 도덕과 인륜의 모범으로 삼아 숭상하면서도 더 근본적으로는 자연에서 인간이 따라야 할 천리天理를 찾고자 했다. 자연을 도덕규범의 연원으로 생각하는 이러한 사유는 공자만의 특징은 아니다.

원시 문명 이래로 인류는 동서양을 막론하고 자연을 두려워하고 숭배했다. 원시 사회의 토테미즘이나 애니미즘, 그리고 샤머니즘적 세계관은 이러한 전통의 산물이다. 그중에서도 특히 동양에서는 궁극적으로 자연과 인간이 하나라는 천인합일사상天人合一思想이 발전했으며, 그로 인해 자연에서 인간이 추구해야 할 가치를 발견하고 따르려는 경향이 강했다. 동양이 문명사회를 이룬 후에도 그런 사유는 문화적 원천이자 사유의 동기가 되어 강하게 이어졌다. 그래서 북송의 유학자 주렴계周濂溪, 1017~1073는 이러한 전통을 "성인은 하늘을 이상으로 삼고, 현인은 성인이 되기를 바라고, 선비는 현인이 되기를 바란다."[44]고 말했다.

그렇다면 공자가 자연의 운행을 보며 파악한 도덕규범의 원형은 어떤 내용일까? 『중용』에는 당시 공자 문인들이 자연 속에서 어떠한 덕과 이

---

43 『중용장구』 30, "仲尼 祖述堯舜 憲章文武 上律天時 下襲水土"
44 주자, 여조겸 편저, 『근사록』 2권, "聖希天 賢希聖 士希賢"

치를 보고자 했는지를 보여 주는 대목이 있다.

지성至誠은 쉼이 없다. 쉼이 없으면 오래가고, 오래가면 징험[徵驗]이 드러난다. …중략… 천지의 도는 넓고博也 두텁고厚也 높고高也 빛나며明也 아득하고 오래감悠也이다. 지금 하늘은 반짝반짝 빛나는 것이 많이 모인 것인데 그 무궁함에 미쳐서는 일월성신이 매여 있고 만물이 덮여 있다. 땅은 한 줌의 흙이 많이 모여 있는 것인데 그 넓고 두터움에 미쳐서는 화산華山을 싣고 있으면서도 무겁게 여기지 않고, 강과 바다를 거두어 넣고 있으면서도 새지 않으며 만물이 실려 있다. 이제 산은 자잘한 돌이 많이 모인 것인데 그 넓고 큼에 미쳐서는 초목이 생장하고 금수가 살며 보물이 나온다. 물은 한 잔의 물이 많이 모인 것인데 그 측량할 수 없음에 미쳐서는 자라와 악어와 교룡이 자라며 진주가 번식한다.[45]

공자의 손자이면서『중용』을 쓴 자사子思는 자연의 운행을 보며 인간이 배워야 할 덕을 나열하고 있다. 우주의 쉼이 없는 모습에서 끝없는 성실함의 가치와 효용을 배우고, 넓고, 두텁고, 높고, 빛나며, 멀고 오랜 자연의 특성에서 군자가 배워야 할 미덕의 교범을 찾았다.

그러나 이러한『중용』의 이야기도 공자의 제자들이 저절로 깨우친 것은 아니다. 공자의 엄격한 가르침과 훈련 속에서 얻어진 것이다.『논어』

---

45 『중용장구』26, "不息則久 久則徵 徵則悠遠 悠遠則博厚 博厚則高明 …天地之道 博也厚也高也明也悠也久也 今夫天 斯昭昭之多 及其無窮也 日月星辰 繫焉 萬物] 覆焉 今夫地一撮土之多 及其廣厚 載華嶽而不重 振河海而不洩 萬物 載焉 今夫山 一卷石之多 及其廣大 草木 生之 禽獸 居之 寶藏 興焉 今夫水 一勺之多 及其不測 黿鼉蛟龍魚鼈 生焉 貨財 殖焉"

에는 공자가 제자들에게 바라는 가르침과 깨우침의 방식을 보여 주는 유명한 구절이 있다. 어느 날 공자가 제자인 자공에게 말한다.

공자: 나는 이제 말을 하지 않으려고 한다.

자공: 선생님께서 만약 말씀하지 않으시면 저희들이 어떻게 도를 전하겠습니까?

공자: 하늘이 무슨 말을 하더냐? 사시四時가 운행되고 만물이 생장할 뿐 하늘이 무슨 말을 하더냐?[46]

공자는 제자들이 언어로서만 성인을 관찰할 뿐 자연 속에서 천리가 운행되는 실제를 살피지 못하는 것을 안타깝게 생각하고 있었다. 그래서 어느 날 제자들에게 더 이상 말을 하지 않겠다고 폭탄선언을 한다. 자연이 말하지 않고 공효功效로써 가르침을 전하듯 공자도 더 이상 말을 하지 않을 테니 제자들도 자연과 삶 속에서 혹은 스승의 행적을 보고 스스로 깨우치기를 바란 것이다. 하늘이 가르침을 주는 방식에 대해『맹자』에도 비슷한 이야기가 나온다. 어느 날 제자 만장이 묻는다.

만장: 요임금이 천하를 순임금에게 주었다고 하니 그런 일이 있었습니까?

맹자: 아니다. 천자가 천하를 남에게 줄 수 없다.

만장: 그렇다면 순이 천하를 소유한 것은 누가 주신 것입니까?

---

46 『논어집주』,「양화(陽貨)」19, "天何言哉 四時行焉 百物生焉 天何言哉"

맹자: 하늘이 주신 것이다.

만장: 하늘이 주었다는 것은 말로써 상세하게 명령한 것입니까?

맹자: 아니다. 하늘은 말씀하지 않는다. 행실과 사업으로 보여 줄 뿐이다.[47]

하늘의 이치는 매일 눈앞에 드러나는데 사람들은 그것을 스스로 살펴서 천명을 깨우치지 못하고 언어로만 가르침을 쫓는다. 공맹은 그러한 사람들의 어리석음을 지적하고 있다. 하늘은 실제 운행을 통해 가르침을 전한다는 공맹의 이러한 사상은 유학의 주장이지만, 동양 문명의 큰 특징을 이룬다. 서양 종교와 비교한다면 서양 종교가 말씀을 통한 계시의 종교라면, 유학은 실천과 모범의 종교인 셈이다. 서양 문명이 고대에는 신탁을 통해, 기독교 이후로는 구체적인 계시를 통해 초월적 존재와 만났다면, 유학은 바로 우리 눈앞에 펼쳐져 있는 자연의 움직임 속에서 천명과 인간이 따라야 할 도덕의 원형을 찾았다고 할 수 있다.

이러한 유학적 전통은 지금 현대 사회까지도 우리 사상에 큰 영향을 주고 있다. 동양 사회가 귀하게 여기는 지도자는 말로만 지시하는 리더십이 아니다. 정치든 경영이든 동양에서는 리더들이 말이 아닌 행실과 사업으로 보여 주기를 기대한다. 화려한 말보다 실제 생활 속에서의 언행일치와 쌓아온 덕으로써 국민들의 마음을 얻기를 바란다. 지금도 우리 문화에는 얄팍한 교언영색巧言令色을 미워하고 실제를 숭상했던 공맹의 리더십이 리더십의 주요 덕목으로 전통에 면면히 흐르고 있다. 그런

---

47 『맹자집주』, 「만장장구」 상 5. "否 天不言 以行與事 示之而已矣"

점에서 리더가 보여주어야 할 가까운 일상 속에서의 실천과 모범에 대한 맹자의 강조는 언제나 되새겨 볼 만하다.

내 집안의 노인을 공경하여 남의 노인에게까지 그 영향이 미치게 하며, 내 집 아이를 사랑하여 남의 자제에게까지 그 자애가 미치게 한다면 천하를 손바닥에 놓고 움직일 수 있다. 『시경』에 이르기를 "내 아내에게 모범이 되어 형제에게 이르게 하며, 이로써 집안과 나라를 다스린다." 하였으니 이 마음을 들어서 저기에 베풀 뿐임을 말한 것이다.[48]

도덕적 자율성과 책임

사람이 도를 크게 하는 것이지, 도가 사람을 크게 하는 것이 아니다.[49]

필자는 기독교계 대학을 나왔다. 젊은 시절 다니던 대학 교정에는 잊지 못할 성경 구절이 쓰여 있었다. "진리가 너희를 자유케 하리라." 학창 시절 그 글귀에 얼마나 벅찬 감동을 느꼈는지 모른다. 그러나 요사이 유학 공부를 하면서 진리와 인간의 관계를 바라보는 관점에서 유학과 기독교 사이에 큰 차이가 있음을 깨달았다.

---

48 『맹자집주』, 「양혜왕장구」 7, "老吾老 以及人之老 幼吾幼 以及人之幼 天下 可運於掌 詩云 刑于寡妻 至于兄弟 以御于家邦 言舉斯心 加諸彼而已"
49 『논어집주』, 「위령공」 28, "人能弘道 非道弘人"

위 구절에 대응되는 내용을 『논어』에서 찾는다면 아마 이 글에 맨 처음에 인용한 '인능홍도 비도홍인人能弘道 非道弘人'이란 구절일 것이다. 성경식으로 번역한다면, "사람이 진리를 자유롭게 하지 진리가 사람을 자유롭게 하는 것이 아니다."란 뜻이다. 유학이 삶에 있어서 얼마나 인간의 주체성을 강조하는지 알 수 있는 구절이다.

지난 대통령 탄핵 재판에서도 인간의 도덕적 주체성과 자율에 대해 생각하게 하는 부분이 많았다. 청문회나 재판 과정에서 박근혜−최순실 게이트에 연루된 많은 고위층 인사들의 답변은 한결같았다. 대부분 모른다고 부인하거나 혹은 대통령이나 윗사람의 지시였다고 항변했다. 이들의 주장처럼 도덕 행위의 주체가 모두 나 외에 다른 사람 혹은 바깥에 있다고 한다면 저지른 잘못에 대해 누구도 처벌하지 못할 것이다. 이는 마치 지진 현장에서 무너지는 천장에 깔려 남의 재물을 망가뜨린 사람에게 책임을 물을 수 없는 것과 같을 것이다.

그러나 과연 저들의 행위가 모두 그러한 경우인가? 여기에 대해 공자라면 어떻게 말했을까? 공자는 저들을 이렇게 질타한다.

군자는 자신에게서 찾고, 소인은 남에게서 찾는다.[50]

인의예지를 실천함에 있어 군자는 자신에게서 그 주체성을 찾는데, 소인은 타인에게 그 원인을 돌린다는 것이다. 즉, 도덕과 정의 실천의 주체성을 어디에 두느냐가 바로 군자와 소인의 차이인 것이다. 그리고 이

---

50 『논어집주』, 「위령공」 20, "君子 求諸己 小人 求諸人"

런 비유도 했다.

> 산을 만듦에 마지막 흙 한 삼태기를 쏟아 붓지 않아 산을 못 이루고 중지함도 내가 중지한 것이며, 산을 만드는데 평지에 흙 한 삼태기를 처음 쏟아 붓더라도 앞으로 나아감은 내가 나아가는 것이다.[51]

공자는 학문을 하거나 인의라는 도덕을 실천함도 모두 이와 같다고 말한다. 오랫동안 공을 들여 무엇을 했다 할지라도 중도에 그만두면 예전의 수고가 모두 허사가 된다. 인생에 있어 노력의 결과야 내가 장담할 수 없지만, 힘껏 실천하고 안 하고는 모두 내 자유의지에 딸린 문제라고 말한다. 인간에게는 그런 자율성이 있다는 것이다. 그리고 다시 강조한다.

> 어찌 인이 멀리 있겠느냐? 내가 인을 하고자 하면 인은 당장에 이르는 것이다.[52]

이 구절에 대해 송대 유학자 주희는 "인이란 마음의 덕이니 밖에 있는 것이 아니다. 사람들이 놓아두고 찾지 않으므로 멀다고 여기는 자가 있는 것이다. 돌이켜 찾는다면 여기에 바로 있으니 어찌 멀리 있다고 하겠는가."라고 풀이했다. 즉, 사람의 본성인 인이란 것도 저절로 실현되는

---

51 『논어집주』, 「자한」 18, "譬如爲山 未成一簣 止吾止也 譬如平地 雖覆一簣 進 吾往也"
52 『논어집주』, 「술이」 29, "仁遠乎哉 我欲仁 斯仁 至矣"

것이 아니라, 인간이 스스로 의지를 가지고 찾고 실천해야 얻어지는 덕이라고 말한다. 따라서 실천하고자 한다면 그것은 나에게 달린 문제이지 다른 곳에 이유를 댈 것이 없다는 것이다.

그렇다면 평소 인간의 본성은 선하다고 주장한 맹자는 인간의 도덕적 자율성에 대해 어떤 입장일까? 맹자는 사람이라면 누구나 선한 심성과 이를 실천할 수 있는 능력이 있다고 보았다. 그것을 입증하기 위해 예로 든 것이 '우물로 기어가는 아기' 이야기다. 위험에 빠진 아기를 보았을 때 누구나 마음속에 느끼는 측은한 마음이 바로 인의 단서이다. 그런 마음은 요··순 같은 성인이나 우리 같은 갑돌이 갑순이나 모두 같다. 다만, 차이가 있다면 성인은 이 마음을 잡아 놓치지 않고 키우는데 필부는 그 선한 마음을 잃어버린다는 것이다.

> 인·의·예·지는 밖에서부터 나에게 주어진 것이 아니고 내가 본래 가지고 있는 것인데 단지 생각하지 않았을 뿐이다. 그러므로 말하기를 "구하면 얻고 버리면 잃는다."고 한 것이다. 간혹 사람들 간에 서로 선과 악의 거리가 두 배나 다섯 배가 되어 계산할 수도 없게 되는 것은, 그 재才를 다하지 않았기 때문이다.[53]

맹자는 인간의 마음에는 하늘이 부여해 준 선한 본성 외에도 스스로 생각할 수 있는 능력이 있다고 보았다. 그러나 사람들이 그 생각할 수

---

53 『맹자집주』, 「고자장구」 상 6, "仁義禮智 非由外鑠我也 我固有之也 弗思耳矣 故 曰 求則得之 舍則失之 惑相倍蓰而無算者 不能盡其才者也"

있는 능력을 다하여 도덕을 구하지 않기 때문에 사람에 따라 선악이 크게 벌어진다는 것이다. 맹자가 말하는 '생각함'이란 것은 우리의 일상 어법에서 말하는 이성적 추론 능력이나 지적인 분석력만을 의미하지 않는다. '생각함'이란 인간에게 부여된 선한 본성에 순응하고자 하는 '도덕적 의지'라는 의미를 함께 가진다.[54] 성인과 필부의 차이도 '선善을 생각하여 구할 수 있는 능력', 바로 그 재능才을 다하느냐 아니냐에 달려 있다. 그러면서 맹자는 인간이 가진 의지의 중요성에 대해 다음과 같이 설명한다.

> 의지는 기氣의 장수이다. 기는 몸에 꽉 차 있는 것이니 의지가 최고요 기가 그다음이다. 그러므로 말하기를 "그 의지를 잘 잡고도 또 그 기를 포악하게 하지 마라."고 한 것이다.[55]

인간이란 정신과 육체가 결합된 존재이다. 그 육체는 기로 이루어져 있다. 따라서 생명체가 살아감에 육체의 영향을 받지 않을 수 없고 많은 부분 육체의 욕구인 본능에 의해 충동된다. 그러나 인간에게는 다른 동물과 달리 본능을 넘어선 정신의 경계가 있으며, 그중에서도 의지가 이 모든 것을 다스리는 최고의 장수라는 것이다. 따라서 인간의 의지가 굳건하면 기는 자연히 따라오게 된다는 것이다.

---

54 『맹자집주』, 「고자장구」 상 15, "心之官 則思 思則得之 不思則不得也 此 天之所與我者"
55 『맹자집주』, 「공손추장구」 상 2, "夫志 氣之帥也 氣 體之充也 夫志至焉 氣次焉 故 曰 持其志 無暴其氣"

맹자에게 있어 인간과 금수의 차이는 크지 않다.[56] 그 차이를 만드는 것은 오직 인의라는 도덕성이다. 인의가 없다면 인간은 본능에 따라 사는 동물에 불과하다. 하나 다행히도 인간에게는 동물적인 욕망을 제어하고 인의를 추구할 수 있는 도덕적 의지가 있기에 금수와 다른 만물의 영장이 될 수 있다는 것이다. 군자는 이를 잘 실천하는 사람일 뿐이다. 그 도덕적 의지의 작용에 대해 맹자는 이렇게 전한다.

물고기도 내가 원하는 것이고 곰 발바닥도 내가 원하는 바이지만 이 두 가지를 모두 얻을 수 없다면 나는 물고기를 버리고 곰 발바닥을 취하겠다. 삶도 내가 원하는 바요, 의도 내가 원하는 바이지만 이 두 가지를 모두 얻을 수 없다면 삶을 버리고 의를 취하겠다. 삶도 내가 원하는 바이지만 원하는 바가 삶보다 심한 것이 있다. 그러므로 삶을 구차히 얻으려고 하지 않으며 죽음도 내가 싫어하는 바이지만 싫어하는 바가 죽음보다 심한 것이 있다. 그러므로 환란을 피하지 않는 것이다. …중략… 이러므로 원하는 바가 삶보다 심한 것이 있으며, 싫어하는 바가 죽음보다 심한 것이 있는 것이다. 다만, 현자만이 이러한 마음을 가지고 있는 것이 아니라 사람마다 다 가지고 있건마는 현자는 능히 이를 잃지 않을 뿐이다.[57]

---

56 『맹자집주』, 「이루장구」 하 19, "人之所以異於禽獸者 幾希 庶民 去之 君子 存之"

57 『맹자집주』, 「고자장구」 상 10, "孟子曰 魚 我所欲也 熊掌 亦我所欲也 二者 不可得兼 舍魚而取熊掌者也 生亦我所欲也 義亦我所欲也 二者 不可得兼 舍生而取義者也 生亦我所欲 所欲 有甚於生者 故 不爲苟得也 死亦我所惡 所惡 有甚於死者故 患有所不辟(避)也 如使人之所欲 莫甚於生 則凡可以得生者 何不用也 使人之所惡 莫甚於死者 則凡可以辟患者 何不爲也 由是則生而有不用也 由是 則可以辟患而有不爲也 是故 所欲 有甚於生者 所惡 有甚於死者 非獨賢者 有是心也 人皆有之 賢者 能勿喪耳"

인간에게 있어 생존은 무엇보다도 우선된 욕구이다. 그러나 인간에게는 경우에 따라 더 큰 가치가 있을 수 있다. 그런 경우 인간은 자율적인 도덕 의지에 따라 필요하다면 목숨을 버리고 의를 취한다. 이것이 본능대로 살아가는 금수와 달리 도덕적 자율성을 가진 인간의 위대함이라고 보았다. 이에 대해서는 공자도 이렇게 말했다.

> 지사志士와 인인仁人은 삶을 구하여 인을 해침이 없다. 그러나 몸을 죽여서 인을 이루는 경우는 있다.[58]

> 이利를 보고 의義를 생각하며, 위태로움을 보고 목숨을 바치며, 오랜 약속에 평소의 말을 잊지 않는다면 또한 성인成人이라 할 수 있을 것이다.[59]

그런데 많은 사람들이 유학에 대해, 특히 맹자가 주장한 성선설에 대해 오해하는 바가 있다. 세상에는 흉악무도한 사람이 저렇게 많은데 어떻게 인간의 본성이 선하다고 말할 수 있느냐는 것이다. 그리고 본성이 선하다면 본성대로 살면 되지 굳이 도덕 윤리를 힘들여 배울 필요가 있느냐고 묻는다.

이러한 질문은 "인간의 본성이 선하다."는 것과 "인간이 선하다."는 것을 혼동한 결과이다. 맹자가 본 인간은 누구나 우물에 들어가는 아기를

---

58 『논어집주』, 「위령공」 8, "志士仁人 無求生以害仁 有殺身以成仁"
59 『논어집주』, 「헌문(憲問)」 13, "見利思義 見危授命 久要 不忘平生之言 亦可以爲成人矣"

보면 자신도 모르게 구하고자 하는 측은지심을 가지고 있다. 그러나 그 측은지심만으로 인간이 선해지지는 않는다. '우산牛山의 비유'[60]에서 말하듯, 사람이 날마다 욕망만을 좇으며 살다 보면 우산의 초목이 가축들 때문에 뿌리까지 뽑히는 것처럼 아직 여려서 자리를 잡지 못한 선한 마음의 싹도 모두 없어진다. 그 선한 싹을 잘 키워 인의라는 덕성을 구현해 내는 것은 모두 인간의 도덕적 의지와 노력에 따른 결과이다.

즉, 인의란 저절로 열리는 과실이 아니라 측은지심이라는 여린 단서를 잘 키우고 확충해서 이루어내는 결과물이다. 이처럼 선한 본성인 사단지심四端之心을 잘 키워 인의예지라는 덕을 이루었을 때 우리는 그 사람을 선하다고 말할 수 있다. 그런 점에서 "인간의 본성이 선하다."는 것과 인간의 의지와 노력으로 달성해서 얻어지는 경지인 "인간이 선하다."는 것은 구별해야 한다.

그래서 다산 정약용은 『논어고금주論語古今註』에서 인간이 하늘로부터 선을 좋아하는 성을 부여받았다는 사실과 더불어 인간 존재는 하늘로부터 선을 행할 수도 있고 악을 행할 수도 있는 의지의 자율권을 부여받았다는 사실을 다음과 같이 중요하게 강조한다.

다만, 선하지 않을 수 없다면 사람에게 공로가 없다. 이에 또 하늘은 선을 할 수도 있고 악을 할 수도 있는 권한을 부여했다. 그 스스로의 주장을 들어서聽其自主 선을 향하고자 하면 들어주고欲向善則聽 악을 따르

---

60 제나라 동남쪽에 있던 우산에도 본래 초목이 많았으나 사람들이 연일 나무를 베고 가축을 방목해 결국 민둥산이 되었다는 이야기. 책 내용 중 "우산의 나무도 일찍이 아름다웠다." 참조.

고자 하면 들어주니欲趨惡則聽, 이것이 공과 죄가 일어나는 까닭이다. 하늘이 이미 덕을 좋아하고 악을 부끄러워하는 성을 부여해 놓고서, 그 선을 행하거나 악을 행함은 흐름에 따라 그 하는 바에 맡겨두니 이것이 신권神權의 오묘한 뜻으로 엄숙하고 두려워할 일이다. 왜냐하면, 덕을 좋아하고 악을 부끄러워하는 것은 이미 분명하니 이로부터 선을 행하는 것은 너의 공로요, 악을 따르는 것은 너의 죄이니 두려워하지 않을 수 있겠는가?[61]

이처럼 유학에서 바라보는 인간은 선한 본성이 가슴속에 알갱이처럼 박혀 있어서 아무런 노력 없이도 저절로 선행을 베푸는 기계적 존재가 아니다.

사단지심이라는 선의 단초만을 가지고 태어난 가능태可能態일 뿐이다. 성인의 자질이 있다 해도 누구나 자신의 사단지심을 키우고 확충하지 않으면 한순간에 금수로 전락할 수 있다. 그래서 유학은 늘 수양을 강조하고 스스로의 도덕적 자율성을 귀하게 여기는 것이다.

---

61 금장태, 『인과예: 다산의 논어 해석』, 서울대출판부, 2006, 101쪽 재인용.

유천지명維天之命

아아, 하늘의 명은 참으로 그윽하여 그침이 없네

아아 밝기도 하여라, 크나큰 문왕의 덕의 순수함이여

무엇으로 은혜를 베푸시려나, 이 몸이 그것을 받들어

크게 문왕의 길 따르리니 대대로 임금님도 돈독하시리

維天之命이 於穆不已시니 於乎不顯가 文王之德之純이여
유천지명　　오목불이　　　오호불현　　　문왕지덕지순

假以溢我오 我其收之하여 駿惠我文王하리니 曾孫篤之어다
하이일아　　아기수지　　　준혜아문왕　　　증손독지

이 시는『시경』대아「증민」편과 더불어 천명天命이 세상으로 내려와 인간의 본성을 이루게 된 모습을 설명할 때 대표적으로 인용된다. 자사는『중용』에서 이 시를 빌어 하늘이 하늘인 이유를 설명했다. "시에서 말하기를 유천지명이 오목불이라 하니 이는 하늘이, 하늘이 되는 이유이며, 밝기도 하여라 문왕의 덕의 순수함이어라 하니 문왕이 문왕이 된 이유이다."[62] 하늘의 속성에 대한 이러한 해석은 『주역』에 나오는 "하늘의 운행은 건실하다. 군자는 이를 본받아 스스로 힘써 쉬지 않는다."[63]라는 말과 매우 비슷하다. 동아시아인들의 이러한 생각은 유학에서 인간이 지향해야 할 도덕적 특성의 근간을 이루게 되었다.

『논어』, 「이인」 편에서도 이 시가 인용된다. 어느 날 공자가 증자에게 "나의 도는 하나의 이치가 꿰뚫고 있을 뿐이다."라고 말한다. 이에 다른 제자들이 그 뜻을 묻자 증자가 하나의 이치란 '충서忠恕'라고 설명한다. 이 '충서'에 대해 북송 시대 정자가 주석하면서 이 시를 빌려다 해석했다.

하늘의 명이 그침이 없는 것과 같은 것이 충이요, 하늘의 도가 변화하여 각기 성명을 바르게 하는 것과 같은 것이 서이다.[64]

---

62 『중용장구』, 26, "詩云 維天之命 於穆不已 蓋曰天之所以爲天也 於乎不顯 文王之德之純 蓋曰 文王之所以爲文也 純亦不已"

63 『주역』 건괘사(乾卦辭) 임, "天行健 君子以自强不息"

64 『논어집주』, 「이인」 15, "維天之命 於穆不已는 忠也 乾道變化 各正性命 恕也"

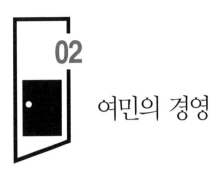

여민의 경영

고객의 마음이 하늘의 마음

지난해 연말 대학교수들이 뽑은 고사성어는 '군주민수君舟民水'였다. 지난해 촛불 민심과 탄핵 정국을 반영한 선택이었을 것이다. '군주민수'는 『순자』, 「왕제」 편에 나오는 이야기다.

백성이 정치에 불안을 느끼지 않아야 임금이 자리에 편안하게 된다. 예로부터 전해 오는 얘기에 "임금은 배요, 백성은 물이다. 물은 배를 띄우기도 하고, 뒤엎을 수도 있다."고 한 것은 이를 말하는 것이다. 그러므로 임금이 편안하기를 바란다면 정치를 공평하게 하고 백성을 사랑하는 것이 최상의 방법이며, 스스로 영화롭고자 한다면 예를 융숭하게 하고 선비를 공경하는 것이 제일이며, 공명을 세우고자 한다면 어진 이를 존경하고 능력 있는 이를 등용하는 것이 가장 좋은 방법이다. 이것이 임금

이 지켜야 할 커다란 요건이다.[65]

임금과 백성의 관계를 물과 배에 비유하여 말하는 것은 이미 그전부터 많이 전해지던 가르침이었다. 공자의 말씀과 일화를 모은 책인 『공자가어孔子家語』에도 그와 유사한 대목이 나온다.

배는 물이 없으면 운행할 수 없으나, 배에 물이 차면 가라앉고 만다. 임금은 백성이 아니면 다스릴 수 없지만, 백성이 임금을 범하게 되면 나라는 기울어지고 마는 법이다. 이 까닭으로 군자는 자기의 행동을 엄하게 하지 않을 수 없으며, 소인은 언제나 한결같이 자신을 단속하지 않을 수 없다.[66]

그러나 공자나 순자보다 민본주의에 대한 믿음이 훨씬 더 깊었던 맹자는 이보다 더욱 진보한 주장을 내놓았다.

백성이 가장 귀중하고, 사직이 그다음이며, 군주는 가벼운 존재이다. 그러므로 백성의 마음을 얻은 자가 천자가 되고, 천자에게 신임을 얻은 자가 제후가 되고, 제후에게 신임을 얻은 자가 대부가 된다. 제후가 사직을 위태롭게 하면 제후를 바꾼다. 제사 지내는 제물이 이미 잘 준비되고

---

65 『순자』, 「왕제」 4, "庶人安政然後君子安位 傳曰 君者舟也 庶人者水也 水則載舟 水則覆舟 此之謂也 故君人者 欲安則莫若平政爱民矣 欲榮則莫若隆禮敬士矣 欲立功名則莫若尚賢使能矣 是君人者之大節也"

66 왕숙 편찬, 임동석 역주, 『공자가어』, 동서문화사, 2009, 543쪽.

제사상이 이미 정결하여 제사를 제때에 지냈는데도 가뭄이 들고 홍수가 넘치면 사직을 바꾸어 설치한다.[67]

맹자의 주장은 그 혁명적 발상이 지금 읽어 봐도 놀랍다. 당시가 아직 고대 왕조시대임에도 불구하고 맹자는 이미 국가를 특정인의 사유물로 보지 않는다. 맹자에게 군주의 직위는 다른 공동체 구성원들과 마찬가지로 제 몫의 일, 곧 정치를 충실히 수행할 때 밥을 먹을 수 있는 한 직책에 지나지 않는다. 이런 철저한 민본주의적 철학이 있기에 비록 신하라 할지라도 잔악한 군주는 죽일 수 있다고까지 주장했다.

인을 해치는 자를 적賊이라 이르고, 의를 해치는 자를 잔殘이라 이르고, 잔적한 사람을 일부一夫라 이르니, 일부인 주紂를 베었다는 말을 들었지만, 군주를 시해했다는 말은 듣지 못했다.[68]

그리고 한층 더 나아가 근대 국가에서나 나올 법한 주권재민主權在民 정신을 드러내 보이고 있다. 맹자에게 있어 백성의 지위는 이미 왕보다 사직보다 높은 위치이다. 종묘사직을 지키기 위해서는 왕조차도 희생될 수 있다고 생각하던 시대인데, 예를 갖춰 제사를 지냈으나 효험이 없다

---

67 『맹자집주』, 「진심장구」 하 14, "民爲貴 社稷次之 君爲輕 是故 得乎丘民 而爲天子 得乎天子 爲 諸侯 得乎諸侯 爲大夫 諸侯 危社稷 則變置 犧牲 旣成 粢盛 旣潔 祭祀以時 然而旱乾 水溢 則變置社稷"

68 『맹자집주』, 「양혜왕장구」 하 8, "賊仁者 謂之賊 賊義者 謂之殘 殘賊之人 謂之一夫 聞誅一夫 紂矣 未聞弑君也"

면 사직단조차도 옮겨 버리라고 권하고 있다. 서양에서는 2,000년쯤 지나 프랑스 혁명기가 되어서야 나올 법한 주장이었다. 가히 고려 말 부조리한 현실을 보며 혁명을 꿈꾸었던 정도전이 흠뻑 매료될 만하지 않았겠는가?

그런데 맹자가 이토록 백성의 지위를 높이 바라볼 수 있었던 근거는 무엇일까? 맹자는 백성의 마음을 들어 그 답을 찾았다.

> 걸·주가 천하는 잃은 것은 백성을 잃었기 때문이다. 백성을 잃었다는 것은 그 마음을 잃은 것이니 천하를 얻음에 길이 있으니 백성을 얻으면 천하를 얻을 것이다. 백성을 얻음에 길이 있으니 그 마음을 얻으면 백성을 얻을 것이다. 마음을 얻음에 길이 있으니 백성이 원하는 바를 위하여 모아주고 백성이 싫어하는 바를 베풀지 말아야 한다.[69]

맹자가 바라본 백성의 마음이란 탐욕스럽고 배우지 못해 우매한 마음이 아니다. 백성의 마음이야말로 바로 하늘의 마음이고 하늘의 소리임을 천명한다.

> 『서경』, 「태서」에 "하늘이 세상을 바라봄은 우리 백성의 눈을 통해 보고 하늘이 세상 소리를 들음은 우리 백성의 귀를 통해 듣는다." 했으니 이것을 이른 것이다.[70]

---

69 『맹자집주』, 「이루장구」 상 9, "桀紂之失天下也 失其民也 失其民也 失其心也"
70 『맹자집주』, 「만장장구」 상 5, "太誓曰 天視 自我民視 天聽 自我民聽 此之謂也"

천자는 하늘의 아들이란 의미이다. 당시에 하늘에 제사를 지내는 건 천자만의 고유 권한이다. 그러나 맹자가 보기에 하늘은 천자의 눈을 통해 세상을 보지 않는다. 하늘은 천자의 입을 통해 말하지도 않는다. 하늘이 세상과 소통하는 길은 백성이다. 백성은 우매한 통치의 대상이 아니라 바로 하늘의 눈이고 귀이며 마음이라는 것이다. 그러기에 백성의 마음을 얻는 자는 하늘의 마음을 얻는 것이며, 백성의 눈과 귀를 막으려는 자는 하늘의 뜻을 속이려는 자라는 것이다. 맹자가 바라보는 하늘은 서양의 종교처럼 소수의 성직자나 선택된 사람들만을 통해 듣고 말하지 않는다.

현대 사회에서도 하늘은 국민의 눈과 귀, 입을 통해 세상에 관여한다. 촛불 민심이 무서운 것도 바로 그 소리가 하늘의 소리이기 때문일 것이다. 민심이 천심이라는 맹자의 주장은 기업 경영 현장에서는 더욱 절실하다. 아마 하늘은 고객의 눈으로, 고객의 귀로 기업을 보고 있을 것이다. 그리고 하늘은 고객의 입으로 말할 것이다. 어느 기업이 망했다면 그것은 고객을 잃은 것이고, 고객을 잃었다는 것은 고객의 마음을 잃었기 때문이다. 고객의 마음을 얻어야 한다는 것은 경영 현장에서 만고불변의 진리이다. 고객의 마음을 얻기 위해선 늘 고객의 소리에 귀를 기울이고 겸손해져야 한다. 순자의 말을 빌리자면 기업이 배라면 고객은 물과 같다. 고객은 기업을 띄우기도 하지만 뒤엎어 버리기도 한다. 최근 좋은 제품을 만들어 고객의 마음을 얻기보다 정경유착으로 손쉬운 경영을 꿈꾸다 곤경에 처한 기업인들은 크게 되새겨야 할 부분이다.

서, 공감과 배려의 정신

종교학자들은 동서양을 막론하고 모든 고등 종교가 가지고 있는 공통점으로 '배려'를 꼽는다. 그 종교적 가르침이 사랑이든, 자비든, 인이든 무엇을 표방한다 할지라도 그 본질은 타인에 대한 배려를 말하고 있다고 한다. 그래서 배려를 장려하지 않는 종교가 있다면 그 종교는 가짜라고 단언한다. 남을 배려하는 행위 자체가 바로 종교이기 때문이다. 배려는 나와 타인의 처지를 바꾸어 생각할 줄 아는 마음, 즉 역지사지易地思之를 통해 타인과 공감할 수 있는 능력에서 출발한다. 인간에겐 시대와 지역을 떠나 함께 공유할 수 있는 비슷한 마음이 있기 때문에 내 마음을 미루어 타인의 마음을 헤아릴 수 있다. 이것이 배려를 가능케 한다는 것이다. 이러한 역지사지의 정신을 성경에서는 이렇게 기록하고 있다.

무엇이든지 남에게 대접을 받고자 하는 대로 너희도 남을 대접하라. 이 것이 율법이요, 선지자니라.[71]

그리스도교에서는 이것을 모든 율법 중에 최고라고 여겨서 황금률이라고 부른다. 이 황금률이 그리스도교 윤리의 핵심을 이룬다. 유학에도 아주 유사한 가르침이 있다. 어느 날 공자가 증자에게 말한다.

---

71 『성경』, 「마태복음」 7장 12절.

공자: 삼參아. 나의 도는 하나의 이치일 뿐이다.

증자: 그렇습니다.

(제자들이 이 말을 듣고 이해하지 못하자 나중에 증자가 풀이해 준다.)

증자: 스승님이 말씀하신 하나의 도란 충忠과 서恕일 뿐이다.[72]

공자는 평생 인을 실천하여 덕을 완성하고자 했는데 자신이 덕을 완성하는 방법이 바로 '충서忠恕'라고 여겼던 것이다. '충'이란 자기 마음을 극진히 하여 거짓됨이 없게 하는 것이다. '서'란 그런 진실한 내 마음을 미루어 타인의 마음을 헤아리는 것을 말한다. 송대 유학자 정자는 '충'이 본체體라면, '서'는 쓰임새用라고 해석했다. 그러나 조선의 유학자 다산 정약용은 이러한 견해와 달리 "충서가 곧 서이다. 본래 나누어 둘로 삼아야 할 것이 아니다. 하나로 꿰뚫었다는 것은 서요, 서를 행하는 것이 충이다."라고 하여 '서'를 일관一貫의 중심 개념으로 제시했다.[73]

'서'의 구체적인 내용에 대해서 공자는 다른 날 이렇게 설명한다. 어느 날 자공이 물었다.

자공: 한 말씀으로서 종신토록 행할 만한 것이 있습니까?

공자: 서恕일 것이다. 자기가 하고자 하지 않는 것을 남에게 베풀지 말라는 것이다.[74]

---

72 『논어집주』, 「이인」 15, "吾道 一以貫之", "曾子曰 夫子之道 忠恕而已矣"

73 금장태, 『인과예: 다산의 논어 해석』, 서울대출판부, 2006, 109쪽.

74 『논어집주』, 「위령공」 23, "己所不欲 勿施於人"

공자는 내가 원치 않은 것은 남에게도 강요하지 말라고 말한다. 살다 보면 귀찮아서 하기 싫고 피하고 싶은 일들이 있다. 누구나 그럴 때 타인에게 떠넘기고 미루고 싶은 마음이 들곤 한다. 그러나 하기 싫은 내 마음을 헤아려서 남에게도 싫은 일을 강요하지 않는다면 그 베풂이 무궁하다 하겠다. 그래서 종신토록 행行할 수 있다는 것이다. 다른 곳에서 공자는 자공에게 또 이렇게 말한다.

> 인자仁者는 자신이 서고자 함에 남도 서게 하며, 자신이 통달하고자 함에 남도 통달하게 하는 것이다.[75]

이는 한마디로 내가 성공하고 싶으면 먼저 타인의 성공을 도우라는 것이다. 이처럼 공자가 말하는 '서'에는 두 가지 의미가 있다. 첫째는 기본적이고 소극적 의미로서 내가 하기 싫은 것은 남에게도 시키지 말라는 것이다. 둘째로는 내가 성공하고자 하면 남도 성공하게 해줘야 한다는 '서'의 적극적인 의미이다. 누구보다도 공자를 잘 이해했던 맹자는 이런 공자의 '서'의 철학을 창조적으로 계승하여 왕도 정치의 출발점으로 삼았다.

어느 날 맹자가 제 선왕을 뵙고 말했다.

---

75 『논어집주』, 「옹야(雍也)」 28, "夫仁者 己欲立而立人 己欲達而達人"

맹자: 왕께서 일찍이 신하 장포에게 음악을 좋아한다고 말씀하셨다 하오니 그러한 일이 있습니까?"

제 선왕: (왕이 얼굴빛이 변하여 말한다) 과인은 선왕의 음악을 좋아하는 것이 아니라 다만 세속의 음악을 좋아할 뿐입니다.

맹자: 왕께서 음악을 정말로 좋아하신다면 제나라는 아마도 잘 다스려질 것입니다. 지금 음악이 옛 음악과 다르지 않습니다.

제 선왕: 무슨 뜻인지 좀 더 들을 수 있겠습니까?

맹자: 홀로 음악을 즐김과 다른 사람과 음악을 즐김이 어느 것이 더 즐겁습니까?

제 선왕: 남과 함께하는 것만 못합니다.

맹자: 적은 사람과 음악을 듣는 것과 많은 사람과 음악을 듣는 것, 어느 것이 더 즐겁습니까?

제 선왕: 많은 사람과 함께하는 것만 못합니다.

맹자: 신이 청컨대 왕을 위하여 음악을 말씀드리겠습니다. 지금 왕이 이곳에서 음악을 타시는데 백성들이 왕의 종소리, 북소리와 피리 소리, 젓대 소리를 듣고서 모두 머리를 아파하고 이마를 찌푸리며 서로 말하기를 "우리 왕께서는 음악을 타시기 좋아하네. 그런데 어찌 혼자만 즐기고 우리들로 하여금 이 곤궁함에 이르게 해서 함께 살지 못하고 부자간에 서로 만나지도 못하며 형제 처자가 서로 흩어지게 하는가." 한다면 …중략… 이것을 다름이 아니라 임금께서 백성과 함께 즐기시지 않기 때문입니다. 반면에 지금 왕이 이곳에서 음악을 타시는데 백성들이 왕의 종소리, 북소리와 피리 소리, 젓대 소리를 듣고는 모두 흔연히 기뻐하는 기색이 있으면서 서로 말하기를 "우리 왕께서 행여 질병이 없으신가 보다.

아니면 어떻게 음악을 타시겠는가." 한다면, …중략… 이것은 다름이 아니라 백성과 함께 즐거워하시기 때문입니다. 지금 왕께서 백성과 더불어 즐거워하신다면 왕도 정치를 이루시는 것입니다.[76]

맹자는 왕도 정치의 출발을 딱딱한 형식과 전통에서 찾지 않았다. 오히려 평소 왕이 혼자서 부끄럽게 생각했던 취향을 적극적으로 승인하고 오히려 그것이 성군이 될 수 있는 기본 자질이라고 격려한다. 다만 그런 취향을 왕 혼자만 가진 것이 아니고 백성들 누구나 모두 함께 가지고 있는 공통된 욕구임을 잊지 말라고 말한다. 왕이 좋아하는 바를 혼자서만 즐기려 하지 말고 백성들도 함께 누릴 수 있도록 해주라는 것이다. 그러면 왕도 더욱 온전히 음악을 즐길 수 있다는 지혜를 일깨워준다.

사람의 기호는 누구에게나 있으니 왕이 좋은 일이든 나쁜 일이든 백성과 함께 공감하려는 자세가 중요하다. 왕이 자신의 욕구가 중요한 것만큼 백성의 욕구에 대해서도 인정하고 함께 이룰 수 있도록 배려한다면 그것이 바로 왕도 정치의 출발이라고 보았다. 맹자는 공자가 이야기한 "내가 서고자 하면 남도 세워주고, 내가 통달하고자 하면 남도 통달하게 해주라."는 적극적인 '서'의 정신을 현실 정치에서 구체적으로 해석한 것이다.

---

76 『맹자집주』, 「양혜왕장구」 하 1, "他日 見於王曰 王 嘗語莊子以好樂 有諸 王 變乎色曰 寡人 非能好先王之樂也 直好世俗之樂耳 曰 王之好樂 甚 則齊其庶幾乎 今之樂 由古之樂也 曰 可得聞與 曰 獨樂樂 與人樂樂 孰樂 曰 不若與人 曰 與少樂樂 與衆樂樂 孰樂 曰 不若與衆 臣請爲王言樂 今王 鼓樂於此 百姓 聞王 鍾鼓之聲 管籥之音 擧疾首蹙頞而相告曰 吾王之好鼓樂 夫何使我 至於此極也 父子 不相見 兄弟妻子 離散 (중략) 此 無他 不與民 同樂也今王 鼓樂於此 百姓 聞王 鍾鼓之聲 管籥之音 擧欣欣然有喜色而相告曰 吾王 庶幾無疾病與 何以能鼓樂也 (중략) 此 無他 與民同樂也"

공맹의 시대로부터 수천 년이 지났다. 정치적으로는 절대적 권위를 행사하던 중세의 왕들과 신분제의 굴레가 사라지고 개인의 자유와 권리가 신장되었다.

경제적으로는 자본주의 경제 체제 속에서 개개인의 사적 이익 추구가 장려되었고 근대 이후 시민 사회는 유례없는 번영을 이루었다. 하지만 그 이면에서는 국가 간, 기업 간 치열한 다툼과 경쟁이 계속되고 있다. 그래서 지금도 국경 없는 무한 경쟁이란 표현을 많이 한다. 그러나 이러한 경쟁이 근대 계몽주의자 홉스Thomas Hobbes, 1588-1679가 예견했듯 '만인에 대한 만인의 투쟁' 상태로 끝나지 않고 나름 법과 제도하에서 문명 사회 구현의 원동력이 된 것은 무엇 때문일까?

고전 경제학의 아버지 애덤 스미스는 그의 명저 『도덕 감정론The Theory Of Moral Sentiments』에서 개인의 자유와 근대 시민 사회 질서가 양립할 수 있었던 힘과 원리를 분석했다. 그리고 그 힘과 원리를 인간의 공감 능력에서 찾았다. 애덤 스미스가 살던 17~18세기 유럽 사회는 중세적 질서 원리가 붕괴되고 본격적인 근대 시민 사회가 형성되기 시작한 시대이다. 신으로부터 인간 해방, 국가로부터 개인의 해방이 빠르게 진행되었다. 경제적으로는 중상주의가 대두되어 국가 간 제국주의적 경쟁이 치열했다. 애덤 스미스도 그런 혼란한 세상에서 사회 질서를 이루어내는 인간 본성이 무엇이며, 새롭게 대두되는 근대 시민 사회의 구성 원리가 무엇인지 알고 싶어 했다. 그리고 인간이 가진 공감 능력이야말로 개인의 자유와 사회 번영이 병존할 수 있게 해주는 원리이자 힘이라고 단언했다.

평상시 인간은 자신의 사적 이익 추구에 몰두하지만, 한편으로는 공감 능력을 통해 타인의 감정을 이해하는 힘이 있다. 그 능력 덕분에 자신과 타인이 하고 있는 행위의 적정선을 느낄 수 있어 각자 과도한 감정 표현이나 지나친 이익 추구 행위를 절제하게 된다는 것이다. 결국, 개개인이 이러한 공감과 경험이 누적되면서 사회적으로 승인될 수 있는 정의의 기준이 수립되고, 개인과 사회가 함께 공존 번영할 수 있는 법과 질서의 근거가 만들어진다고 보았다. 결과적으로 이 공감 능력이 있기 때문에 인간은 자신의 욕망 추구에 몰두하면서도 타인의 권리도 보호하고 존중하는 규칙과 정의를 준수할 수 있게 되었다는 것이다.

애덤 스미스가 이야기하는 공감은 바로 공맹이 말한 '서'의 정신, 내 마음을 미루어 남의 마음을 헤아릴 수 있는 능력과 같은 의미로 해석된다. 공맹은 인간의 도덕적 행위의 기준은 신이나 왕과 같은 외부의 권위로부터 오는 것이 아니라고 했다. 역지사지라는 타인의 아픔과 기쁨에 공감할 수 있는 능력을 통해 우리는 올바른 의의 기준을 가질 수 있다. 이 공감 능력을 더욱 확장해 내가 성공하고 싶다면 타인의 성공을 돕는 자세로 이어진다면 그것이 바로 화합과 협동의 윤리가 되고, 왕도 정치의 기초가 된다고 본 것이다.

인간에게 보편적인 이러한 공감 능력이 없었다면 혹은 이를 일찌감치 깨우쳐준 성현들의 가르침이 없었다면 오늘날 우리가 누리고 있는 개인의 자유도 자본주의 시장 경제도 그리고 자유민주주의도 불가능했을 것이다. 이것이 수천 년 전 공맹의 이런 가르침이 지금도 살아 있는 현재적 가치를 가질 수 있는 이유이고, 동서고금을 통틀어서 흔들리지 않는 삶의 지혜를 얻을 수 있는 근거일 것이다.

신뢰의 중요성

하늘에서 긴 장맛비가 오지 않을 때 저 뽕나무 뿌리를 거두어다 창문을 칭칭 감는다면 지금 아래에 있는 사람들이 어찌 감히 나를 업신여기겠는가?[77]

지난해 사드 문제로 국론이 분열되고 경제가 큰 어려움에 처했다. 여론 수렴도 없는 배치 결정으로 국론은 갈라지고, 사려 없는 외교 정책으로 우리나라는 주변국으로부터 업신여김을 당하는 처지가 되었다. 더구나 중국의 거센 반발과 무역 보복 조치로 중국 관련 사업은 큰 어려움에 처했다. 지난 정부의 연이은 실정으로 국가에 대한 국민 신뢰도도 형편없이 떨어졌다.

이런 흐름은 국가 간 신뢰도 통계 조사에서도 확인된다. OECD에서 발표한 통계에 따르면, 2014년 한국 국민의 정부 신뢰도는 34퍼센트로 조사 대상 41개국 중 중하위권인 26위에 머물렀다. 신뢰도 34퍼센트는 국민 10명 중 7명이 정부를 믿지 못하고 있다는 것이다. 이는 OECD 평균 신뢰도 41.8퍼센트보다도 한참 낮다. 한국과 함께 26위를 기록한 국가는 남아프리카공화국과 체코이다. 한국보다 정부 신뢰도가 낮은 국가

---

77 『시경』, 「빈풍 치효」, "迨天之未陰雨 徹彼桑土 綢繆牖戶 今此下民 或敢侮予" 주공(周公 ?-?) 이 지은 시이다. 주인공은 새이다. "화를 대비함이 자세하고 치밀함이 이와 같다면 지금 이 아래에 있는 사람들이 혹시라도 감히 나를 업신여기겠는가."라고 새가 말한 것이다. 공자는 "이 새처럼 자기 국가를 잘 다스린다면 누가 감히 업신여기겠는가."라고 말하며 이 시의 작자가 도를 알 것이라고 칭찬했다.

는 주로 'PIGS'[78]로 불리는 지난번 재정위기 국가들이었다.

정부에 대한 불신 정도는 국내 기관을 통한 여론 조사에서도 재차 확인된다. 『한겨레』신문에서 시행한 세월호 참사 2주기 여론 조사[79]를 보면 "어느 상황에서도 국가가 나의 생명과 안전을 지켜 줄 것이라고 믿는가?"라는 질문에 대해 73퍼센트에 달하는 응답자가 "믿음이 적다." 고 답했다. "매우 적다."고 답한 사람도 전체 중 33.1퍼센트에 달했다. 특히, 30~40대가 보여 주는 불신의 정도는 심각했다. 30대와 40대는 각각 7.4퍼센트, 12.9퍼센트만이 국가에 대한 신뢰를 나타냈다. 세월호 참사 피해자의 부모들처럼 어린 자녀를 둔 이들의 공감과 반발심 등이 반영된 결과로 보인다. 또한, "세월호 참사와 비슷한 사고가 재발하는 것을 막기 위해 정부가 제도 확립을 잘하고 있다."는 응답도 14.8퍼센트 뿐이었다.

최근 들어 국가와 사회에 대한 신뢰를 사회자본social capital으로 해석 하여 그 효능과 특징을 연구하는 학자들이 많이 있다. 그 학자들에 따 르면, 국가에 대한 신뢰가 높아야 대규모 조직 운영이 가능해져서 경제 적으로 더 높은 성장률을 보인다고 한다. 또한, 사회적 신뢰가 형성되어 있어야 대규모 기업 조직이 만들어지고 효율적으로 운영된다는 것이다. 신뢰는 경제적인 효용만이 아니라 정치에 있어서도 중요하다. 신뢰를 기 반으로 구성원들은 서로의 극단적 이기심을 자제하고 민주주의 정착과

---

78 유럽 국가 가운데 심각한 재정적자를 겪고 있는 포르투갈(Portugal), 이탈리아(Italy), 그리스 (Greece), 스페인(Spain)의 머리글자에서 따온 용어로, 2008년 『뉴스위크』가 「왜 돼지(PIGS)는 날 지 못하는가(Why PIGS can't fly)」라는 제목의 기사를 통해 처음 소개했다.

79 『한겨레』, 2016년 4월 15일 기사 참조.

운영에 협력하게 된다. 즉, 신뢰는 건강한 공동체를 유지하는 능력으로 사회 구성원 간에 서로 협동할 수 있게 만들어 주는 정치 경제적 번영의 필수 요소라는 것이다.

그래서 사회학자들은 신뢰를 건축물의 시멘트에 비유하기도 한다. 아무리 좋은 철근과 벽돌이 있어도 이어주는 시멘트가 없다면 건물을 세울 수 없듯이 신뢰라는 시멘트를 가지고 사람과 사람, 규정과 제도라는 골조를 연결시켜야 국가 사회가 온전히 돌아간다는 것이다.

그런데 신뢰가 갖는 이런 사회자본적 성격에 대해 이미 공맹은 놀라울 정도의 혜안을 가지고 설파하고 있다. 공자는 이렇게 말한다.

사람으로서 신의가 없다면 제대로 살아갈 수 있을지 모르겠다. 큰 수레에 끌채 마구리가 없고 작은 수레에 멍에막이가 없다면 어떻게 길을 갈 수 있겠는가?[80]

큰 수레란 짐 싣는 수레이고, 작은 수레란 사람이 타는 수레이다. 끌채 마구리란 멍에 끝에 가로 댄 나무이다. 멍에를 묶어서 소에게 멍에를 매는 것이다. 멍에막이란 멍에 끝에 위로 굽은 것이니 가로 댄 나무에 걸어서 말에 멍에를 매는 것이다. 공자는 신뢰가 수레와 소, 말을 이어주는 장치와 같다고 말한다. 아무리 소와 말이 강건하고 수레가 튼튼하다 해도 이어주는 장치가 없다면 무용지물이듯이 신뢰가 없다면 올바른 인간관계가 성립되지 못한다. 또한, 신뢰는 사회자본으로서도 중대한

---

80 『논어집주』, 「위정」 22, "子曰 人而無信 不知其可也 大車無輗 小車無軏 其何以行之哉"

의미를 지닌다. 하루는 자공이 정사를 묻자, 공자가 이렇게 대답했다.

> **공자:** 양식을 풍족하게 하고 군비를 넉넉히 하면 백성들이 신의를 지킬
> 것이다.
> **자공:** 부득이해서 반드시 하나를 버린다면, 이 세 가지 중에 무엇을 먼
> 저 버려야 합니까?
> **공자:** 군대를 버려야 한다.
> **자공:** 할 수 없이 또 하나를 버린다면 나머지 두 가지 중에 무엇을 먼저
> 버려야 합니까?
> **공자:** 양식을 버려야 한다. 예로부터 사람은 누구나 다 죽음이 있지만,
> 사람은 신의가 없으면 설 수 없다.[81]

공자는 양식이 없으면 반드시 죽지만, 사람은 어차피 죽음을 면할 수
없다고 말한다. 그러나 신의가 없으면 살더라도 스스로 설 수가 없으니
죽음이 편안함만 못하다고 보았다. 그러므로 군주는 차라리 죽을지언
정 백성들에게 신의를 잃지 않아야 백성들도 목숨으로써 군주에게 신
의를 지킨다는 것이다. 이처럼 공자는 백성들에 대한 신의란 위정자가
목숨을 걸고 지켜야 할 최고의 덕목이지, 위급하다고 해서 버릴 수 있
는 것이 아님을 분명히 한다. 국가를 유지하고 방어하는 데 있어 국가에
대한 국민의 신뢰란 어떤 무기나 자원보다도 더 막중한 것임을 강조한
것이다.

---

81 『논어집주』, 「안연」 7, "子貢 問政 子曰 足食, 足兵 民信之矣 子貢曰 必不得已而去 於斯三者 何
　先 曰去兵 子貢曰 必不得已而去 於斯二者 何先 曰 去食 自古 皆有死 民不信不立"

101

더욱 치열한 전란의 시대를 살았던 맹자도 신뢰라는 사회자본의 의미를 전쟁에 빗대어 말했다.

천시天時가 지리地利만 못하고, 지리가 인화人和만 못 하다.[82]

많은 군대가 작은 성을 공격해서도 함락시키지 못하는 경우가 있다. 오랫동안 포위하여 공격하다 보면 그중에는 반드시 좋은 때도 있으련만 함락시키지 못함은 하늘의 때가 지형의 유리함만 못 하기 때문이라는 것이다. 또한, 성이 높고 연못이 깊고 병기와 군량이 부족한 것도 아닌데 성을 버리고 도망하는 경우도 있으니, 이는 땅의 유리함이 사람 사이의 단합만 못 하기 때문이라는 것이다. 그러므로 국가를 견고히 하는 것은 산과 강의 험준함으로 하지 않고, 천하를 두렵게 하되 병기로써 하지 않는다고 말한다. 나라를 지키고 천하를 얻는 것은 모두 위정자가 왕도를 시행해 민심을 얻을 때 이루어지는 것이라고 강조한다.

신뢰의 중요성은 개인이나 국가 차원만이 아니다. 사회학자들의 연구에 따르면 신뢰가 없는 사회에서는 기업 활동도 위축될 수밖에 없다. 불신으로 인해 거래 비용이 크게 증가하기 때문이다. 불신 사회에서는 거래 위험을 줄이기 위해 시장 참여자들은 각자 많은 비용을 부담하거나 그냥 요행에 맡기며 위험을 감수해야 한다. 그런 상태에서는 시장이 활성화될 수 없다.

그런 점에서 보면 지난해 있었던 대우조선해양의 대규모 분식회계는

---

82 『맹자집주』, 「공손추장구」 하 1, "天時不如地利 地利不如人和"

시장에서의 전형적인 신뢰 파괴 행위이다. 제도에 따라 공시된 기업 정보가 모두 거짓이라면 투자가들은 의사 결정을 할 수가 없다. 이런 시장 참여자가 많아지면 결국 시장은 기능을 상실하고 만다. 시장에서 신용을 파괴하는 행위는 모두의 공멸을 초래하는 중대한 범죄 행위인 것이다.

기업 내부에서도 마찬가지다. 임직원들끼리 신뢰가 없으면 믿고 맡기는 권한 위임을 할 수가 없다. 늘 눈에 불을 켜고 직원들을 부정행위를 감시해야 한다면 어떻게 기업이 성장할 수 있겠는가? 경영자는 고객에 대해, 거래처에 대해, 임직원에 대해 그리고 둘러싼 모든 이해 관계자에 대해 기업 신뢰지수Trust Index를 고민하고 있어야 한다. 그리고 평상시 투명하고 공정한 경영 활동을 통해 신뢰를 쌓아가는 노력을 부단히 해야 한다. 임직원에 대해서도 늘 신뢰의 중요성을 교육하고 회사와 임직원 사이에도 신의를 지키는 일을 중요하게 여겨야 한다. 결국, 기업의 존속과 성장을 가능케 하는 가장 중요한 핵심은 첨단 설비와 많은 자본금이 아니다. 회사에 대한 이해 관계자들의 신뢰가 기업을 살린다.

확충의 철학

요사이는 워낙 영양 공급이 좋고 건강관리를 잘해서인지 70~80에 접어드는 연세에도 스포츠를 즐기는 사람들이 많다. 그러다 보니 개중에는 남는 힘을 주체하지 못해 부적절한 성생활로 물의를 일으키는 노인들도 종종 있다. 간혹 사회 원로라 할만한 분들의 성추문을 접하면 안타깝고 당황스럽다. 아무리 세상살이 연륜이 깊어도 성욕은 어찌할 수 없나 보다. 타고난 동물적 본능에 따른 것이라 죽을 때까지 인간을 번민하게 한다. 오죽했으면 『논어』에 공자의 이런 개탄이 나온다.

나는 덕을 좋아하기를 여색을 좋아하는 것과 같이하는 자를 보지 못했다.[83]

유학이 가진 특징이라면 공맹은 인간이 가진 이런 본성들을 부인하지 않는다는 점이다. 색을 좋아하고 재물을 탐하고 음악을 즐기려는 일반적인 사람들의 감정을 모두 천리에 근거해서 본래부터 타고난 것들임을 받아들인다. 오히려 맹자는 인간이 가진 이러한 본성과 욕망이야말로 좀 더 나은 세상을 만들 수 있는 동력이라고 생각했다. 맹자는 희로애락애오욕喜怒哀樂愛惡欲과 같은 감정들은 부정해야 할 것들이 아님을 분명히 한다. 오히려 적극적으로 이런 감정을 인정하고 올바르게 확충해서 왕도 정치의 단초로 삼으라고 제안한다.

맹자도 공자처럼 자신의 정치 이상을 펼치기 위해 천하를 두루 돌아다녔다. 그때 만난 왕들 중에 나이 오십 중반을 넘어 인연이 닿은 제나라 선왕과의 만남은 맹자에게 큰 희망을 품게 했다. 맹자는 전국 칠웅七雄의 하나였던 제 선왕에게서 성군이 될 만한 자질을 보았다. 왕도 정치 실현의 가능성을 기대한 것이다. 그래서 천하의 맹주가 되기를 희망하는 제 선왕을 깨우치기 위해 온 정성을 다했다.

---

83 『논어집주』, 「자한」 9, "吾未見好德 如好色者也"

왕도 정치를 제안하는 맹자에게 제 선왕은 여러 가지 핑계를 댄다. 자신은 여러 가지 병통이 있어 그렇게 훌륭한 정치를 펼치기 힘들다고 말한다. 자신은 여색을 좋아하고 재물을 좋아하고 용맹을 좋아하니 어렵지 않겠느냐고 궁색한 변명을 늘어놓았다. 이에 맹자는 반색을 하고 왕이 그러한 것을 즐김은 좋은 일이라며 도리어 이렇게 격려한다.

왕께서 여색을 즐긴다면 좋은 일입니다. 그러나 그 마음을 백성과 더불어 하시어 밖으로는 홀아비가 없게 하고 안에는 남편이 없어 원망하는 여인이 없게 하십시오. 왕께서 재물을 탐내신다며 그 또한 좋은 일입니다. 단, 그 마음을 백성과 더불어 하시어 백성들도 창고에 곡식을 쌓아놓을 수 있게 한다면 왕 노릇 하는데 무슨 어려움이 있겠습니까? 왕께서 용맹을 기뻐하신다면 작은 용기를 좋아하지 마십시오. 칼을 들고 남을 노려보며 "네가 감히 나를 당하겠는가!" 하는 것은 필부의 용기입니다. 무왕이 큰 용기를 내어 폭군 걸왕을 막았으니 그것이 무왕의 용기입니다. 지금 왕께서 그와 같이 한번 노하시어 천하를 편안히 하신다면 백성들은 행여 왕이 용기를 좋아하지 않을까 두려워할 것입니다.[84]

84 『맹자집주』, 「양해왕장구」 하 4, 5, "對曰 王請無好小勇 夫撫劍疾視曰 彼惡敢當我哉 此 匹夫之勇 敵一人者也 王請大之 書曰 天降下民 作之君作之師 惟曰 其助上帝 寵之四方 有罪, 無罪惟我 在 天下 曷敢有越厥志 一人 衡行於天下 武王이 恥之 此 武王之勇也 而武王 亦一怒而安天下之民 今王 亦一怒而安天下之民 民 惟恐王之不好勇也 (중략) 當是時也 內無怨女 外無曠夫 王如好色 與百姓同之 於王 何有"

맹자는 자신이 성군이 될 자질이 없다고 요리조리 핑계를 대는 선왕에게 그가 말한 어느 단점도 절대 나쁜 것만은 아님을 일깨워준다. 그런 마음들이 단지 사욕을 위해서만 쓰인다면 문제지만, 그 마음을 미루어 백성들도 같은 욕망이 있음을 헤아리고 그 마음을 확충하여 백성들과 함께한다면 그것이 바로 성군의 정치라고 설명한다.

> 백성의 즐거움을 즐거워하는 자는 백성들 또한 그 군주의 즐거움을 즐거워하고, 백성의 근심을 근심하는 자는 백성들 또한 그 군주의 근심을 근심합니다. 즐거워하기를 온 천하로써 하며 근심하기를 온 천하로써 하고, 이렇게 하고도 왕 노릇 하지 못한 자는 있지 않습니다.[85]

맹자의 사상 중 특징적인 것 하나가 '확충擴充'의 개념이다. 맹자는 사람들이 따라야 할 윤리 규범을 우리 심성 밖에 있는 어떤 권위나 절대자에게서 구하지 않았다. 그리고 성인이 되기 위해서 신비한 종교적 체험이나 초월적 의식이 필요하다고 보지도 않았다. 가까운 일상 속에서 사람이 걸어야 할 길을 찾고, 우리의 보편적 감정 속에서 성인이 될 수 있는 씨앗을 찾아 보여 주었다. 제 선왕이 재물을 좋아하고 여색을 즐기며 용기를 뽐내는 것을 모두 긍정한 것은 그러한 맹자의 입장을 대변한다.

---

85 『맹자집주』, 「양혜왕장구」 하 4, "樂民之樂者 民亦樂其樂 憂民之憂者 民亦憂其憂 樂以天下 憂以天下 然而不王者 未之有也"

대신 맹자는 그러한 마음이 올바른 방향으로 확대되고 충만하기를 권고한다. 상대가 왕이다 보니, 맹자는 그 기준을 여민與民의 정치로 제시한다. 왕이 좋아하는 그런 것들을 백성과 함께하고자 한다면 그런 인간적인 욕구와 감정이야말로 바로 왕도 정치 실천의 참된 밑거름임을 일깨워준다. 맹자의 이러한 지도법이 바로 확충의 방법이다. 평소 누구나 가지고 있는 일상의 감정을 확충하여 중용을 지키고 공적인 마음으로 키우는 것이 바로 수양이다. 그리고 그 사람이 만약 왕이라서 그 마음을 확충해 백성과 함께한다면 그것이 맹자가 꿈꾸던 '여민 정치與民 政治'인 것이다.

맹자는 이러한 확충을 통해 누구나 성인이 되고, 세상을 구원할 그릇이 될 수 있다고 말한다. 특히나 인간이라면 누구나 가지고 있는 '측은지심', '수오지심', '사양지심', '시비지심'과 같은 사단四端을 확충하는 것이야말로 수양 공부의 요체임을 분명히 한다.

> 무릇 나에게 있는 사단의 여린 마음을 넓혀서 채워 나갈 줄 알면 마치 불이 처음 타오르며 샘물이 처음 나오는 것과 같아서, 처음에는 미미하지만 끝에는 대단할 것이다. 만일 능히 이것을 키워서 가득 채운다면 충분히 온 세상을 보호할 수도 있지만, 만일 채우지 못한다면 부모도 섬기지 못할 것이다.[86]

---

86 『맹자집주』, 「공손추장구」 상 6, "凡有四端於我者 知皆擴而充之矣 若火之始然 泉之始達 苟能充之 足以保四海 苟不充之 不足以事父母"

맹자의 이러한 사상은 현대 기업 경영에 있어서도 매우 의미심장하다. 많은 이들이 유학은 덕만 중시하고 재물을 가볍게 여긴다고 생각하지만 그건 잘못된 인식이다. 맹자가 보여 주듯 공맹은 재물에 대한 인간의 욕망을 적극적으로 승인하고 있다. 오히려 정감이 메마르고 욕망이 잿불처럼 미약하다면, 성인이 되는 것도 입신양명도 모두 어렵다고 보았다. 인간의 정감과 욕망이야말로 세상을 살 만하고 윤택하게 만들 수 있는 근본 동력이라고 본 것이다.

아마도 맹자가 만약 지금처럼 세계화 시대를 보았다면 확충의 견지에서 기업가들에게 더 큰 꿈을 키우라고 격려했을 것이다. 그리고 세계 최고의 거부트富가 되고자 하는 그 꿈이 인류 사회의 복지를 증진하고 세계인과 그 부를 함께 누리고자 한다면 무슨 문제가 있겠느냐고 반문했을 것이다. 그것이 바로 맹자가 주장하는 확충의 철학이며 여민의 경영이다.

선비의 기상

이미 지난 일이지만 가끔 뉴스를 통해 박근혜 정부의 청와대 각료회의 모습을 볼 때가 있었다. 대통령이 일방적으로 말하고 장관들은 모두다 고개를 숙인 채 공손히 받아쓰기에 여념이 없는 모습이었다. 어릴 적중고등학교 수업 시간 같은 모습이었다. 그때도 모르는 게 있으면 선생님께 질문도 하고 그랬는데, 각료회의에선 질문도 없어 보였다. 난 이제까지 한 번도 청와대 각료회의에서 국사를 두고 격론이 벌어졌다는 소식을 접한 적이 없었다.

반면에 조선 사극을 보면 분위기가 아주 대조적이다. 모두가 귀에 익은 익숙한 대사가 하나 있다. "전하, 아니 되옵니다." 아침저녁으로 경연한자 병기 요망에서 신하들에게 경전을 배우고 회의에서도 늘 아니 된다는 답변을 들어야 했다면 왕 노릇도 쉽지 않았을 것이라는 생각이 든다. 각료회의 모습만 보면 어느 것이 전제 왕조이고, 어디가 민주공화국인지 의아해진다.

『맹자』를 처음 읽을 때 왕과의 대화 장면을 보고 깜짝 놀라게 되는 이유도 바로 그런 점 때문이다. 맹자의 표현은 늘 매우 의연하고 직선적이다. 전제 군주 시대에 그것도 법질서가 무너진 전국시대에 맹자가 왕에게 정치를 논하는 내용을 들으면 어찌나 자극적인지 지금 보아도 맹자의 안위가 걱정될 정도이다.

어느 날 위나라의 양혜왕이 맹자에게 말한다. "자신은 나름 백성을 위해 선정을 펼치는데 왜 다른 나라 백성들이 귀의해 오지 않는가?"라고 묻는다. 이에 맹자가 전쟁터를 예로 들며 "전장에서 오십 보를 달아난 병사와 백 보를 달아난 병사의 차이가 있느냐?"라고 반문한다. 그리고 이렇게 묻는다.

> **맹자:** 개와 돼지가 사람이 먹을 양식을 먹는데 단속할 줄 모르며, 길에 굶어 죽은 시체가 있어도 창고를 열 줄 모르고, 사람들이 굶어 죽으면 말하기를 "내가 그런 것이 아니고 흉년 때문이다."라고 합니다. 이 어찌 사람을 찔러 죽이고 말하기를 "내가 그런 것이 아니고 칼 때문이다."라고 말하는 것과 다르겠습니까? 왕께서 백성들의 기근을 흉년 탓으로 돌리

지 않으신다면 천하의 백성들이 위나라로 올 것입니다. …중략… 사람을 죽임에 몽둥이를 쓰는 것과 칼날을 사용하는 것이 차이가 있습니까?

양혜왕: 차이가 없습니다.

맹자: 칼날과 정사를 가지고 사람을 죽이는 것이 차이가 있습니까?

양혜왕: 차이가 없습니다.

맹자: 임금의 푸줏간에는 살찐 고기가 있고 마구간에는 살찐 말들이 있으면서 백성들은 굶주린 기색이 있고 들에 굶어 죽은 시체가 있다면 이것은 짐승을 몰아서 사람을 잡아먹게 한 것입니다. 짐승끼리 서로 잡아먹는 것도 사람들이 미워하는데, 백성의 부모가 되어 정사를 행하되 짐승을 몰아 사람을 잡아먹게 한다면 어찌 백성의 부모 된 자가 제 노릇을 다 하였다 하겠습니까?"[87]

나름 선정善政을 하고 있다고 자부하는 왕에게 짐승을 몰아 백성을 잡아먹는 정치를 하고 있다고 혹평한다면 어떨까? 감히 이런 대답을 할 수 있었던 맹자가 신기할 정도이다. 인의에 대한 확신과 백성에 대한 치열한 사랑이 없이는 불가능한 이야기다. 나는 이 대목을 읽을 때마다 궁금했다. 만약 맹자가 현재 대한민국을 방문해 세계 최고의 자살률과 세월호, 메르스 같은 사고로 어이없게 죽어가는 국민들을 본다면 우리

---

87 『맹자집주』, 「양혜왕장구」 상 3, 4. "梁惠王曰 寡人之於國也 盡心焉耳矣 河內凶 則移其民於河東 移其粟於河內 河東 凶 亦然 察隣國之政 無如寡人之用心者 隣國之民 不加少 寡人之民 不加多 何也 孟子 對曰 王 好戰 請以戰喩 塡然鼓之 兵刃旣接 棄甲曳兵而走 或百步而後 止 或五十步而後 止 以五十步 笑百步 則何如 曰 不可 直不百步耳 是亦走也 曰 王如知此 則無望民之多於隣國也 (중략) 狗彘 食人食 而不知檢 塗有餓莩 而不知發 人死 則曰 非我也 歲也 是 何異於刺人而殺之曰 非我也 兵也 王無罪歲 斯天下之民 至焉"

위정자들에게 무슨 말을 할까?

  지금이야 이렇게 기개 있는 위정자를 만나기 어렵지만, 조선 조정에서는 오히려 이런 맹자의 기상을 지닌 고위 관리들을 종종 볼 수 있다. 공맹의 도통을 이었다고 자부했던 조선 유학자들이다 보니 이들의 상소문에는 맹자에 뒤지지 않는 강한 의기가 느껴진다. 정도전 이후 조선 최고의 개혁가로 꼽히는 조광조趙光祖, 1482-1519의 상소문에도 이런 기상이 드러난다. 유교적 이상 국가 실현을 꿈꾸었던 조광조는 중종 13년1518년에 상소문을 올린다.

> 군자를 등용하고, 소인을 물리쳐 주십시오.
> 생각건대, 임금이란 한 몸은 작을지라도 온 세상의 표준이 되며, 한마음은 미미할지라도 모든 변화의 묘를 운행하는 것입니다. 그리하여 그 정신과 생각하는 것과 행동하는 것과 일을 행하는 것은 모두 천지와 더불어 유통하지 않음이 없는 것이라, 한 생각이 훌륭하면 천지가 순하고, 한 가지 일이 사특하면 천지가 어긋나는 것입니다. …중략… 전하께서 군자를 들어 쓰지 않는 것은 아니지만, 군자를 씀에 있어서 순수하고 바르지 못한 까닭에 조정에 사특邪慝함과 정당함이 섞여 있고, 충직과 거짓이 함께 들어와 논의가 분분하고 흑백이 거꾸로 되어 있습니다. 전하께서 때로는 분별하시기도 하지만 좋아하고 싫어함을 명백히 보이지 못하시는 까닭에 군자는 의심하고 두려워하게 되고, 소인은 조금도 기탄이 없게 되었습니다. 그리하여 재상을 선동해서 착한 무리들을 모해하려는 생각을 가진 자들이 있고, 또 간사스런 참소讒訴를 교묘히 꾸며 전하의 들으심을 속이는 자들도 있습니다.

조광조는 자신이 추진하는 개혁정치의 정당성을 확보하고 인사 혁신을 요청하기 위해 이 상소문을 올렸다. 상소문에서 조광조는 중종의 인사가 순수하고 바르지 못하며 시비에 대해 애매모호한 태도를 취하고 있다고 비판한다. 그리고 그것이 조정의 기강이 퇴락하고 민심이 흉흉해지며 국방이 무너져도 고치지 못하는 근본 원인이라고 지적하고 있다. 그러나 안타깝게도 이다음 해 세조의 정권 찬탈에 참여해 권력을 장악하고 있던 훈구파勳舊派의 반격으로 조광조가 기묘사화를 통해 제거되면서 조선 개혁은 실패로 끝났다. 비록 조광조가 자신의 꿈을 마저 펼치지 못하고 말았지만, 그나마 이런 올곧은 선비들의 꿋꿋한 도학 정신이 있었기에 조선 왕조 500년이 가능했다고 보인다.

그런데 이런 조선 선비들의 사표師表가 된 맹자는 도대체 어디서 저런 용기와 기개를 얻었을까? 맹자는 스스로 공자의 제자였던 증자曾子, 기원전 506~기원전 436의 말을 인용해 본인의 그런 당당함의 근원이 무엇인지 설명한다.

> 증자가 말씀하시기를 "진나라와 초나라의 부유함은 내가 따를 수 없다. 그러나 저들이 그 부를 가지고 나를 대하면 나는 인을 가지고 대하며, 저들이 그 관직을 가지고 나를 대하면 나는 내 의를 가지고 대할 것이니, 내 어찌 부족함이 있겠는가?" 하셨으니, 이 어찌 불의한 것을 증자가 말씀했겠는가?[88]

---

88 『맹자집주』, 「공손추장구」 하 2, "曾子曰 晉楚之富 不可及也 彼以其富 我以吾仁 彼以其爵 我以吾義 吾何慊乎哉 夫豈不義 而曾子言之"

맹자는 본인의 당당함은 오직 인의만을 기준으로 살기 때문에, 즉 사심私心이 없기 때문에 타인의 권세에 위축되지 않고, 그토록 의연하고 당당할 수 있다고 말한다. 예나 지금이나 사람들이 살아가는 모습의 근본은 같아 보인다. 지금도 많은 이들이 권력과 재물 앞에서 공손히 고개를 숙이는 이유를 찾자면 자신에게 사심이 많기 때문이다. 그 사심에 눈이 가려서 자신의 직분을 잊고 대의를 놓친다.

기업 현장에서도 마찬가지이다. 지금도 오너나 사장의 지시라면 본인의 도덕적 판단을 내려놓고 어떤 불법적인 행동이라도 마다치 않고 하는 사람들이 있다. 모두가 사심에 눈이 가려진 사람들이다. 그런 사람들이 득세하면 세계적인 기업도 한순간에 몰락한다. 엔론Enron Corporation.[89]이나 폭스바겐Volkswagenwerk AG.[90] 같은 기업이 바로 그런 회사들이다. 그래서 사람들로부터 존경받는 세계 일류 기업이 되기 위해서는 우선 구성원들의 인성과 도덕 수준을 높여야 한다. 구성원들 개개인의 도덕적 자율성이 개발되어야 한다. 대의에 대한 도덕적 책임감 없이 돈과 권력 앞에서 고개를 숙이고 노트나 만지작거리는 사람들 속에서는 세상에 감동을 안겨줄 진실함과 성실함이 나올 수 없기 때문이다.

---

89 2001년 파산한 미국의 에너지 회사. 미국의 7대 대기업 가운데 하나로 인식되었고, 〈포춘〉지에 의해 1996년부터 2001년까지 6년 연속 '미국에서 가장 혁신적인 기업'에 선정되기도 했으나 장기간 대규모 분식회계로 이루어진 사기였음이 밝혀짐.

90 1937년에 설립된 독일의 자동차 회사. 유럽 최대이며 세계 2위의 자동차 메이커로 유명했다. 2015년 미국 환경보호청(EPA)에 의해 폭스바겐 디젤차의 배출가스 저감장치 조작 소프트웨어가 발견되면서 신뢰도가 추락하고 연이은 제재와 소송으로 위기에 처함.

사람을 알아보는 법

많은 사람들이 퇴직하고 나서야 발견하는 사실이 하나 있다. 생각보다 자신이 만날 수 있는 사람의 폭이 넓지 않다는 것이다. 직장에 다닐 때는 업무를 배경으로 만나던 인간관계가 일이 없어지고 나면 대부분 함께 단절되고 만다. 수십 년 열심히 모은 명함이란 것도 단지 이름과 전화번호일 뿐 그 이상의 의미는 없다. 심지어 친하다고 생각했던 사람들에게서조차 몇 번 외면당하는 일을 경험하고 나면 대부분 그제야 깨닫는다. 지인의 핵심은 이름을 아는 사람의 숫자가 아니라는 사실을. 그때 깨닫는 것이 평소 사람을 알아보는 안목이 중요하다는 사실이다. 그래서 공자는 『논어』에서 수차례 반복하여 이렇게 말한다.

> 남이 자신을 알아주지 못함을 걱정하지 말고, 내가 남을 제대로 알지 못함을 걱정해야 한다.[91]

그러나 사람을 제대로 알아본다는 것은 쉽지 않은 일이다. 성인인 공자조차도 늘 말만 잘하고 행동이 게으른 제자에게 실망하여 이렇게 말했다.

> 내가 처음에는 남에 대하여 그의 말을 듣고 그의 행실을 믿었다. 지금 나는 남에 대하여 그의 말을 듣고 다시 그의 행실을 살펴보노니, 나는

---

91 『논어집주』, 「학이(學而)」 16, "子曰 不患人之不己知 患不知人也"

재여 때문에 이것을 고치게 되었노라.[92]

『논어』에서 늘 꾸지람을 듣던 재여는 결국 나중에 노나라의 대부가 되어 난을 일으켰다가 삼족三族이 죽임을 당했다. 공자는 항상 재여를 부끄럽게 생각했다고 한다. 그래도 혼란한 시대에 천하를 주유하며 다닌 공자인지라 사람을 알아보는 일에 대해 많은 말을 남겼다. 더구나 덕성을 함양하는 일이 공부의 목표였던 공자에게 사람의 됨됨이를 알아보는 것은 무엇보다도 중요했다.

　　어떤 사람이 하는 바를 보고 그렇게 하는 이유를 살피며, 그가 평소 어떠한 것에 편안해 하는지를 보면 그 사람이 어떻게 자신을 숨길 수 있겠는가.[93]

　누구나 한두 번의 선행은 거짓으로라도 할 수 있다. 그러나 오랫동안 자신을 숨기기는 어렵다. 공자는 평소 상대의 행동을 보고, 특히 그가 편히 여기는 행동을 유심히 살피면 그 사람의 됨됨이를 알 수 있다고 말한다. 그러나 사람을 알아보는 일은 한두 가지 방법으로 쉽게 터득하기 어려운 과제이다. 그래서 『논어』는 제일 끝장 마지막 구절을 공자의 유훈을 적듯이 이렇게 마무리했다.

----

92 『논어집주』, 「공야장(公冶長)」, 9, "子曰 始吾於人也 聽其言而信其行 今吾於人也 聽其言而觀其行 於予與改是"
93 『논어집주』, 「위정」, 10, "子曰 視其所以 觀其所由 察其所安 人焉廋哉 人焉廋哉"

명命을 알지 못하면 군자가 될 수 없고, 예禮를 알지 못하면 세상에 떳떳하게 설 수 없고, 말을 알지 못하면 사람을 알 수 없다.[94]

이로써 사람을 알아보는 일은 공자 이래 유학을 공부하는 사람에게 있어서 반드시 배워 터득해야 할 중요한 과제가 되었다. 맹자는 누구보다도 공자를 존경했던 사람이다. 평생의 소원이 공자를 배우는 일이라고 말한 맹자이니 사람을 알아보는 것에 대해 나름 의견을 제출하지 않을 수 없다. 그러나 공자와는 또 다른 시대를 살아야 했던 맹자이기에 사람을 알아보는 방법도 좀 더 분석적이고 기술적이다. 하루는 제자가 맹자에게 묻는다.

제자: 스승께서는 무엇을 잘하십니까?
맹자: 나는 말을 알며, 호연지기를 잘 기른다.
제자: 말을 안다는 것이 무엇입니까?
맹자: 치우친 말詖辭을 들으면 말하는 사람이 가려진 바를 알고, 방탕한 말淫辭을 들으면 말하는 사람이 빠져 있는 바를 알고, 부정한 말邪辭을 들으면 말하는 사람이 도에서 멀어진 바를 알며, 회피하는 말遁辭을 들으면 말하는 사람이 논리가 궁한 것을 알 수 있다.[95]

---

94 『논어집주』, 「요왈(堯曰)」 3, "不知言 無以知人也"
95 『맹자집주』, 「공손추장구」 상 2, "何謂知言 曰 詖辭 知其所蔽 淫辭 知其所陷 邪辭 知其所離 遁辭 知其所窮"

맹자는 이 네 가지가 서로 이어지는 말의 병통病痛이라고 보았다. 이 모두가 마음에서 나오니, 마음이 이치에 밝아서 가리어짐이 없어진 뒤에야 말이 공평하고 올바르게 된다. 맹자는 이런 말의 폐단을 가지고 마음의 잘못된 부분을 알 수 있다고 말했던 것이다. 다른 곳에서 맹자는 자신만의 사람 관찰법을 이야기한다.

> 어떤 사람의 정신을 살피는 데는 그의 눈동자를 보는 것보다 좋은 것이 없다. 눈동자는 그의 악을 은폐하지 못하니, 가슴속이 바르면 눈동자가 맑고, 가슴속이 바르지 못하면 눈동자가 흐리기 때문이다. 그러니 상대의 말을 들어보고 그의 눈동자를 관찰한다면 사람들이 어떻게 자신을 숨길 수 있겠는가.[96]

이처럼 공자보다 훨씬 혼란했던 전국시대를 살아야 했던 맹자의 지인법知人法이 흥미롭다. 늘 속고 속이는 상황 속에서 빠른 판단이 요구되던 시대인지라 맹자가 사람을 보는 방식이 훨씬 간명하고 매섭다는 느낌이 든다. 그러나 공맹의 지인법은 스스로 이미 많은 인생 경험과 높은 수양의 경지에 들지 않고서는 응용하기 어려운 방식이다. 단순히 요령만을 배워 기계적으로 사람을 관찰했다 해서 상대의 올바른 가치를 판단하기는 어렵다.

---

96 『맹자집주』, 「이루장구」 상 15, "孟子 曰 存乎人者 莫良於眸子 眸子 不能掩其惡 胸中 正 則眸子 瞭焉 胸中 不正 則眸子 眊焉 聽其言也 觀其眸子 人焉廋哉"

117

2부/ 02. 여민의 경영

공자는 누구에게나 허물이 있지만 같은 실수라도 사람마다 그 이유가 다르다고 말한다. 그래서 그 사람의 과실을 보면 오히려 그가 인仁한지 아닌지를 알 수 있다고 한다.[97] 군자는 통상 타인에게 너무 후하게 하는 데서 잘못되고, 소인은 항상 야박하게 하는 데서 잘못되며, 군자는 사랑함이 지나치고, 소인은 잔인함이 지나쳐서 허물이 생긴다는 것이다.

이처럼 타인의 잘못 앞에서도 그 속에서 상대의 본심을 읽어낼 정도가 되려면 관찰자의 안목이 한참 높은 경지에 이르지 않고서는 어렵다. 오래전에 "아는 것만큼 보인다."는 말이 유행한 적이 있다. 지인도 마찬가지이다. 사람을 알아보는 것도 딱 본인의 경지만큼이니 자신의 수준을 높이는 일이 지인 공부의 우선이라 하겠다.

---

97 『논어집주』, 「이인」 7, "子曰 人之過也 各於其黨 觀過 斯知仁矣"

많은 백성烝民

하늘이 천하 만민을 낳으시고 만물에 법칙을 정하셨으니
백성들 타고난 마음대로 아름다운 덕을 흠모하네
하늘이 우리 주나라를 널리 굽어살피사
밝은 천자 보호하시기 위해 중산보를 낳으셨다네

중산보의 덕은 부드럽고 아름다우며 법도가 있어
위의威儀와 용모가 아름답고 그 마음이 공손하네
옛날의 가르침 본받고 위의를 갖추기에 힘쓰며
천자를 받들어 그 밝은 명령 천하에 널리 펴셨네

왕께서 중산보에게 명하여 모든 제후들의 법이 되게 하고
조상의 업적 이어받아 왕의 몸 보호하게 하셨네
왕명을 받들어 펼 때엔 왕의 목과 혀가 되어
명령을 밖으로 반포하니 천하에 두루 행하여지네

지엄하신 임금의 명령 중산보가 받들어 그대로 행하며
나라의 잘한 일 잘못한 일 중산보가 소상히 밝히네
밝고 어질게 처신하며 그 몸가짐 그르치는 일 없고
아침저녁으로 힘을 다하여 오직 임금 한 분만을 섬기네

세상에 흔히 말하기를 부드러운 것은 먹어 삼키고
딱딱한 것은 뱉는다 했거늘 중산보는
부드러워도 삼키지 않고 딱딱해도 뱉지 않았으며
홀아비와 과부 깔보지 않고 포악한 무리도 두려워하지 않았네

세상에서 흔히 말하기를 덕이란 털과 같이 가볍지만
능히 들어 올리는 자는 드물다고 했거늘 내가 이를 생각해 보건대
오직 중산보만은 들었다네, 누구의 도움도 받지 않고
천자의 정사에 결함이 있다면 중산보가 이를 도와주리

중산보가 길제사 지내고 길 떠나니 네 필 수말 씩씩하고
병사들 민첩한데 행여 늦을세라 걱정하네
네 필 수말 가지런히 달리니 여덟 개 방울 딸랑거리네
왕께서 중산보에게 명하여 동쪽 땅에 성 쌓으라 하셨네

네 필 수말 힘차게 달리니 여덟 개 방울 딸랑거리네
중산보가 제나라에 가니 하루빨리 일 마치고 돌아오길 비네
길보가 노래 지으니 화평하기가 맑은 바람과 같네

중산보를 멀리서 생각하노니 이 노래 불러 그대 마음 위로하리

天生烝民하시니 有物有則이로다 民之秉彛라 好是懿德이로다
천생증민　　　　유물유칙　　　　민지병이　　　호시의덕

天監有周하시니 昭假于下일새 保玆天子하사 生仲山甫샷다
천감유주　　　　소격우하　　　　보자천자　　　생중산보

仲山甫之德이 柔嘉維則이라 令儀令色이며 小心翼翼하며
중산보지덕　　　유가유칙　　　영의영색　　　소심익익

古訓是式하며 威儀是力하며 天子是若하며 明命使賦로다
고훈시식　　　위이시력　　　천자시약　　　명명사부

王命仲山甫하사 式是百辟하며 纘戎祖考하여 王躬是保케하시다
왕명중산보　　　식시백벽　　　찬융조고　　　왕궁시보

出納王命하니 王之喉舌이며 賦政于外하니 四方爰發이로다
출납왕명　　　왕지후설　　　부정우외　　　사방원발

肅肅王命을 仲山甫將之하며 邦國若否를 仲山甫明之로다
숙숙왕명　　　중산보장지　　　방국약비　　　중산보명지

旣明且哲하여 以保其身이며 夙夜匪解하야 以事一人이로다
기명차철　　　이보기신　　　숙야비해　　　이사일인

人亦有言하되 柔則茹之요 剛則吐之라하나니 維仲山甫는
인역유언　　　유즉여지　　　강즉토지　　　유중산보

柔亦不茹하며 剛亦不吐하야 不侮矜寡하며 不畏彊禦로다
유역불여　　　강역불토　　　불모환과　　　불외강어

人亦有言하도 德輶如毛나 民鮮克擧之라 하나니 我儀圖之컨대
인역유언　　　덕유여모　　　민선극거지　　　아의도지

維仲山甫擧之니 愛莫助之로다 袞職有闕이어든 維仲山甫補之로다
유중산보거지　　애막조지　　　곤직유궐　　　유중산보보지

仲山甫出祖하니 四牡業業하며 征夫捷捷하니 每懷靡及이로다
중산보출조　　　사모업업　　　정부첩첩　　　매회미급

四牡彭彭하며 八鸞鏘鏘하니 王命仲山甫하사 城彼東方이샷다
사모방방　　　팔란장장　　　왕명중산보　　　성피동방

四牡騤騤하며 八鸞喈喈하니 仲山甫徂齊하나니 式遄其歸로다
　　사모규규　　　　　팔란개개　　　　중산보조제　　　　식천기귀

吉甫作誦하니 穆如淸風이로다 仲山甫永懷라 以慰其心하노라
　　길보작송　　　　　목여청풍　　　　중산보영회　　　이위기심

　이 시는 『시경』 주송 「유천지명」 편과 더불어 천명이 어떻게 아래로 내려와 인간의 본성을 이루었는지를 설명할 때 대표적으로 인용되는 시이다. 내용은 왕의 분부로 제나라에 성을 구축하러 가는 중산보仲山甫의 밝은 덕을 칭송하고, 사명을 일찍 끝내고 돌아올 것을 기원하며 지은 노래라고 전해진다. 작자는 동시대인 주 선왕宣王, 기원전 827~782 때 장군이었던 윤길보가 지은 것으로 알려졌다. 공자는 이 시의 "하늘이 천하 만민을 낳으시고 만물에 법칙을 정하셨으니 백성들 타고난 마음대로 아름다운 덕을 흠모하네."라는 구절을 들어 이렇게 말했다.

　이 시를 지은 자는 도를 아는 자이다. 그러므로 사물이 있으면 반드시 법칙이 있기 마련이다. 사람들이 떳떳한 본성을 가지고 있기 때문에, 이 아름다운 덕을 좋아하는 것이다.[98]

　맹자는 공자의 이러한 해석을 근거로 인간에게는 하늘에서 내려받은 선한 본성이 있음을 주장했다.

---

98 『맹자집주』, 「고자장구」 상 6, "孔子曰 爲此詩者 其知道乎 故 有物必有則 民之秉夷也 故 好是懿德"

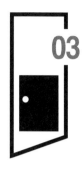

03

예절과 조화의 경영

가정에서 습득하는 정감과 윤리

중국 곡부曲阜에 있는 공자묘는 지금도 전 세계 관광객이 찾는 대표적인 유교 문화 유적지이다. 그 공자묘 옆에는 공자의 대표적 제자이면서도 탁월한 사업가이자 외교관으로 이름을 날렸던 자공子貢의 시묘侍墓터가 있다. 『맹자』에는 자공이 '공자묘'를 지키며 6년 동안의 시묘살이를 한 일이 이렇게 기록되어 있다.

옛적에 공자께서 별세하시고 3년이 지난 뒤에 문인들이 짐을 챙겨 장차 돌아갈 때가 되었다. 모두 들어가서 자공에게 읍하고 서로 향하여 통곡하여 함께 목이 쉰 뒤에 돌아갔다. 그러나 자공은 다시 돌아와 묘 마당에 집을 짓고서 홀로 3년을 더 산 뒤에 돌아갔다.[99]

----

99 『맹자집주』, 「등문공장구」 상 4, "昔者 孔子 沒 三年之外 門人 治任將歸 入揖於子貢 相嚮而哭 皆失聲然後 歸 子貢 反築室於場 獨居三年然後 歸"

지금 생각에 조선 시대에도 행했다는 삼년상인데 성인의 죽음 앞에서 자공이 육년상을 지낸 것이 뭐 그리 대단한 일이라고 『맹자』에까지 기록했을까 싶지만, 사실 그 시대에도 생업을 내려놓아야 하는 긴 거상 기간에 대해 논란이 많았던 듯하다. 『논어』에는 거상 기간을 두고 공자와 제자인 재아가 나누는 대화가 있다.

재아: 삼년을 복상服喪하는 것은 1년만 해도 너무 깁니다. 군자가 3년 동안 상을 치르느라 예를 익히지 않으면 예의 교육이 반드시 무너지고, 3년 동안 음악을 배우지 않으면 음악이 반드시 쇄락할 것입니다. 묵은 곡식이 없어지고 햇곡식이 이미 익으며, 아궁이에 불씨를 취하는 나무도 한 해가 지나면 다른 나무로 바꾸니 복상도 1년이면 그칠 만합니다.

공자: 복상 기간에 쌀밥을 먹고 비단옷을 입어도 네 마음이 편안하냐?

재아: 편안합니다.

공자: 네가 편안하거든 그리하라. 군자는 상중에 맛있는 것을 먹어도 달지 않으며, 음악을 들어도 즐겁지 않으며, 거처함에 편안하지 않다. 이 때문에 하지 않는 것이니 네가 편안하거든 그리하라.

〈재아가 밖으로 나가자 공자가 말씀하셨다.〉

공자: 재아는 인仁하지 못하구나. 자식은 태어나서 3년이 된 뒤에야 부모의 품을 벗어난다. 3년의 상은 천하의 공통된 상이니, 재아는 3년의 사랑이 그 부모에게 있었는가?[100]

---

100 『논어집주』, 「양화」 19. "宰我問 三年之喪 期已久矣 君子三年不爲禮 禮必壞 三年不爲樂 樂必 崩 舊穀旣沒 新穀旣升 改火 期可已矣 子曰 食夫稻 衣夫錦 於女安乎 曰 安 女安則爲之 夫 君子之居喪 食旨不甘 聞樂不樂 居處不安 故不爲也 今女安則爲之 宰我出 子曰 予之不仁也 子生三年然後 免於父母之懷 夫三年之喪 天下之通喪也 予也有三年之愛於其父母乎"

이 대목에서 비록 공자가 재아가 인하지 못하다고 탓했지만 재아의 생각이 반드시 효심이 부족해서라고 보이지는 않는다. 공자 당시에 이미 천자와 제후조차도 삼년상을 행하지 않았고, 대부들도 옛 예법대로 행하는 사람이 없었다. 그런 상황에서 공자가 다시 예법을 제정하여 삼년 상의 의리를 회복하려고 한 것에 대해 재아가 당시 풍속을 따라 일년상을 주장했을 가능성이 크다. 이런 재아의 건의에 대해 공자는 자신과 생각이 다르지만 우선 자식 된 네 마음에서도 편하다면 그렇게 하라고 허락한다.

공자는 예를 제정하여 상喪을 지내는 이유가 백성을 통치하기 위해 강제하려는 것이 아니라 백성의 마음이 편해지고 불안을 해소하기 위한 것임을 말하고 있다. 그리고 더 나아가 1년이든 3년이든 상례의 연원은 신적 권위나 외적 규약이 아니라 키워준 부모에 대한 그리움과 고마움이라는 인간의 내적 정감에 기초하고 있음을 밝히고 있다. 이러한 공자의 생각을 받아 맹자는 더욱 극단적인 사례를 들어 효와 장례의 근본은 바로 인간의 보편적 정감에서 출발한 것임을 명확히 한다.

상고시대에 일찍이 그 어버이를 장례하지 않은 자가 있었는데, 그 어버이가 죽자 시신을 들어다가 구덩이에 버렸다. 후일 그곳을 지날 적에 보니, 여우와 살쾡이가 파먹으며 파리와 등에가 모여서 빨아먹어 그 이마에 땀이 흥건히 젖은 채 흘겨보고 있어 차마 똑바로 보지 못했다. 그가 땀에 흥건히 젖은 것은 남들이 보기 때문이 아니라 그 마음이 바깥으로 드러난 것이다. 그자가 집에서 삼태기와 들것에 흙을 담아 가지고 다시 돌아가 쏟아부어 부모의 시신을 덮었다. 어버이의 시신을 흙으로 엄폐

하는 것이 진실로 옳다면 효자와 인한 사람이 그 어버이를 매장함에는 반드시 장례의 도리가 있을 것이다.[101]

효와 장례 문화의 연원에 대한 공자와 맹자의 이러한 해석은 유학이 제시하는 윤리의 중요한 특징을 보여 준다. 자식이 태어나 3년이 된 후에야 부모의 품을 벗어나듯, 또 부모의 시신을 짐승들이 훼손함을 차마 보지 못하듯, 인간의 윤리 근거는 바로 가족 안에서 얻어진 사람의 보편적 정감에 있다. 이처럼 신에게 호소하지 않고 사람에게 호소하며, 외재적 규약에 호소하지 않고 사람이 가진 내재 정감에 호소하는 것, 이것이 공맹 사상의 위대한 장점이다.

유학 사상에 있어 효는 인을 행하는 근본이다.[102] 즉, 유학의 핵심인 인의 최후 토대를 부모와 자식의 사랑이라는 인간의 심리 정감에서 뿌리를 찾고 있다는 것은 소박하면서도 중대한 발견이다. 그것은 인간이 동물이면서도 동물과 다르게 가지고 있는 인성에 대한 자각이기 때문이다. 즉, 공맹은 이러한 인성에서 나타나는 정감 자체가 인간이 추구하는 도덕성의 실재이자 인간으로서 해야 할 도리의 근본을 이루는 힘이라고 보았다.

이처럼 가정에서 형성되는 인간의 보편적 정감에서 도덕 인륜의 근본을 찾아낸 공맹의 입장에서 볼 때 최근 우리 사회의 변화는 큰 우려를

---

101 『맹자집주』, 「등문공장구」 상 5, "蓋上世 嘗有不葬其親者 其親 死 則擧而委之於壑 他日過之 狐狸 食之 蠅蚋 姑嘬之 其顙有泚 睨而不視 夫泚也 非爲人泚 中心 達於面目 蓋歸 反虆梩而 掩之 掩之 誠是也 則孝子仁人之掩其親 亦必有道矣"
102 『논어집주』, 「학이」 2, "孝弟也者 其爲仁之本與"

자아낼 만하다. 요즘 TV에서 혼자 사는 사람들의 일상을 보여 주는 프로그램이 큰 인기를 끌고 있다. 출연자들은 대부분 이미 결혼 적령기를 훌쩍 넘긴 30대 후반부터 40~50대가 주인공들이다. 또 이런 흐름에 맞추어 1인 가구를 겨냥한 비즈니스도 성업 중이다. 소위 혼밥과 혼술을 위한 식당과 가게들이 늘어나고 있다.

이러한 새로운 풍속이 등장하는 이유는 인구 통계 자료를 보면 쉽게 이해된다. '인구주택 총조사'에 따르면, 2015년 현재 우리나라 전체 가구의 평균 가구원 수는 2.53명에 불과하다. 이는 1990년 3.77명에 비해 큰 폭으로 감소했다. 가구 유형에서는 1인 가구가 27.2퍼센트로 가장 대표적인 가구 형태가 되었으며, 2인 가족이 26.1퍼센트로 두 번째이다. 이는 25년 전 4인 가족이 29.5퍼센트로 1위, 5인 이상 가족이 28.75퍼센트로 2위를 차지했던 것과 비교하면 엄청난 변화이다. 통계만으로 본다면 결혼을 미루고 독신으로 사는 사람이 크게 증가했고 결혼해도 출산을 포기한 가정이 많아지고 있다는 것을 보여 준다. 한마디로 수십 년 사이에 우리의 전통적인 가정 모습이 해체되고 홀로 사는 일상이 일반화되어 가고 있다. 이러한 1인 가구의 급증은 자유로움을 지향하는 젊은 세대의 선택이겠지만, 그러나 만약 소위 말하는 3포 세대의 비자발적 선택의 결과라고 한다면 심각하고 불행한 현상이다.

이 같은 가족 공동체의 붕괴는 유학이 전제하는 인성 개발과 윤리 교육에 큰 문제를 일으킨다. 유학 사상은 본래 공동체를 전제로 한다. 유학이 바라보는 인간은 기본적으로 관계망 속에서 살아가며, 윤리란 바람직한 관계를 맺기 위한 방식을 규정한 것이다. 유학이 관계의 학문이라는 점에서 다산 정약용은 『논어고금주』에서 "유학의 도란 한마디로

'교제를 잘하는 것善於際'에 불과하다."고까지 단언한다.

> 우리 도는 무엇하는 것인가? 교제를 잘하는 것에 불과할 뿐이다. 이에
> 예법을 만들어 선을 유도하고 악을 막으며 일동일정一動一靜과 일언일
> 묵一言一默과 일사일념一思一念에 모두 법식과 금률이 있어서 백성으로
> 하여금 나아가고 물러나게 한다. 그 문장으로『시』,『서』,『역』,『춘추』가
> 이미 천언만어가 되고 경례 삼백과 곡례 삼천은 가지를 치고 잎이 벌어
> 지며, 나누어지고 조각나며, 광대하고 질펀하니 끝까지 배울 수가 없지
> 만, 그 귀추를 요약하면 '교제를 잘하는 것善於際'에 불과하다.[103]

그렇다면 유학이 이토록 강조하는 바람직한 관계 맺기의 출발은 어디
서부터일까? 이에 대해 맹자의 스승이자 공자의 손자인 자사는『중용』
에서 이렇게 천명한다.

> 군자의 도는 부부에게서 단서를 만드니 그 지극함에 이르러서는 천지에
> 밝게 드러난다.[104]

부부는 인간관계 전체를 놓고 보았을 때 모든 관계의 근본을 이룬다.
부부로부터 가정이 시작되고, 가정에서 부모 자식, 형제간의 두 번째 인
간관계가 형성된다. 즉, 부부는 가정을 꾸려 사회적 관계의 근원을 만든

---

103 금장태,『인과예: 다산의 논어 해석』, 서울대출판부, 2006, 113쪽 재인용.
104 『중용장구』12, "君子之道 造端乎夫婦 及其至也 察乎天地"

다. 그래서『중용』은 부부지간을 중시하고 가정이야말로 인성의 기본이고 보편적 정감의 기초라고 보았다. 이러한 기초 정감과 인성이 만들어져야 이를 확충하여 타인과 소통하고 더 나아가 천하를 포용할 수 있는 인류애로 발전한다. 제아무리 학교에서 도덕을 가르치고 인문학을 배워도 가족 친지간에 정분을 나누는 개인적 체험이 뒷받침되지 못한다면 올바르고 보편적인 인성 형성이 어렵다.

필자는 이러한『중용』의 부부예찬을 볼 때마다 큰 감동을 느낀다. 이는 최소 2,400년 전에 선언된 것이다. 더구나 여기서 말하는 부부의 관념이 명백하게 일부일처제를 전제로 하고 있다는 점에서 더욱 놀랍다. 이는 세계문명사에서도 유래를 찾기 힘든 선진적인 통찰이다. 우리 사회가 이런 유구한 지혜를 전해 받고서도 소위 3포 세대라는 이름으로 결혼을 포기하는 젊은이들을 돕지 못한다면 참으로 선현들을 보기에 부끄러운 일이다.

보편적 정감과 공감의 중요성, 대통령 탄핵

어쩌면 최근 우리가 겪고 있는 정치 변화도 일정 부분 이 같은 인간의 보편적인 정감과 윤리란 측면에서 이해할 수 있는 여지가 있다. 지난해 가을부터 시작된 촛불 집회로 결국 박근혜 대통령이 탄핵당했다. 헌법 재판소에서 탄핵이 인용되어 올여름이 오기 전에 새로운 대통령을 보게 된다. 지난 모진 겨울 추위를 이겨내며 촛불을 들었던 수많은 시민들이 바라는 새로운 대통령은 어떤 사람일까?

올해 초 여론 조사를 보면, 국민들이 새 대통령에게 바라는 최우선 덕목은 소통 능력37.9퍼센트이었다. 그리고 두 번째가 도덕성26.9퍼센트이다.[105] 여기서 말하는 소통 능력이란 국민과 함께 교감하고 공감할 수 있는 능력을 말하는 것으로 보인다. 박근혜 대통령의 국정 농단과 비리를 생각하면 다소 의외다. 언뜻 생각하기에 새 대통령에게는 도덕성이 가장 우선시 될 것 같았으나 오히려 소통에 대한 국민적 갈증이 더 컸다.

국민들은 임기 내내 국민들과 불통하고 심지어 304명이나 되는 소중한 어린 목숨들이 수장되어가는 그 시간에도 관저에서 혼자 밥을 먹고 머리를 손질했다는 대통령에게서 형용할 수 없는 절망을 느낀 것으로 보인다. 이는 어쩌면 사리사욕을 위해 국기를 흔들고 기업에서 돈을 갈취해낸 그 파렴치함보다도 국민을 더 분노케 했다. 우리 국민이 느끼는 절망의 원인을 맹자가 한 말에서 찾아보자.

지금 사람들이 갑자기 어린아이가 장차 우물로 들어가려는 것을 보고는 모두 깜짝 놀라고 측은해 하는 마음을 가진다. 이는 어린아이의 부모와 교분을 맺으려고 해서도 아니며, 향당과 친구들에게 인자하다는 명예를 구해서도 아니며, 그런 아이를 구하지 않았다는 비난을 싫어해서도 아니다. 이를 통해 본다면 타인의 아픔을 보며 측은해 하는 마음이 없다면 사람이 아니다.[106]

---

105 전정홍, 「2017 경제인식 조사」, 『매일경제』, 2017. 1. 2.
106 『맹자집주』, 「공손추장구」 상 6, "今人 乍見孺子將入於井 皆有怵惕惻隱之心 非所以內交於孺子之父母也 非所以要譽於鄉黨朋友也 非惡其聲而然也 由是觀之 無惻隱之心 非人也"

맹자의 주장대로라면, 아마도 국민들은 대낮에 눈앞에서 그렇게 장시간 동안 제대로 구조 한번 받지 못하고 물에 빠져 죽어간 어린 학생들에게 말할 수 없는 측은지심을 느끼고 있다. 그리고 7시간의 행적을 떳떳이 밝히지 못하는 대통령을 통해 감성이 결핍된 리더가 국가에 얼마나 위험한 존재일 수 있는지 깨달았던 것 같다.

이처럼 지금 우리 주변에는 사적 이익을 위한 동물적 감각은 탁월하지만, 타인의 아픔에는 공감하지 못하는 이들이 많이 있다. 그래서 국민들은 다음 정권이 해결해야 할 산적한 과제에도 불구하고, 우선 이 땅의 대통령이 온전한 감성을 가진 사람이기를 바란 것 같다. 『대학』의 저자이며 맹자의 스승인 자사를 가르쳤던 증자는 여기서 이렇게 한 발 더 나간다.

> 남이 미워하는 바를 좋아하며 남이 좋아하는 바를 미워한다면, 이것을 일러 인간의 성품을 거스른다고 한다. 이러한 자는 재앙이 반드시 그 몸에 미칠 것이다.[107]

그러나 이런 현실은 비단 정치만이 아니다. 기업 현장 곳곳에서도 공감 능력이 떨어지고 불통하는 리더로 인해 대동소이한 일들이 발생하고 있다. 몇 해 전에 일어났던 대한항공 땅콩 회항 사건처럼 소위 갑질이라고 지탄받았던 대부분의 사례들은 그런 사람들이 벌인 패악이다. 기업

---

107 『대학장구』 10. "好人之所惡 惡人之所好 是謂拂人之性 菑必逮夫身"

에서도 이런 사람들 때문에 소통 능력을 중시하고 리더십 평가에서 중요 요소로 바라보는 것이다.

그런데 유학에서는 이러한 공감 능력과 소통 능력의 개발은 가정에서부터 시작된다고 말한다. 그 말에 따른다면, 청춘 남녀들의 결혼을 장려하고 해체되어가는 가정을 복원하는 일에 사회 전체가 연대해서 대처해야 한다. 기업도 구성원들의 행복한 가정생활에 대해 더욱 많은 관심과 노력을 기울이는 것으로 이에 동참할 수 있다. 우선 구성원들의 출산과 육아를 지원하고, 가정생활과 직장생활이 균형을 이룰 수 있도록 배려해야 한다. 구성원들이 화목한 가정을 꾸려 가정에서부터 인간관계의 근본을 배우고 올바른 정서를 함양하도록 하는 것이 건강하고 믿음직한 임직원을 구하는 가장 훌륭한 투자이고 교육이기 때문이다.

차등이 있는 사랑, 선후가 있는 경영

어느 날 맹자에게 제자가 부모 공양에 관해 묻는다.

제자: 저는 부모님을 좋은 음식으로 봉양합니다. 그만하면 효도라고 할 만합니까?

맹자: 사랑 없이 음식만 드리는 것은 돼지를 키우는 것과 같다.

제자: 저는 음식도 드리지만, 부모님을 사랑합니다. 이만하면 괜찮습니까?

맹자: 아니다. 음식을 드리고 사랑은 하지만 공경하는 마음이 없다면 개

나 말을 키우는 것과 같다.[108]

　요새는 세태가 많이 바뀌어 강아지나 고양이가 가족 구성원이 되어 마루에 앉아 펫 TV를 시청하며 지루함을 달래는 세상이다. 동물과 나누는 호칭도 대부분 자식을 부르듯이 '우리 아기'라고 하고 자신을 '엄마'라 칭한다. 동물과 사람과의 관계가 주인과 동물이 아니라 부모와 자식 간의 관계처럼 바뀌었다. 빠듯한 살림살이에도 불구하고 반려동물 사육비로 매월 몇십만 원씩 지출하는 사람도 있다. 필자 주변에는 키우는 반려동물이 혼자 있으면 외롭다고 몇 마리씩 함께 키우는 사람들도 많다. 그러다 보니 반려동물을 대상으로 한 사업도 번창하고 있다. 강아지, 고양이를 위한 전용 식당, 카페, 미용실, 호텔에 이어 반려동물 추모 공원까지 조성되었다. 옛사람들은 이런 세상을 상상이라도 해보았을까?

　맹자는 짐승과 사람, 사람과 사람 사이에서 그 관계의 차이를 엄격히 구분한다. 우선 상대를 대하는 태도를 동물의 사육과 비교해 세 가지로 나누어 말한다. 예나 지금이나 제때 밥을 주고 배불리 먹인다는 점에서는 돼지만 한 동물이 없다. 돼지야 살을 찌워 식용으로 잡아야 하니 사료를 양껏 풍족하게 공급한다. 그래서 맹자는 만약 부모에게 음식 대접하는 것으로 봉양을 잘한다고 생각한다면 큰 오산이라고 지적한다. 그렇게 하는 것은 돼지 키우는 방식이라는 것이다. 농부들도 돼지에게 사랑까지 느끼지는 않나 보다.

---

108 『맹자집주』, 「진심장구」 상 37, "孟子曰 食而弗愛 豕交之也 愛而不敬 獸畜之也"

만약 음식도 잘 드리지만, 사랑한다면 어떨까? 그것도 맹자는 따끔하게 지적한다. 소나 말처럼 함께 노동을 하거나 개나 고양이처럼 반려동물인 경우에는 누구나 깊은 애정을 느낀다고 한다. 맹자는 사랑하면서 음식을 잘 먹이는 정도로 부모 봉양을 잘한다고 생각한다면 그건 개나 말을 사육하는 것과 다름이 없다고 보았다.

그래서 진정으로 부모를 잘 봉양하는 사람이라면 사랑 이상의 마음, 즉 공경하는 마음이 있어야 한다고 말한다. 이처럼 맹자는 궁극적으로야 만물이 하나이더라도 현실 속에서 사람과 사람, 사람과 동물 사이에는 엄연한 차이가 있어야 한다고 강조한다.

사물에 대해 그 관계의 차이를 강조하는 맹자는 단순히 동물과 사람과의 구분에 그치지 않는다. 사람에 대해서도 그 멀고 가까움의 차이를 중시했다.

군자는 물건에 대해서는 사랑愛하기만 하고 인하지 않으며, 백성에 대해서는 인仁하기만 하고 친하지 않으니, 친척을 친親히 하고서 백성을 인하게 하고, 백성을 인하게 하고서 물건을 사랑하는 것이다.[109]

사랑과 인과 친은 모두 사랑의 의미로 큰 범주의 '인'에 해당한다. 그러나 이것을 구분하여 말하면, 사랑은 아껴주는 것이고, 인은 사람의

---

109 『맹자집주』, 「진심장구」 상 45, "孟子曰 君子之於物也 愛之而弗仁 於民也 仁之而弗親 親親而 仁民 仁民而愛物"

도리로 대우하는 것이고, 친은 가족에 대한 것처럼 효도하고 우애하고 사랑함을 말한다. 이러한 맹자의 견해는 사랑에 대해 유학이 다른 종교 입장과 구별되는 중요한 특징 중의 하나이다.

맹자 시대에도 유가와 대립하였던 대표적 학파인 묵가墨家에서는 모든 인간에 대한 차등 없는 사랑을 주장했다. 맹자는 묵가의 학설이 현실을 벗어난 관념적인 사랑이며 내 부모와 타인의 부모도 구분하지 못하는 반인륜적 학설이라고 크게 비판했다. 맹자의 입장에서는 불교처럼 모든 생명의 가치를 동등하게 대우하거나 기독교처럼 인간에 대한 보편적 사랑을 주장하는 것은 자연의 이치에 맞지 않는 관념적인 태도라고 보았다.

사물의 차이를 당연시하는 관점에서는 군자라면 응당 만물을 아끼지만, 거기에 인을 더하여 사람에 대한 도리로 대하는 것은 옳지 않다는 것이다. 현실적으로 식량을 위해 소나 양을 희생시키지 않을 수 없고, 집을 짓기 위해 나무를 베지 않을 수 없다. 단지 그것을 구하는데 시기와 절도가 있으면 될 뿐이다. 사람에 대해서도 누구에게나 자애로운 마음으로 대해야 마땅하지만 그렇다고 가족과 같을 수는 없다. 왜냐하면, 같은 사람이라도 친소의 구분이 있고, 당연히 사랑에도 선후의 차례가 있기 때문이라는 것이다.

가족을 사랑하는 마음으로부터 백성에 대한 사랑이 생겨나고 백성을 사랑하는 것으로부터 만물을 사랑하는 것이 인간 본성의 자연스러운 순서이다. 모든 사랑의 표현은 가족에 대한 사랑으로부터 시작된다. 그렇지 않다면 단지 추상적인 개념일 뿐이요 공허한 명칭에 불과하다.

그러므로 사랑에 있어 차등이 필요하다는 맹자의 주장은 차별과는 다르다. 차별은 같은 것을 다르게 대우하는 것이다. 그러나 차등은 서로 차이가 있는 것을 다르다고 인정하고, 이에 맞게 선후를 구분하자는 관점이다. 예를 들어, 선거에 있어 남녀의 투표 권리를 달리 규정한다면 이는 같은 인권을 다르게 보려는 엄연한 차별이다. 그러나 가족과 이웃을 구분한다는 것은 차별이 아니라 다름에 따른 자연스러운 차등이라는 것이다. 이처럼 사랑을 하더라도 현실적인 친소를 인정하여 우선 가족을 사랑하고, 이를 확대해 천지 만물의 일체까지 발전시켜 나가야 한다는 것이 맹자가 말하는 올바른 순리이다.

이러한 맹자의 관점은 오늘날 실생활에서도 크게 유효하다. 통상 비즈니스에서 요금에 따라 서비스를 차등화하는 일은 이제 어디서나 익숙한 제도이다. 그러나 이를 좀 더 크게 확대해 보면 기업이 자신의 이해 관계자에 대해 관계의 친소와 선후를 구분하지 못하여 낭패를 당하는 사례를 많이 볼 수 있다. IMF 이전만 해도 많은 기업들이 보다 크고 높은 비전을 선호하는 경향이 있었다. 그래서 많은 중소기업들이 '전 인류의 행복 증진', '지구 환경 보호' 등등 경쟁적으로 눈에 띄는 거창한 비전을 내걸고 홍보하는 경우가 많았다.

그러나 막연하고 거창한 목표를 내건 회사들은 대부분 경영자 자신도 일상 경영에서 구체적으로 무엇을 해야 하는지 모르거나 무관심한 경우가 많았다. 이런 회사일수록 실제 기업 활동에 중요한 고객, 구성원, 거래처, 주주 등 가까이 있는 이해 관계자들에 대해서는 오히려 소홀한 경우가 많다. 결국, 그런 기업들은 바깥에 보이는 이미지와 다르게 심각한 노사 분쟁에 빠지거나 제품과 서비스에 대한 고객 불만이 누적된 경우가 많았다. 바깥으로 선명하게 종교를 표방하는 기업들이 심각한 노사 분쟁에 시달리는 경우도 대부분 그런 사례에 속한다.

맹자의 관점에서 본다면, 우선 기업은 바로 곁에 있는 이해 관계자에 대해 먼저 충실해야 한다. 고객, 구성원, 협력사, 정부 등 직접적으로 도움을 받고 있는 가까운 이들에게 먼저 어떤 관계를 설정하고 어떤 호혜적인 노력을 할 것인지 고민해야 한다. 그리고 그것이 적절히 이루어질 때 그 여력을 가지고 더 멀리 있는 이웃들과의 관계로 확장해 가야 한다. 내 부모 형제를 제대로 보살핀 후에야 이웃 사랑이 의미가 있듯이, 기업 경영에서도 관계의 친소와 선후를 잘 이해하고 실천해 나가는 것이 맹자가 말하고자 하는 차등적 사랑의 의미일 것이다.

본말을 알면 도에 가깝다

유학의 사서인 『대학』과 『중용』은 본래 오경 중의 하나인 『예기禮記』 49편 중의 하나였다. 이것을 송나라 시대에 주희朱熹, 1130-1200가 따로 떼어내 책으로 만들어 『논어』, 『맹자』와 함께 묶어서 사서로서 높였다. 주희는 『논어』, 『맹자』는 일에 따라 문답하여 전체 개요를 한 번에 파악하기 어렵지만, 『대학』은 앞뒤가 서로 이어져 옛사람들의 공부하는 절차와 방법을 한 번에 볼 수 있다고 했다. 이로 인해 지금까지도 사서를 배우는 사람들은 『대학』을 먼저 보고, 『논어』, 『맹자』, 『중용』 순으로 차례대로 공부한다. 이 『대학』 경經 1장에 이런 구절이 있다.

물건에는 본과 말이 있고 일에는 처음과 끝이 있다. 먼저 하고 뒤에 할 것을 알면 도에 가까울 것이다.[110]

짧은 문장이지만 어쩌면 이 구절 하나가 유학 공부의 거의 모든 것을 대변하고 있다 해도 과언이 아니다. 수천 년간 유학을 공부하는 사람들은 늘 무엇이 근본이고 무엇이 말단인가를 분별하는 데 온 정성을 쏟았다. 학문의 세계에서만이 아니라 가정에서도 또 관직에 나아가서도 끊임없이 쟁점이 되었던 것이 본말을 구분하고 처음과 끝을 나누는 일이었다. 이로 인해 한자 용어에는 본말과 같은 유사한 개념의 말들이 많이 만들어져 있다. 본말本末, 시종始終, 선후先後, 경중輕重, 주객主客, 대소大小, 주종主從, 수미首尾 등등이 모두 이러한 사상에서 비롯된 어휘들이다. 그리고 일상에서의 그런 공부가 바로 천리를 관통하는 학문의 길이라고 보았다.

『논어』에서 공자와 제자가 주고받는 많은 대화도 공자가 제자들에게 매사 무엇이 더 근본인가를 일깨워주는 이야기로 이루어져 있다. 하루는 임방이라는 자가 공자에게 물었다.

임방: 예禮의 근본이 무엇입니까?
공자: 훌륭한 질문이구나. 예는 사치하기보다는 차라리 검소하여야 하고, 상喪은 형식적으로 잘 다스려지기보다는 차라리 슬픔이 있어야 한다.[111]

---

110 『대학장구』, 「경」 1장. "物有本末 事有終始 知所先後 則近道矣"
111 『논어집주』, 「팔일」 3. "林放 問禮之本 子曰 大哉 問 禮與其奢也 寧儉 喪與其易也 寧戚"

이런 궁금함은 지금도 제사를 지내거나 상가에 가서 조문을 할 때마다 자주 느끼는 바이다. 당시에도 장례식에서 사람들이 형식과 꾸밈에는 익숙하나 고인의 죽음을 애통해 하고 서글퍼하는 실제가 부족했었나 보다. 그래서 임방이 예와 상의 근본을 물었던 것이다. 당시 사람들이 대부분 지엽적인 것에 관심이 많았는데 임방만이 유독 근본에 대해 물으니 공자는 우선 그 질문을 칭찬한다. 그리고 공자는 우선 예와 상에서 무엇이 근본 바탕이고 무엇이 바깥에 드러내는 형식인지를 말해 준 것이다. 바람직하기는 매사 바탕과 형식이 균형을 이루는 것이 좋겠으나 만약 그렇지 못하다면 바탕을 먼저 챙기라고 말한 것이다.

북송의 유학자 범조우范祖禹, 1041-1098는 『논어』의 이 대목을 주석하면서 이렇게 말한다.

제사는 공경함이 부족하고 예가 충분하기보다는 예가 부족하더라도 공경함이 넉넉함이 좋다. 상은 슬픔이 부족하고 예가 넉넉하기보다는 예가 부족하더라도 슬픔이 큰 것이 낫다. 예가 사치에 빠지고 상이 형식적으로만 다루어짐은 모두 근본을 모르고 지엽만 따르기 때문이다. 예는 사치하여 잘 갖추어짐보다는 검소하면서 덜 갖추어짐이 낫다. 상도 형식적으로 잘 다스려 화려한 것보다 슬퍼하면서 덜 화려함이 낫다. 검소함은 사물의 바탕이고 슬퍼함은 마음의 정성이다. 그러므로 예의 근본이 되었다.[112]

---

[112] 『논어집주』, 「팔일」 4, "范氏曰 夫祭 與其敬不足而禮有餘也 不若禮不足而敬有餘也 喪 與其哀不足而禮有餘也 不若禮不足而哀有餘也 禮失之奢 喪失之易 皆不能反本而隨其末故也 禮奢而備 不若儉而不備之愈也 喪易而文 不若戚而不文之愈也 儉者 物之質 戚者 心之誠 故 爲禮之本"

그러나 이런 공자의 가르침이 당시에도 모든 이들에게 편안히 수용되지는 못한 것 같다. 특히, 힘과 물질을 중시하던 춘추전국시대에 인의를 강조하고 예를 통한 교화를 주장한 공맹의 학설에 대해 반론도 많았다. 『맹자』에 보면 예禮를 밥食과 비교하고 색色과 비교해 무엇이 더 중요한 가치인지 논쟁하는 이야기가 있다. 어느 날 임나라 사람이 맹자의 제자에게 물었다.

> **임나라 사람:** 예와 음식 중 어느 것이 더 중요한가?
> **맹자의 제자:** 예가 중하다.
> **임나라 사람:** 여색과 예 중 어느 것이 더 중요한가?
> **맹자의 제자:** 예가 중하다.
> **임나라 사람:** 예대로 하면 굶어 죽고 예대로 먹지 않으면 밥을 먹을 수 있더라도 반드시 예대로 해야 하는가? 친영親迎을 하면 아내를 얻지 못하고, 친영을 하지 않으면 아내를 얻을 수 있더라도 반드시 친영을 해야 하는가?[113]

제자가 대답하지 못하고 다음 날 맹자께 아뢰니 맹자가 말했다.

> 그것을 대답하는 것이 무엇이 어렵단 말이냐? 그 근본을 헤아리지 않고 그 끝만을 가지런히 한다면 한 치 되는 나무를 잠루岑樓보다 높게 할

---

113 『맹자집주』, 「고자장구」 하 1, "任人 有問屋廬子曰 禮與食 孰重 曰 禮重 色與禮 孰重 曰 禮重
曰 以禮食 則飢而死 不以禮食 則得食 必以禮乎 親迎 則不得妻 不親迎 則得妻 必親迎乎
屋廬子 不能對 明日 之鄒 以告孟子 孟子曰 於答是也 何有"

수 있다. 쇠가 깃털보다 무겁다는 것은 어찌 한 갈고리의 쇠와 한 수레의 깃털을 말함이겠는가. 밥의 중한 것과 예의 가벼운 것을 취하여 비교한다면 어찌 밥이 중重하다 뿐이겠으며 여색을 취하는 것 중 중요한 것과 예의 가벼운 것을 취하여 비교한다면 어찌 여색이 중하다 뿐이겠는가. 가서 대답하기를 '형의 팔을 비틀지 않으면 밥을 먹을 수 없더라도 장차 비틀겠는가? 동쪽 집이 담장을 뛰어넘어 처자를 끌어오면 아내를 얻고, 끌어오지 않으면 아내를 얻을 수 없더라도 장차 끌어오겠는가?'라고 하라.[114]

친영은 혼례 절차의 하나로 신랑이 신부를 맞으러 여자 집으로 가는 것을 말한다. 잠루는 누대의 높고 뾰족한 끝이다. 한 치 되는 나무란 매우 작은 것이니, 맹자는 작은 나무를 음식과 여색에 비유하고, 잠루를 예에 비유했다. 만약 평평한 바닥에서 그 높이를 비교하지 않고 한 치되는 나무를 잠루 위에 올려놓고 말한다면, 나무가 도리어 높고 잠루가 낮을 것이라고 말한다. 마찬가지로 예법대로 식사하는 것과 친영은 가벼운 것이요, 굶어 죽는 일과 아내를 얻지 못함은 매우 중요한 일인데, 이를 서로 비교함은 온당치 않음을 지적한 것이다. 그러니 형의 팔을 비틂과 밥을 먹음처럼 서로 경중이 비슷한 일을 가지고 비교한다면 예가 더욱 중요함을 쉽게 알 수 있다고 설명한다.

---

114 『맹자집주』, 「고자장구」 하 1, "不揣其本 而齊其末 方寸之木 可使高於岑樓 金重於羽者 豈謂一 鉤金與一輿羽之謂哉 取食之重者 與禮之輕者而比之 奚翅食重 取色之重者 與禮之輕者而比 之 奚翅色重 往應之曰 紾兄之臂而奪之食 則得食 不紾 則不得食 則將紾之乎 踰東家牆而摟 其處子 則得妻 不摟 則不得妻 則將摟之乎"

이처럼 일상에서조차도 일의 본말을 알고 경중을 비교하며 선후를 제대로 따져 처리한다는 것은 생각보다 쉽지 않다. 하물며 대규모의 자원을 조달하고 여러 복잡한 과정을 거쳐 제품을 생산하고 판매해야 하는 기업 활동에서 해당 업의 본말을 정확히 이해하고 일의 선후를 정확히 판단하기는 쉽지 않은 일이다.

더구나 하루가 다르게 기술이 발전하고 세계적 규모의 경쟁이 벌어지는 가운데 변화하는 산업의 본질을 정확히 통찰한다는 것은 매우 어려운 전문 영역이다. 사실 어느 기업에서나 경영자는 경쟁력을 높이고 성장을 위해 회사의 핵심 역량을 키우는 일에 많은 노력을 기울인다. 그러나 만약 그렇게 공들여 키운 회사의 핵심 역량이 해당 업의 본질과 부합되지 않는다면 그간의 많은 노력은 모두 공염불이 되고 말 것이다. 본말을 잘못 판단하면 많은 경영 활동이 모두 지엽적인 일에 낭비되어 경쟁력을 상실하고 만다.

본말 경영: 업의 본질을 연구한 삼성 사례

경영 현장에서 사물의 본말을 제대로 이해하는 것이 얼마나 중요한가를 보여 준 좋은 사례가 있다. 1988년대 후반, 선대 회장의 뒤를 이어 그룹 회장에 취임한 삼성의 이건희 회장은 취임 3개월 만에 삼성 그룹 창립 50주년을 맞이하여 제2 창업을 선언하고 '21세기 세계 초일류기업'을 새로운 삼성의 비전으로 제시했다. 이 회장의 새로운 비전은 국내 제일의 기업에 안주하지 않고 국제적 경쟁력을 갖추고 모든 이에게 존경받는 세계 초일류 기업이 되자는 것이었다. 그러기 위해 첫 번째로 한 일이 기존에 해오던 사업의 본질을 재정의하는 일이었다.

취임 초기 어느 날 이건희 회장은 호텔신라 임원들에게 호텔업의 본질이 무엇이냐고 물었다. 임원들은 호텔업의 본질은 서비스라고 대답했다. 그러나 이 회장은 그 답변에 동의하지 않고 좀 더 깊이 생각해 보고 다시 보고해 달라고 요구했다. 이에 호텔신라 임원들은 해답을 찾기 위해 해외 유명 호텔들을 방문하며 호텔업의 본질을 다시 조사하고 연구했다고 한다.

그리고 돌아와 이 회장에게 보고한 내용이 호텔업은 '장치 산업과 부동산 사업'에 가깝다는 답변이었다. 호텔업에 대한 해당 경영자들의 새로운 정의에 이건희 회장도 동의하면서 그렇다면 장치 산업과 부동산 사업으로서 호텔신라 사업의 향후 발전 전략을 준비하라고 지시했다고 한다. 그렇게 해서 재탄생한 것이 현재 우리가 알고 있는 장치 산업으로서의 호텔신라의 모습이다.

당시 이건희 회장이 주도한 신경영 변화 속에서 업의 본질에 대한 질문은 호텔신라에만 국한되지 않았다. 다른 모든 회사에 대해서도 해당 사업의 본질을 다시 정의하고 이에 맞추어 경영 활동의 근간을 다시 설계하도록 요구했다. 오늘날 삼성이 세계적 기업으로 도약하는 데 있어서 이처럼 업의 본질에 대한 치열하고 창조적인 고민이 없었다면 불가능했을 것이다.

혼사가 중하지만 야합을 미워하다

어느 날 제자가 맹자에게 벼슬하는 도리에 관해 묻는다.

제자: 옛 군자도 벼슬을 했습니까?

맹자: 벼슬을 했다. 공자께서도 3개월간 섬길 군주가 없으면 황망히 여겨 타국을 갈 때는 반드시 폐백[115]을 싣고 갔다. 그래서 공명의가 말하기를 "옛사람은 3개월 동안 섬길 군주가 없으면 위문했다."고 했다.

제자: 벼슬하기가 이와 같이 급하다면 선생님께서는 벼슬하기를 어렵게 여기는 것은 어째서입니까?

맹자: 아들이 태어나면 그를 위해 아내가 있기를 원하며, 딸이 태어나면 그를 위해 남편이 있기를 원하는 것은 부모의 마음이어서 사람마다 모두 가지고 있다. 하지만 부모의 허락과 중매쟁이의 말을 기다리지 않고 남녀가 담에 구멍을 뚫고 서로 엿보며 담을 넘어 서로 따라다닌다면 부모와 나라 사람들이 모두 천하게 여길 것이다. 옛사람들이 일찍이 벼슬하고자 하지 않은 것은 아니지만, 마찬가지로 도를 따르지 않음을 미워하는 것이니 정도를 따르지 않는 것은 벽에 구멍을 뚫고 엿보는 것과 같기 때문이다.[116]

---

115 폐백이 지금은 주로 결혼식에서 신부가 처음으로 시부모에게 절을 하고 올리는 물건을 의미하나, 본래는 윗사람을 만나거나 임금을 뵐 때 드리는 선물을 의미했다. 주는 사람의 신분에 따라 염소, 기러기, 꿩, 오리, 닭 등을 주로 사용했다. 선비가 국경을 나갈 적에 폐백을 싣고 가는 것은 장차 가는 나라의 군주를 만나 그를 섬기려는 의도에서이다.

116 『맹자집주』, 「등문공장구」 하 3, "周霄 問曰 古之君子 仕乎 孟子 曰 仕 傳 曰 孔子 三月無君 則 皇皇也 出疆 必載質 公明儀 曰 古之人 三月無君則弔 三月無君則弔 不以急乎 曰 士之失 位也 猶諸侯之失國家也 禮 曰 諸侯 耕助 以供粢盛 夫人 蠶繅 以爲衣服 犧牲 不成 粢盛 不

우리는 통상 옛 군자라 하면 세상사에 초연하여 직장을 잃어도 개의 치 않고 안빈낙도를 즐기며 편안히 있었으리라 생각하는 경향이 있다. 그러나 『맹자』나 다른 경전들을 보면 공자조차도 몇 개월만 실직해도 무척 황망히 구직 전선에 뛰어들었음을 알 수 있다. 맹자는 그런 공자의 모습을 의아해하는 제자에게 선비가 지위를 잃는 것은 왕이 나라를 잃는 것과 같으니 당연한 것 아니냐고 말한다.

그러자 제자가 다시 물었다. 그렇게 벼슬길이 중요하다면 왜 맹자 본인은 벼슬할 기회가 많았음에도 선뜻 관직에 나서지 않느냐고 묻는다. 이에 대해 맹자는 젊은 남녀의 교제를 예로 들어 설명했다. 누구나 자식이 장성하면 좋은 짝을 구하기를 바라는 바이다. 그러나 그것도 어디까지나 바른 예법에 따른다는 전제이지 그렇지 않으면 세상의 비난과 비웃음을 산다는 것이다. 자신도 벼슬을 얻어 인의 정치의 이상을 펼치기를 간절히 원하지만, 그것도 제대로 된 예우와 절차에 맞추어서 관직에 나갈 때 가능한 것이지 무조건 자리만 탐하여 나가서는 안 되기 때문이라는 것이다.

맹자의 이 답변은 지금도 논란이 된다. 비판하는 사람들은 맹자가 예에 너무 집착해 정작 벼슬에 나아가 백성을 위해 일할 기회를 소홀히 했다고 말한다. 형식에 얽매여 정작 맹자 본인이 추구했던 인의 정치를 추진해 볼 기회조차 놓쳤다는 것이다. 그러나 이는 인의 정치 구현에 대

潔 衣服 不備 不敢以祭 惟士 無田 則亦不祭 牲殺器皿衣服 不備 不敢以祭 則不敢以宴 亦不足弔乎 曰 士之仕也 猶農夫之耕也 農夫 豈爲出疆 舍其耒耜哉 曰 晉國 亦仕國也 未嘗聞仕如此其急 仕 如此其急也 君子之難仕 何也 曰 丈夫 生而願爲之有室 女子 生而願爲之有家 父母之心 人皆有之 不待父母之命 媒妁之言 鑽穴隙相窺 踰牆相從 則父母國人 皆賤之 古之人 未嘗不欲仕也 又惡不由其道 不由其道而往者 與鑽穴隙之類也"

한 맹자의 열망과 유학 사상에서 예의 의미를 잘못 이해해서 생긴 오해이다. 인간관계 중에서 임금과 신하의 관계는 인륜 관계다. 부모 자식처럼 하늘이 맺어준 천륜과 달리, 인륜은 서로 올바른 도리에 입각한 쌍무적 관계이며 의義의 관계이다. 그래서 군신유의君臣有義라고 말한다. 공자는 의와 예의 관계를 이렇게 말한다.

군자는 의로써 본질을 삼고, 예로써 행하며, 겸손으로 나타내고, 믿음으로써 이루는 것이니, 이것이 군자다.[117]

예는 군자가 준수하는 생활 규범이지만 군자의 본질은 예에 있는 것이 아니라 의에 있다. 따라서 의로써 맺어진 군신 관계에서는 임금이 신하를 예로써 맞이할 때 신하도 군주에게 충으로써 보답할 의무가 성립된다. 즉, 예란 군신 간에 의를 지켜나가겠다는 서로에 대한 약속의 표시이다. 임금이 신하를 맞이함에 예가 없다면 이는 군주가 백성과 신하에 대해 임금으로서의 약속을 지킬 의지가 없음을 나타낸다. 비록 예는 가벼운 일처럼 보이지만 맹자는 왕이 신하를 맞이하는 태도에서 이미 왕의 진정성과 인의 정치 실현의 가능성을 판단했다고 보아야 한다.

아무튼, 요즘 우리나라는 혼자 사는 사람들이 부쩍 많아졌다. 젊은이들이 혼기가 되어도 결혼을 기피하는 풍조 때문에 출생률은 떨어지고 급기야 인구절벽을 걱정하고 있다. 사정이 이렇다 보니 과거 필자가 다니던 회사에서는 전국에 흩어져 있는 미혼 남녀 직원들을 위해 사내 미

---

117 『논어집주』, 「위령공」 17, "子曰 君子義以爲質 禮以行之 孫以出之 信以成之 君子哉"

팅을 주선하거나 주변 다른 회사 미혼 남녀들과 단체 미팅을 마련하기도 했다. 과거 한때 업무에 지장을 초래한다고 사내 커플을 금기시하던 시절이 있었던 걸 기억한다면 격세지감이었다.

하지만 이런 분위기 속에서도 남녀 간의 만남은 예의와 올바름이 더 중시된다. 아무리 인구 문제가 국가적 사안이고 간통죄가 없어졌지만, 부모나 사회가 부정한 남녀 간의 야합마저 반기는 것은 아니기 때문이다. 오히려 사회적으로 개방된 성문화를 악용해 타인의 인권을 침해하는 잘못된 성적 취향에 대해서는 과거보다 더욱 엄중히 죄를 묻는 것과 같다.

기업 경영에 대해서도 마찬가지이다. 모든 기업은 이윤 추구를 목표로 한다. 경영자가 이윤 추구에 무심하다면 어떤 기업도 장기적으로 존속할 수 없다. 요사이는 우리나라 대표 기업들마저 매출이 줄고 이익률이 떨어져서 국가적 위기감이 돌고 있다. 이런 불경기에서는 기업마다 사활을 걸고 이윤 추구에 매진해야 한다. 안으로는 불요불급한 비용을 줄이고 밖으로는 더욱 열심히 새로운 먹거리를 발굴해야 한다.

그러나 그렇다고 담벼락을 넘는 무도함을 용인할 수는 없다. 지난해 대우조선 사례처럼 단기 매출 실적에 연연해 부실 수주를 반복하고 수조 원에 달하는 분식 회계로 투자가와 금융기관을 속이는 그런 일은 절대로 용납되어서는 안 된다. 그런 부정한 경영 행위로 인한 그 모든 폐해는 결국 국민 부담으로 돌아온다.

유학은 이익 추구를 소홀히 여기지 않는다. 그래서 공자도 천하를 주유하며 늘 폐백을 지니고 다녔다. 그러나 그 모든 것은 의라는 기준에서 이루어졌다. 의가 없는 이익은 오래가지 못한다. 이윤 추구를 목표로 하는 기업에서조차도 의로움이야말로 지속적이고 장기적인 성장의 가장 확실한 전제이다. 의로움은 국가 행정을 관장하는 공직자만의 윤리가 아니다. 이윤을 위해 시장에 참여하는 모든 주체가 자율적으로 의라는 기준을 준수한다면 자유 시장 경제가 훨씬 번창할 것이다. 지금 비록 어렵지만, 나라를 잃은 듯 황망히 직장을 구하면서도 올바른 도가 아니면 벼슬에 나아가지 않았다는 맹자의 절조를 다시 한 번 돌아보게 된다.

함께 사는 경제, 사냥에도 법도가 있다

중국 어선들의 불법 조업 문제가 심각하다. 어민들의 피해도 크고 단속 장면을 보면 흉기를 들고 죽기 살기로 대항하는 중국 어민들 때문에 해경들의 안전도 위험해 보인다. 허가 없이 우리 바다에 들어온 것 자체가 불법이지만 중국 어선들은 조업 시간도 밤낮을 가리지 않는다고 한다. 그에 비해 국내 어민들은 법에 따라 야간 조업이 금지라 당연히 하고 있지 않다.

더 큰 문제는 이들의 싹쓸이 조업 방식이다. 바다 밑까지 긁어대는 저인망에다 치어조차도 빠져나갈 수 없는 촘촘한 이중 그물망을 사용하고 있다. 이로 인해 바다 생태계가 파괴되고 서해 물고기들이 씨가 말라가고 있다. 어족 자원 보호를 위해 우리 어민들은 자제하고 있는 무분별한 남획을 자행하고 있는 것이다.

지금 중국 어민들은 눈앞의 이익에 혈안이 되어 법도 윤리도 없는 무도한 행위를 일삼지만, 사실 동양에는 사냥을 하더라도 생명에 대한 존중과 법도를 중시하는 전통이 있었다. 『논어』에 보면 공자가 사냥하는 모습을 묘사한 대목이 나온다.

공자께서는 낚시질하시되 큰 그물질을 하지 않으시며, 주살질을 하시되 잠자는 새는 잡지 않으셨다.[118]

'큰 그물질'이란 그물로 흐르는 물을 가로질러 물고기를 잡는 것이다. '주살질'이란 화살에 끈을 매어서 쏘는 것을 말한다. 공자도 젊었을 때 빈천하여 부모 봉양과 조상 제사를 위해 낚시질과 주살질을 했다고 한다. 그러나 큰 그물로 생물을 모조리 잡아들이거나 잠자는 새를 쏘는 것과 같은 짓은 삼갔다고 한다. 요즘으로 치면 저인망으로 치어까지 잡아들이거나 야간 조업하는 것을 금하는 것과 같은 이치이다. 후학들은 공자가 미물을 대하는 마음도 이러했다면 사람을 대하는 자세가 어떠했을지 능히 짐작할 수 있다고 말한다.

『맹자』에 보면, 이런 자세가 단지 성인만의 이야기가 아니라 적어도 당시 상류층이라면 함께 공유했던 사냥 문화임을 알 수 있는 사례가 나온다.

진나라 대부인 조간자가 자신의 마부인 왕량으로 하여금 총애하는 신하인 혜를 수레에 태워 사냥하게 했다. 종일토록 짐승 한 마리 잡지 못

---

118 『논어집주』, 「술이」 26, "子 釣而不綱 弋不射宿"

한 혜가 돌아와 보고했다. "왕량은 천하에 쓸모없는 말몰이꾼이었습니다." 이 말을 전해 들은 왕량이 다시 한 번 사냥하자고 청했다. 그러자 이번에는 하루아침에 열 마리의 짐승을 잡았다. 혜가 돌아와 보고하기를 "왕량은 천하에 훌륭한 말몰이꾼이었습니다."라고 했다. 이에 조간자가 그럼 앞으로 왕량에게 혜의 말과 수레를 몰도록 하겠다고 하니 왕량이 거절한다. 왕량이 말하기를 "제가 그를 위해서 말 모는 것을 법도대로 했더니 종일토록 한 마리의 짐승도 잡지 못했습니다. 다시 그를 위해 부정한 방법으로 짐승을 만나게 했더니 하루아침에 열 마리의 짐승을 잡았습니다. 『시경』에 말몰이꾼은 법도 대로 말을 몰아도 타고 있는 궁사가 쏘는 화살은 바위를 깨뜨리는 것과 같이 명중한다고 했습니다. 저는 소인과 함께 수레 타는 것을 익히지 않았으니 사양하겠습니다."라고 했다.[119]

옛날에는 사냥할 때 삼면에서만 짐승을 몰아야지 사방을 모두 막아 놓고 짐승을 모는 것은 부정한 짓이라고 여겼다. 아마도 마부가 부정한 방법으로 수레를 몰았다는 것은 도망가는 짐승들 앞을 가로막고 궁사가 활을 쏘도록 한 모양이다. 혜가 이렇게 잡은 사냥물을 가지고 부끄러워 하기는커녕 마부가 말을 잘 몰았다고 칭찬을 하니 왕량은 이를 부끄러운 소인배의 소행이라고 비난한 것이다. 이를 오늘날 기업 경영에 비유

---

119 『맹자집주』, 「등문공장구」 하 1. "昔者 趙簡子 使王良 與嬖奚乘 終日而不獲一禽 嬖奚 反命曰 天下之賤工也 或 以告王良 良 曰 請復之 彊而後可 一朝而獲十禽 嬖奚 反命曰 天下之良工也 簡子 曰 我 使掌與女乘 謂王良 良 不可曰 吾 爲之範我馳驅 終日不獲一 爲之詭遇 一朝而獲十 詩云 不失其馳 舍矢如破 我 不貫與小人乘 請辭"

하자면 경영자가 품질 향상과 비용 절감으로 시장에서 공정하게 경쟁하지 않고, 정경유착을 통한 특혜를 추구하고 힘없는 군소 협력사와 종업원들을 핍박해 이익을 도모하는 것과 같다 하겠다.

사냥터에서 말을 모는 마부조차도 이처럼 도리를 중시했으니, 사회생활에서 당시 상류층들이 나름 얼마나 높은 수준의 품격을 지향했는지 짐작이 된다.

그것을 보여 주는 이야기가 『대학』에 나온다. 노나라의 대부 맹헌자가 말했다.

> 마차를 끄는 말을 기르는 자는 닭과 돼지를 기르지 않는다. 얼음을 쓰는 집안은 소와 양을 기르지 않고, 백 승의 집안은 가혹하게 세금을 거둬들이는 신하를 기르지 않는다. 그런 신하를 기르기보다 차라리 도둑질하는 신하를 두라.[120]

마차를 끄는 말을 키운다는 것은 선비가 처음 등용되어 대부가 되었음을 의미한다. 얼음을 쓰는 집안이란 경대부卿大夫 이상으로 집안에 깊은 창고가 있어 더운 계절에도 장례와 제사에 얼음을 가져다 쓸 정도로 부유하다는 것이다. 백 승의 집안이란 집안이 스스로 세금을 따로 받을 수 있는 마을食邑을 가지고 있는 부유한 사람을 가리키는 말이다. 일 승이면 말 4마리를 키우는 것이니, 백 승이란 말 400마리를 키우는 규모

---

120 『대학장구』, 「전」10, "孟獻子 曰 畜馬乘 不察於鷄豚 伐冰之家 不畜牛羊 百乘之家 不畜聚斂之臣 與其有聚斂之臣 寧有盜臣 此謂 國 不以利爲利 以義爲利也"

이다. 그러므로 이런 집안은 차라리 도둑질하는 신하를 둘지언정 백성들을 가혹하게 착취하는 신하를 두지 말라는 것이다.

관직에 나아가 녹을 받는 선비가 일반 백성이 키우는 닭과 돼지를 키우면 서민들과 이해 충돌이 생길 수 있다. 공직자라면 국가에서 받는 녹에 만족하고 백성들과 이익을 다투지 말라는 것이다. 더구나 그 옛날에 얼음을 쓸 정도라면 높은 관직과 부유한 살림이다. 이런 이들이 재물을 탐내 사업을 경쟁하면 힘없는 백성들은 설 곳이 없다. 『대학』을 지은 증자는 이 구절을 인용하면서 이렇게 말했다.

> 국가의 어른長이 되어서도 재물을 불리는 데만財用 힘쓰는 것은 반드시 소인들로부터 시작한다. 재주가 있다고 저 소인들로 하여금 국가를 다스리게 하면 천재天災와 인재人災가 함께 생겨난다. 비록 재주가 있더라도 어쩔 수 없다. 이것을 일러 "국가를 이利를 이익으로 여기지 않고 의義를 이익으로 여긴다."는 것이다.[121]

지난해 삼성이 예식사업 진출을 포기한다고 발표했다. 그간 국내 굴지의 재벌이 중소기업 업종인 결혼식장까지 진출한다고 논란이 많았는데 다행이다. 하지만 아직도 많은 분야에서 재벌과 대기업들이 중소기업 업종에 진출해 시장을 빼앗고 있다. 과거 전형적인 골목 영세 사업이

---

121 『대학장구』, 「전」, 10. "長國家而務財用者 必自小人矣 彼(爲善之)小人之使爲國家 菑害竝至 雖有善者 亦無如之何矣 此謂 國不以利爲利 以義爲利也". '국가가 의를 이익으로 여긴다'는 뜻은 국가의 궁극적인 이익은 당장의 재물을 모으는 데에 있는 것이 아니라 인의(仁義) 정치를 통한 백성들의 번영에 달려 있다는 의미이다.

었던 식당, 제과점, 슈퍼, 서점, 커피숍 등등 가히 싹쓸이라는 표현이 무색하지 않을 정도로 대기업이 진출하지 않은 분야가 드문 지경이 되었다. 이러다 보니 젊은이들의 취업도 어렵고 자영업자들의 삶은 벼랑에 몰리고 있다. 대기업의 진출이 소비자에게 좀 더 낮은 가격에 상품을 공급할 수 있어서 좋다고 강변하지만, 파산 위기에 몰린 자영업자들이 다른 곳에서는 내수 소비자임을 무시하고 있는 것이다.

맹헌자가 말한 기준과 비교하자면 백 승의 집안사람들이 더 싼 값에 고기를 생산할 수 있다며 동네 주민들이 키우는 닭이나 돼지를 키우겠다고 덤비는 꼴이다. 이런 무분별한 탐욕을 억제하지 못하면 함께 살아가는 우리 사회의 생태계가 무너질 것이다. 마치 서해에서 중국 어선들이 바닥까지 긁어가는 저인망에 촘촘한 어망으로 치어까지 다 잡아가서 소중한 바다 생태계가 없어지는 것과 다를 바 없다. 그렇지 않아도 불경기와 양극화로 대다수 자영업자가 빈곤에 빠져 가는데 이들의 일자리마저 빼앗으면 대기업인들 누구를 상대로 사업할 수 있겠는가? 그래서 증자는 백 승의 집안쯤 되면 눈앞에 보이는 작은 이익을 좇지 말고 함께 사는 공동체의 번영을 먼저 생각하라고 말한 것이다.

도낏자루를 베다伐柯

도낏자루를 만들려면 어떻게 하지, 도끼가 아니면 안 되지
아내를 맞으려면 어떻게 하지, 중매쟁이가 나서지 않으면 안 되지

나무를 베어 도낏자루 만들려면 예전 것 본떠야 하지
중매쟁이 덕분에 아내를 맞이하거든 변두[122]에 술과 음식 담아 혼례를
치르세

伐柯如何오 匪斧不克이니라 取妻如何오 匪媒不得이니라
벌가여하　　　비부불극　　　　취처여하　　　비매부득

伐柯伐柯여 其則不遠이로다 我遘之子호니 籩豆有踐이로다
벌가벌가　　　기칙불원　　　　아구지자　　　변두유천

「도낏자루를 베다」라는 시이다. 빈豳이라는 땅은 지금의 섬서성陝西省
무공현 지역이며 주나라 왕조의 발상지에 해당한다. 빈나라에서 불리던
민요인 '빈풍'에는 7편의 시가 있는데 그중 하나로 결혼을 노래한 시이

122　대나무와 나무로 만든 제사용 그릇.

다. 이 시는 『중용』에도 인용되어 잘 알려져 있다. 공자가 말한다.

> 도가 사람의 몸에서 멀리 있지 않으니, 사람이 도를 하면서 사람인간의 윤리와 도덕을 멀리한다면 도라 할 수 없다. 『시경』에 이르기를 "도낏자루를 잡고 도낏자루를 벰이여. 그 법칙이 멀리 있지 않다." 했으니, 도낏자루를 잡고 도낏자루용 나무를 벨 적에, 새로 만들려는 도낏자루의 표준 길이는 바로 내가 손에 쥐고 있는 도낏자루에 있는데, 곁눈질하여 보고는 오히려 그 법칙이 멀리 있다고 여긴다. 그러므로 군자는 사람의 도리로써 사람을 다스리다가, 그 사람이 잘못을 고치면 즉시 그치고 다스리지 않는다.[123]

『중용』에서 공자는 이 시 한 구절을 취해 사람이 살아가는 데 필요한 도리는 평소 일상사에 있는 것이지 저 멀리 산속이나 기이한 행동 속에 있지 않음을 말한다. 이를 통해 유학이 일용지간日用之間의 학문을 지향하고 있음을 알 수 있다. 도덕의 기준이 외부의 초월적인 존재에 있는 것이 아니라 사람 안에 내재해 있다는 유학 철학을 잘 보여 주고 있다.

오래전 이 시에 대해 도올 김용옥 교수가 강의하는 것을 들은 적이 있다. 김 교수는 도낏자루를 자를 때 그 자루에 대한 법칙이 바로 자기가 들고 있는 도낏자루에 있다는 것은 매우 철저한 내재주의 사상이라고

---

123 『중용장구』 13. "子曰 道不遠人 人之爲道而遠人 不可以爲道 詩云 伐柯伐柯 其則不遠 執柯以伐柯 睨而視之 猶以爲遠 故 君子 以人治人 改而止" 군자는 사람의 도리로써 사람을 가르친다는 의미는 사람을 가르침에도 누구나 실천할 수 있는 평범한 일상의 도리를 기준으로 계도해야 한다는 것이다. 공자는 일상을 벗어난 특이한 고행이나 금욕을 바른 도가 아니라고 보았다.

설명했다. 우주의 법칙은 우주 자체에 내재하는 것이지 우주 밖에 있는 어떤 존재가 그 법칙을 부여하는 것이 아니라는 것이다. 그런 점에서 모든 창조론은 그러한 '법칙 부여'의 외재주의라고 설명했다. 매우 의미 있는 해석이라고 생각된다. 이 부분에 대해 주자의 설명은 아래와 같다.

도는 성性을 따를 뿐이다. 진실로 일반인도 능히 알고 행할 수 있는 것이다. 그러므로 항상 사람의 몸에서 멀리 있지 않은 것이다. 만약 도를 행하는 사람이 그 비근함을 싫어하여 이는 할 것이 못 된다고 말하고, 도리어 고원高遠하여 행하기 어려운 일에 힘쓴다면, 이는 도를 행하는 것이 아니다. 사람으로서 도낏자루를 잡고 나무를 베어 도낏자루를 만들려는 자는 저 도낏자루의 길고 짧게 하는 법칙이 이 도낏자루에 달려 있다. 그러나 오히려 피차의 구별이 있기 때문에 나무를 베는 자가 이것을 보기를 오히려 멀다고 여긴다. 그러나 사람의 도리로써 사람을 다스리는 것으로 말하면, 사람이 된 이유의 도가 각각 자신의 몸에 있어 애당초 피차의 구별이 없다. 그러므로 군자가 사람을 다스릴 적에 그 사람의 도리로써 다시 그 사람의 몸을 다스리다가, 그 사람이 잘못을 그치면 즉시 그치니 그가 능히 알 수 있고 능히 행할 수 있는 바로써 질책할 뿐 사람을 멀리하면서 도를 행하고자 함이 아닌 것이다.[124]

---

124 『중용장구』 13, 注 "道者는 率性而已 固衆人之所能知能行者也 故 常不遠於人 若爲道者 厭其卑近 以爲不足爲 而反務爲高遠難行之事 則非所以爲道矣 言 人執柯伐木以爲柯者 彼柯長短之法 在此柯耳 然 猶有彼此之別 故 伐者視之 猶以爲遠也 若以人治人 則所以爲人之道 各在當人之身 初無彼此之別 故 君子之治人也 卽以其人之道 還治其人之身 其人能改 卽止不治 蓋責之以其所能知能行 非欲其遠人以爲道也"

중용의 경영

제도 경영과 일 처리 환경 조성

『논어』에는 제자나 외부 인사에 대한 인물평이 자주 나온다. 노나라의 역사서인 『춘추春秋』를 써서 대의를 밝히고자 노력했던 공자이니 그 인물평에는 치우치지 않는 균형감이 있고 깊은 교훈이 있다. 그런 공자가 춘추시대 인물 중 높이 평가한 인사가 있다. 정나라의 대부였던 자산이라는 사람이다. 『논어』와 『맹자』에서 몇 번씩 언급되고 『춘추』에도 나오는 걸 보면, 당시 꽤 명망 있는 정치가였나 보다. 정나라에서 외교 문서를 만들면 자산이 마지막에 윤색을 했다 하니 외교 감각도 출중했던 것으로 보인다. 하루는 공자가 자산을 두고 이렇게 평했다.

군자의 도가 네 가지가 있다. 몸가짐이 공손하고, 윗사람을 섬김에 공경했으며, 백성을 기름이 은혜롭고, 백성을 부림이 의로웠다.[125]

---

125 『논어집주』 「공야장」 15, "子謂子産 有君子之道 四焉 其行己也 恭 其事上也 敬 其養民也 惠 其使民也 義"

한마디로 공자는 자산이 은혜로운 사람이었다고 말한다. 후에 맹자역시 자산에 대해 평가했다. 그러나 공자의 후한 평가에 비해 같은 자산에 대해 맹자는 좀 인색한 입장을 취한다. 정나라에는 진수와 유수라는작은 강이 있었다. 백성들은 강을 건너려면 다리가 없어 늘 옷을 벗고강을 건널 수밖에 없었다. 한번은 자산이 정사를 다스릴 적에 백성들의이 모습이 딱하여 자기가 타는 수레를 가지고 사람들을 건네주었다. 이일을 두고 맹자가 이렇게 평했다.

> 은혜로우나 정치를 하는 법을 알지 못하였도다. 11월에 나무로 인도교를 만들어 12월에 수레가 다닐 만한 돌다리를 만들면, 백성들이 물 건너는 것을 괴롭게 여기지 않을 것이다. 군자가 정사를 공평히 하자면 행차할 때 사람들의 통행을 금지하여도 괜찮으니, 어찌 다 타고 있는 수레로 사람들을 건네줄 수 있단 말인가? 그러므로 위정자가 매양 만나는 사람마다 각각 호의를 베풀어 그 마음을 기쁘게 해주려 한다면 날마다 하여도 또한 부족할 것이다.[126]

11월과 12월에 다리를 만든다는 것은 농사철이 끝나고 한가할 때 사람들을 동원하여 다리를 만들면 백성들이 겨울 강을 건너는 어려움을피할 수 있다는 이야기다. 맹자는 정치가가 사사로운 은혜로 사람들을기쁘게 하려 한다면, 사람은 많고 시간도 제한되어 일을 이룰 수 없다

---

126 『맹자집주』, 「이루장구」 하 2, "子産 聽鄭國之政 以其乘輿 濟人於溱洧 孟子 曰 惠而不知爲政 歲十一月 徒杠 成 十二月 輿梁 成 民未病涉也 君子 平其政 行辟人 可也 焉得人人而濟之 故 爲政者 每人而悅之 日亦不足矣"

고 말한다. 결국, 자산이 개인적으로 은혜롭기만 하지 정치가로서 법과
제도를 활용하여 민생의 어려움을 근본적으로 고쳐주지 않았음을 비판
한 것이다. 이어서 이렇게 말한다.

이루의 눈 밝음과 공수자의 솜씨로도 컴퍼스와 곡척을 쓰지 않는다면
사각형과 원을 만들지 못하고, 사광의 귀 밝음으로도 육률을 쓰지 않으
면 오음을 바로잡지 못하고, 요·순의 도로도 인정仁政을 쓰지 않으면 천
하는 평안히 다스릴 수 없다. 그러므로 한갓 선심만으로는 정사를 할 수
없고, 한갓 법으로는 스스로 행해질 수 없다고 한 것이다.[127]

이루와 공수자는 노나라의 솜씨 좋은 장인들이다. 사광은 진나라의
악사樂師로 음률에 능한 자이다. 육률六律은 대나무로 만들어 음을 조
절하는 기구이고, 오음五音은 궁, 상, 각, 치, 우를 말한다.

맹자는 솜씨 좋은 장인들도 자와 컴퍼스 같은 연장이 있어야 원과 직
각을 그릴 수 있고, 요·순 같은 성인조차도 법과 제도를 만들어 다스리
지 않는다면 후세에 그 선정이 전해지지 못한다고 말한다. 그렇다면 정
치를 한다는 것은 선심만으로도 부족하고 또 법과 제도만으로도 부족
하니 그 둘 다를 놓치지 말아야 한다고 지적한다. 맹자가 보기에 자산
은 은혜롭기는 하지만 법과 제도로 다스린다는 것에 대해 이해가 부족
했다고 비판한 것이다.

---

127 『맹자집주』, 「이루장구」 상 1, "孟子曰 離婁之明 公輸子之巧 不以規矩 不能成方員 師曠之聰 不
以六律 不能正五音 堯舜之道 不以仁政 不能平治天下 今有仁心仁聞 而民不被其澤 不可法
於後世者 不行先王之道也 故 曰 徒善 不足以爲政 徒法 不能以自行"

이러한 맹자의 지적은 지금 경영 현장에서도 새겨볼 만한 이야기다. 요즘처럼 변화가 빠르고 경쟁이 치열한 시기에는 회사마다 경쟁력을 키우고 생산성을 높이기 위해 안간힘을 쓴다. 직원들에게는 신속한 일 처리를 요구하고 더욱 창의적인 노력을 주문한다. 통상 이런 때일수록 사장은 직원들을 격려하기 위해 수시로 사업장을 다니며 간담회를 하고 훈시를 한다. 심지어 직원들의 사기를 높인다고 연말 행사 때만 되면 사장이 엎드려 절을 하고 대야에다 물을 떠놓고 직원들의 발을 씻어주는 회사도 보았다.

그러나 이런 전시성 행사만으로 회사가 변화되는 경우는 없다. 실제로 변화를 만들려면 직원들이 일 처리를 달리할 수 있는 환경을 조성해 주어야 한다. 회사의 변화를 촉진할 수 있도록 제반 제도와 규정, 절차들을 바꾸고 새로 만들어야 한다. 일 처리가 늦다면 원인을 찾아내 제거하고 새로운 규정과 방식을 도입해 시대 변화에 맞춰 주어야 한다. 그리고 이를 공정하게 운영할 수 있는 우수한 리더들을 발탁해야 한다. 사람과 제도에 대한 구체적인 변화 없이 반복된 구호만으로 회사가 변할 수 없다. 경영자라면 일회성 환심으로 직원들의 찬사를 구하기보다는 애로가 있는 업무 처리 방식을 바꾸고 환경을 변화시키라는 것이 맹자가 권하는 올바른 경영의 모습이다.

저울추의 지혜

몇 해 전 〈미생〉이란 드라마가 큰 인기를 끈 적이 있다. 국내 드라마 속 주인공 장그래와 달리, 본래 미생은 춘추시대 노나라에 살던 젊은 선비의 이름이다. 미생이 어느 여름 저녁에 다리 밑에서 연인을 만나기로 약속을 했다. 하필이면 그날따라 장대비가 내리고 다리 밑으론 거칠게 물살이 흘렀다. 그러나 고지식한 미생은 연인과의 약속을 지키려고 교각을 부둥켜안은 채 다리 밑을 떠나지 않았다. 결국, 미생은 연인이 오기도 전에 갑자기 불어난 개천물에 휩쓸려 죽고 만다. 이후로 미생은 하찮은 명분에 사로잡혀 목숨을 잃은 우둔하고 융통성 없는 사람으로 조롱의 대상이 되었다.

평상시 교육으로 신의나 예절 등을 강조하다 보면 고지식한 사람들은 이를 유연하게 적용하지 못하고 미생과 같은 모습으로 변하는 경우가 있다. 또 어떤 이들은 조선이 고리타분한 예법이나 따지다 망했다는 생각에 조선 선비라면 비가 와도 뛰지 않는 앞뒤가 꽉 막힌 미생 같은 모습을 연상하기도 한다. 하지만 『논어』와 『맹자』를 보면, 실제 공맹이 가지고 있었던 생각과 처신이 얼마나 유연한지를 보여 주는 일화들이 많다. 어느 날 제나라 사람 순우곤이 맹자에게 질문한다.

순우곤: 남녀 간에 주고받기를 직접 하지 않는 것이 예입니까?
맹자: 예이다.
순우곤: 제수가 물에 빠지면 손으로써 구원해야 합니까?
맹자: 제수가 물에 빠졌는데도 구원하지 않는다면 이는 짐승과 같은 것

이다. 남녀 간에 주고받기를 친히 하지 않음은 예이고, 제수가 물에 빠졌으면 손으로 구원함은 권도權道이다.[128]

남녀 간에 직접 손을 잡는 것을 과거에는 크게 예에서 벗어난 행동으로 보았다. 더구나 시숙과 제수 사이라면 더더욱 조심해야 한다. 맹자는 그런 관계에서조차도 상황에 맞추어 저울질해서 중도中道를 찾는 것이 바로 올바른 예라고 말한다.

'권'은 '저울의 추'를 말한다. '권도'란 저울질할 때 추를 가지고 앞뒤로 왔다 갔다 하며 중심을 맞추도록 하는 것이다. 권도란 유학에서 매우 중요한 핵심 사상 중의 하나이다. 공맹의 사상이 수천 년 동안 동양의 지배적 학문으로 자리를 잡을 수 있었던 것은 바로 이렇게 기본 원칙은 지키면서도 상황에 맞추어 중도를 찾아가는 '권도의 철학'이 있었기 때문이다.

어느 날 맹자는 노나라의 명재상이었던 자막이라는 사람을 평하면서 이런 말을 한다.

자막은 중간을 잡았으니 중간을 잡은 것은 도에 가까우나 중간을 잡고 저울질함이 없다면 한쪽을 잡는 것과 같다. 한쪽을 잡는 것을 미워하는 까닭은 도를 해치기 때문이니, 하나를 들고 백 가지를 폐하는 것이다.[129]

---

128 『맹자집주』, 「이루장구」 상 17, "淳于髡 曰 男女 授受不親 禮與 孟子 曰 禮也 曰 嫂溺 則援之以手乎 曰 嫂溺不援 是 豺狼也 男女 授受不親 禮也 嫂溺 援之以手者 權也"

129 『맹자집주』, 「진심장구」 상 26, "子莫 執中 執中 爲近之 執中無權 猶執一也 所惡執一者 爲其賊道也 擧一而廢百也"

맹자는 중간을 잡았다고 저울질함을 그친다면, 일정한 중中에 교착되어 변화를 알지 못하게 되니, 이 또한 한쪽을 잡은 것과 같다고 말한다. 이 구절에 대해 북송의 대표적인 유학자인 정이천은 유학 공부에서 '중'이란 것이 가장 알기 어렵다고 말한다. 그 이유로 대청에서는 대청 가운데가 중이 되고, 한 집 안에서는 대청이 아니라 집이 중이 되고, 한 나라에서는 집이 아니라 나라의 가운데가 중이 되니, 이러한 것을 모두 미루어 중의 의미를 헤아려야 하기 때문이라는 것이다.

결국, 중이란 고정된 것이 아니라 때에 따라, 상황에 따라 변한다. 이를 권도로서 잘 헤아리지 못한다면 미생의 어리석음에 빠지게 된다.

조선 선비 중에 권도를 깊이 이해하고 현실을 개혁하기 위해 저울질의 도리를 적극적으로 주장한 사람이 바로 율곡李珥 1536-1584이다. 조선 성리학을 집대성한 학자이자 사회 참여를 중시했던 경세가로서 율곡은 당시 쇠락해 가는 조선 사회를 개혁하기 위해 많은 상소문을 올렸다. 그중에 선조 7년1574년에 전면적인 국가 개혁을 주장하며 올린 율곡의 「만언봉사萬言封事」는 조선 상소문의 백미로 꼽힌다. 그 「만언봉사」에서 율곡은 권도로서 정사를 다스려야 함을 이렇게 주장한다.

때에 알맞은 것이라고 하는 것은 수시로 변통하여 법을 마련해서 백성을 구제하는 것을 말합니다. 정자가 『주역』을 논하기를 "때를 알고 형세를 아는 것이야말로 주역을 배우는 큰 법이다."라고 했으며, 또 말하기를 "수시로 변혁하는 것이 곧 상도常道이다."라고 했습니다. 대체로 법은 시대 상황에 따라 만드는 것으로서 시대가 변하면 법도 달라지는 것입니다. 이를테면 순임금이 요임금의 뒤를 이었으니 마땅히 다른 것이 없어야 할 것인데도 12주를 고쳐 9주로 만들었습니다. 이것이 어찌 성인이 변혁하기를 좋아해서 그렇게 한 것이겠습니까. 시대에 따라 그렇게 한 것에 지나지 않을 뿐입니다. …중략… 대체로 시대에 따라 변경할 수 있는 것은 법과 제도인 반면, 고금을 막론하고 변경할 수 없는 것은 왕도王道요, 인정仁政이요, 삼강三綱이요, 오륜五倫입니다. 그런데 후세에서는 도술이 밝지 못하여 변경할 수 없는 것을 고치는 때도 있고 변경할 수 있는 것을 굳게 지키는 때도 있었으니, 이것이 다스려지는 날은 항상 적고 어지러운 날은 항상 많았던 이유입니다.

율곡은 같은 왕도 정치라 해도 시대가 바뀌면 법과 제도를 혁신해 세상 변화에 맞추어 주는 변통變通이 필요하다고 주장한다. 율곡은 당대가 건국 후 200년이 흘렀는데도 구시대의 법과 제도를 그대로 유지하여 국가 곳곳이 병폐에 찌들고 백성들은 도탄에 빠졌음을 안타까워한다. 적폐를 일소하는 혁신이 없이 관습만 따르다 보니 민생은 피폐하고 국방은 허술해져 국가 존망이 풍전등화와 같다고 진단했다. 그리고 정치, 민생, 세금, 군정 등 국정을 다섯 가지 분야에 걸쳐 문제점을 분석하고 구체적인 개혁안을 제시한다. 율곡은 상소문 말미에서 개혁안의 조속한 실시를 건의하며 자신의 건의를 채택하여 국정을 개혁한다면 3년 이내에 효과가 드러나 왕정을 회복할 수 있다고 장담하고 있다. 실제로 만약 선조가 이를 적극적으로 수용해 시행했다면 조선은 제2의 도약을 이루고 임진왜란 같은 참담한 국난을 당하지 않았을지도 모른다. 율곡의 통찰이 뛰어난 것에 비해, 당시 조정의 무능은 참으로 안타까울 뿐이다.

그러나 살아가면서 원칙을 지키면서도 부단히 저울질하여 변화된 시대상에 맞는 중도를 찾아간다는 것은 쉬운 일이 아니다. 역사에 보면 인간들은 위기 앞에서 무엇이 올바른 권도인지를 가지고 끊임없이 갈등하고 괴로워했다. 지나치면 원칙 없는 기회주의가 되고, 부족하면 미생 같은 어리석음이 되고 말기 때문이다. 그러나 정자가 말하듯 수시로 변하는 것 자체가 상도常道이다. 중요한 것은 인의와 같은 불변의 가치를 지키면서도 시대 변화에 맞추어 변화하고 개혁하는 일이다. 권도의 철학은 오늘날 정치에도 그리고 기업 경영에서도 여전히 유효한 선현들의 지혜이다.

가짜 덕망가인 향원에 속지 마라

공자는 어떤 사람이었을까? 『논어』에 보면, 공자 스스로 자신이 어떤 사람인지를 표현한 구절이 자주 나온다. 공자가 제자들과 천하를 주유하는 중에 하루는 학문과 덕행이 있으면서도 험난한 세상을 피해 초야에 묻혀 벼슬하지 않는 사람들을 평가하면서 그들과 자신을 비교한다.

나는 이들과 달라서 가可한 것도 없고, 불가不可한 것도 없다.[130]

이 부분에 대해 맹자는 다른 옛 성인들과 공자를 비교하여 이렇게 설명한다.

---

130 『논어집주』, 「미자(微子)」 8, "我則異於是 無可無不可"

벼슬할 만하면 벼슬하고, 그만둘 만하면 그만두며, 오래 머무를 만하면 오래 머물고, 빨리 떠날 만하면 빨리 떠나심은 공자이시다. 다른 이들도 모두 옛 성인이시지고 내 행함이 그들을 따르지 못함이 있지만, 내가 원하는 것은 오직 공자를 배우는 것이다.[131]

맹자는 다른 성인들도 모두 훌륭한 분들이지만 늘 어디서나 의리에 맞춰 중용의 도리를 놓치지 않고 살아가신 분은 오직 공자 한 사람이라고 단언한다. 그러하기에 자신의 소원은 공자를 배우는 일이라고 말하며 무한한 존경심을 드러낸다. 이러한 맹자의 해석 이후, '언제나 중용을 지킨 사람'이란 뜻의 '시중時中'이 공자를 지칭하는 말이 되었다.

중中이란 치우치지 않고 편협하지 않으며 지나침도 없고 부족함도 없는 것을 말한다. 항상 일정하면서 변하지 않는 것을 '용庸'이라고 한다. 유학 사상에서 중용은 선善의 기준이다. 그러나 일반적으로 사람들이 살아가면서 한쪽에 치중하거나 집착하는 일을 피하기란 쉽지 않다. 항상 꾸준하게 지나침과 부족함의 잘못을 범하지 않고 산다는 것은 매우 어려운 노릇이다. 중용을 지켜나가기 어려운 것에 대해서는 공자도 이렇게 인정한다.

천하와 국가도 고르게 다스릴 수 있다. 높은 벼슬도 사양할 수 있다. 심지어 날카로운 칼날도 밟고 뛸 수 있다. 그러나 중용을 능히 할 수는 없다.[132]

---

131 『맹자집주』, 「공손추장구」 상 2, "可以仕則仕 可以止則止 可以久則久 可以速則速 孔子也 皆古聖人也 吾未能有行焉 乃所願則學孔子也"

132 『중용장구』, 9, "子曰 天下國家 可均也 爵祿 可辭也 白刃 可蹈也 中庸 不可能也"

공자는 중용을 지켜나가는 일이 정치를 잘하거나 작두를 타는 것보다 어렵다고 말한다. 중용을 지킨다는 것은 단순히 중간값을 취하여 멈추는 것이 아니다. 끊임없이 변화하는 상황 속에서도 '최선을 향한 동적인 균형 상태'를 유지하는 것을 의미한다. 그래서 중용이 쉽지 않다. 사람들에게 중용의 덕이 사라진 지 오래된 것도 바로 이런 이유 때문이다. 그래서 늘 중용을 최고의 덕이라고 가르치던 공자는 이렇게 한탄한다.

중용의 덕은 지극하구나. 이를 행하는 사람이 적어진 지 오래되었다.[133]

공자가 보기에 세상에서 통상 원만하게 처신을 잘한다고 소문난 사람들이 오히려 중용의 덕을 가장한 위선자들이었다. 이들이야말로 오히려 중용의 덕을 어지럽히고 세상을 타락하게 만드는 가장 위험한 존재들이라고 생각했다. 『논어』에는 '향원鄕原'이라 불리는 사람들에 대한 공자의 분노가 기록되어 있다.

향원鄕原은 덕의 적賊이다. ……말만 듣기 좋게 하고 얼굴빛을 곱게 하는 사람은 인仁한 이가 적다. 나는 자주색이 붉은색을 빼앗는 것을 미워하며, 정鄭나라 음악이 아악을 어지럽히는 것을 미워하며, 말 잘하는 입이 나라를 전복시키는 것을 미워한다.[134]

---

133 『논어집주』, 「옹야」, 27, "中庸之爲德也 其至矣乎 民鮮久矣"
134 『논어집주』, 「양화」, 14, 17, 18, "子曰 鄕原은 德之賊也 子曰 巧言令色 鮮矣仁 (중략) 子曰 惡紫之奪朱也 惡鄭聲之亂雅樂也 惡利口之覆邦家者"

향원의 문자적 의미는 시골 사람 중에서 근엄하고 후덕한 사람을 말한다. 원原은 "신중하고 중후하다."는 뜻이다. 그러다 보니 당시에 향원이란 칭호는 일반적으로 좋은 의미로 쓰였다. 그러나 공자는 당시 이들의 행실이 덕과 비슷하나 사실은 덕이 아니며, 도리어 덕을 어지럽힌다고 보았다. 공자는 향원의 실상을 중간색中間色인 자주색이 순수한 색인 붉은색을 빼앗고, 음란한 정나라 음악이 바른 음악을 어지럽히며, 교언영색巧言令色한 사람들이 어질지 못함과 비슷하다고 비판했다.

『맹자』에는 이에 대한 자세한 보충 설명이 있다. 덧붙여 공자가 평소 어떤 사람들을 얻고자 했는지에 대해서도 말한다. 어느 날 향원에 대해 남들은 다들 좋게 말하는데 공자가 그들이 '덕의 적'이라고 하는 것에 의심을 품은 제자 만장이 맹자에게 묻는다. 맹자의 답변 요점은 다음과 같다.

공자가 말하였다. "중도中道를 지키는 인물을 얻어 함께하지 못한다면 반드시 광자狂者나 견자狷者들이라도 함께할 것이다. 광자는 진취적이며, 견자는 하지 않는 바가 있다." 공자가 어찌 중도의 인물을 얻기를 원치 않았겠는가? 반드시 얻는다고 기약할 수는 없기 때문에 그다음 인물을 생각한 것이다. 광자는 평소 뜻이 높고 커서 옛사람을 들어 말하기를 좋아하지만, 언행일치가 되지 못하고 행실이 말에 미치지 못하는 바가 있다. 그래서 '광狂'이라 한다. 그러나 그 광자마저 얻지 못했다면 옳지 않으면 하지 않는 바가 있는 자와 함께하겠다. 이렇게 지조가 있는 사람이 그다음인 견자이다. 반면에 향원은 자신을 감추고 세속과 영합하여 친하게 지내는 것만을 기뻐하는 사람들이다. 처신함이 충신과 같으며 행함에 청렴결백한 것 같아서 여러 사람들이 다 좋아하니 스스로 옳다고 여기지만 요·순의 도에는 들어갈 수 없다. 그러므로 덕을 해치는 자라는 것이다. 이들은 진실한 덕을 해치는 사이비이다. 공자는 그런 사이비가 더 세상을 어지럽히기 때문에 누구보다도 미워하셨다.[135]

사람이 만약 중도의 자질을 타고났다면 이보다 더 좋은 것은 없을 것이다. 그러나 중도에 부합하는 사람을 만나기란 매우 어렵다. 더구나 공자가 제자로서 찾고 있는 '중도의 인물'이란 주변에서 흔히 칭찬하듯 누구와도 두루 어울리는 그런 사람이 아니다. 『논어』, 「자로子路」 편에 보면 '중도의 인물'이 어떤 사람인지 가늠해 볼 수 있는 공자의 대화가 있다.

자공: 고을 사람들이 모두 그를 좋아하면 어떻습니까?
공자: 가可하지 않다.
자공: 고을 사람들이 모두 미워하면 어떻습니까?

---

135 『맹자집주』, 「진심장구」 하 37, "孟子曰 孔子 不得中道而與之 必也狂獧乎 狂者 進取 獧者 有所不爲也 孔子 豈不欲中道哉 不可必得 故 思其次也 敢問何如 斯可謂之狂矣 曰 如琴張曾晳牧皮者 孔子之所謂狂矣 何以謂之狂也 曰 其志 嘐嘐然曰 古之人古之人 夷考其行 而不掩焉者也 狂者 又不可得 欲得不屑不潔之士 而與之 是 獧也 是 又其次也 孔子曰 過我門而不入我室 我不憾焉者 其惟鄕原乎 鄕原 德之賊也 曰 何如 斯可謂之鄕原矣 何以是嘐嘐也 言不顧行 行不顧言 則曰 古之人, 古之人 行何爲踽踽涼涼 生斯世也 爲斯世也 善斯可矣 閹然媚於世也者 是鄕原也 萬章 曰 一鄕 皆稱原人焉 無所往而不爲原人 孔子 以爲德之賊 何哉 曰 非之無擧也 刺之無刺也 同乎流俗 合乎汚世 居之似忠信 行之似廉潔 衆皆悅之 自以爲是 而不可與入堯舜之道 故 曰 德之賊 孔子曰 惡似而非者 惡莠 恐其亂苗也 惡佞 恐其亂義也 惡利口 恐其亂信也 惡鄭聲 恐其亂樂也 惡紫 恐其亂朱也 惡鄕原 恐其亂德也"

공자: 가하지 않다. 고을 사람 중에 선한 자가 좋아하고, 선하지 않은 자가 미워하는 것만 못하다.[136]

사람들은 각기 부류에 따라 좋아하고 미워한다. 공자는 그러므로 선한 자가 좋아하고 악한 자가 미워하지 않는다면 반드시 구차하게 영합하는 행실이 있을 것이라고 보았다. 그러므로 그런 사람에게는 칭찬할 만한 실상이 없다고 말한다. 그러나 일상에서 그런 중도의 사람을 만나기는 쉽지 않다. 그래서 공자는 '중도의 인물을 얻어 함께하지 못한다면' 차라리 한발 물러나 차선의 사람을 구해야겠다고 말한다.

광자가 바로 그 차선의 사람이며, 견자는 '또 그다음 차선'의 사람이다. 차선, 차차선이라고 해서 얕봐서는 안 된다. '광'은 '과감함'이다. 광자는 진취적이며 옛 성현의 뜻을 간직하고 있는 의지가 굳은 사람이다. 기개가 높고 말과 행동이 대범하며 행실에 있어서 감추는 것이 없다. 그러나 꼼꼼하지 못하기 때문에 반드시 수련의 단계를 거쳐야 한다. 숨김 없는 행실은 그가 마음이 악하지 않다는 것을 증명한다. 그러므로 바르게 고치면 도에 들어갈 수 있다. 광자의 진취성은 세속적인 것을 뿌리 뽑는 용감하고 적극적인 정신을 드러내기 마련이다. '견'은 '고집 셈'이다. 견자라 할지라도 성인의 경지에 들어갈 수 있는 희망이 있는 사람이다. 그러므로 '하지 않는 바가 있는' 견자는 도덕을 지켜나갈 수 있는 출발점이 된다. 인격의 원칙은 '하지 않는바'에서부터 세워지는 것이다. 맹자가 평소 "사람은 하지 않음이 있은 뒤에야 훌륭한 일을 할 수

---

136 『논어집주』, 「자로」 24, "子曰 未可也 不如鄉人之善者 好之 其不善者惡之"

있다."[137]고 말한 것은 바로 이를 두고 한 것이다. 사람은 반드시 견자가 된 후에야 비로소 광자가 될 수 있다고 보았다. 중도를 행하는 사람이 광자도 견자도 아니지만, 나중에라도 중도를 할 수 있는 사람은 또한 광자와 견자이다.

반면에 향원은 대표적으로 표리부동한 사람들이다. 신중하고 중후한 듯이 보이지만 문제는 '~인 척' 한다는 데에 있다. 이러한 것은 진실하지 못한 것이다. 그들은 충신인 척 처세하고, 청렴결백한 듯 행동하여 임금의 신임을 받는다. 그러나 다른 한편으로는 '저속한 풍속에 동화하고 더러운 세상에 영합'하기 때문에 세속의 소인들에게도 거슬리지 않는다. 이처럼 양쪽의 비위를 다 잘 맞추니 다들 그를 좋아한다. 이런 자들이야말로 참된 덕을 해치는 더 나쁜 자들이라 하여 공자가 그토록 싫어했다.

공자가 미워했던 향원적인 삶이 우리 시대에서는 처세술의 대세가 된 듯하다. 다들 적당히 엄숙하고 적당히 타협하며 두루두루 칭찬받으며 살고 싶어 한다. 처신만이 아니다. 필요하면 겉으로 보이는 얼굴마저 고치고 감추며 산다. 도덕의식은 약해지고 처세만이 강조되는 시대에 다들 너무나 쉽게 가면을 쓰고 살고 있다.

그러다 한 번씩 비리나 성 추문에 휩싸인 사회 저명인사들의 민낯을 접할 때마다 당황하게 된다. 도대체 얼마나 많은 향원들이 거리를 활보하고 다니는지 놀라울 뿐이다. 그래서 두루두루 누구하고나 편하게 지

---

137 『맹자집주』, 「이루장구」 하 8, "人有不爲也而後 可以有爲" 맹자는 무엇인가 하고 싶은 욕망이 있어도, 혹은 당장에 참기 힘든 괴로움이 있어도, 어떤 행동이 의리에 맞지 않는다면 스스로 절제하여 하지 않을 수 있는 도덕적 자율성이 있어야 참된 인격체가 될 수 있다고 보았다.

내고자 하는 사람들은 경계할 필요가 있다. 예나 지금이나 진실된 마음이 없는 위선자는 타락한 인격이다.

더 좋은 사회를 위해 이제 '중도'를 실천할 수 있는 인물을 찾아야겠다. 이게 어렵다면 차선으로 차라리 광자나 견자 같은 사람을 찾아야겠다. 도덕적 삶을 살고자 하는 사람이라면 과감하거나 고집이 있어야 한다. 인생에서 '하지 않음이 있는 사람'이야말로 소중한 사람들이다. 그런 이들을 잘 알아보고 적재적소에 등용하는 안목이 필요하다. 그들이야말로 위기 앞에서 기업을 구하고 나라를 구할 인재들이기 때문이다.

천륜과 김영란법

지난해 여러 가지 우여곡절 끝에 김영란법이 발효되었다. 김영란법의 정식 명칭은 '부정청탁 및 금품 등 수수의 금지에 관한 법률'이다. 명칭에서 보듯이 이 법의 취지는 '부정청탁'과 '금품 수수'를 금지하고자 하는 것이다. 김영란법은 제1조에서 다음과 같이 명시하고 있다.

공직자 등에 대한 부정 청탁 및 공직자 등의 금품 수수를 금지함으로써 공직자 등의 공정한 직무 수행을 보장하고, 공공기관에 대한 국민의 신뢰를 확보하는 것을 목적으로 한다.

법의 적용 대상인 공직자란 공무원, 언론사 임직원, 사립학교 교직원들이다. 이 법은 발의된 순간부터 온갖 시비가 잦았다. 법안을 반대하는 사람들이 내건 주된 논리는 법안이 언론의 자유, 양심의 자유, 교육의 자주성 등 기본권을 침해하고, 경제적으로는 농수산업, 유통업, 외식업 등 서민 경제에 심각한 타격을 준다는 것이었다. 일부의 반대는 예상했지만 부끄러운 현실을 손바닥으로 가리려는 듯 대체로 주장이 억지스러웠다. 우리 사회에서 소위 갑의 자리에 있다는 사람들의 의식을 적나라하게 보여 주었다. 오히려 평소 얼마나 우리가 부패에 익숙해 있었는지를 깨닫는 계기가 되었다.

참고로 2015년 국제투명성기구에서 발표한 우리나라의 부패인식지수는 세계 168개 조사 대상국 중 37위, OECD 34개국 중 27위이다. 아시아에서도 말레이시아보다 조금 높을 뿐 절대 수준에서 싱가포르, 홍콩, 일본, 대만보다 한참 뒤처지는 수준이었다. 우리 사회가 오랫동안 이런 탁한 환경 속에 살다 보니, 이제는 무엇이 정상인지조차 분별하지 못하는 처지가 되어 버린 듯했다.

그나마 다행히 헌법재판소가 주요 쟁점에 대해 모두 합헌 결정을 내렸다. 그리고 시행 100일째 되는 시점에서 국가권익위원회가 실시한 여론 조사에 따르면 국민 85퍼센트가 찬성하고 있다고 한다. 아직 우리 사회가 자신의 자정 능력을 상실하지 않은 것 같아 참으로 반가운 소식이었다.

그런데 지난번 헌법재판소에서 판단했던 쟁점 중의 하나가 유학을 공부하는 입장에서 눈길을 끌었다. 배우자의 금품 수수를 공직자가 신고하지 않을 경우 처벌하도록 한 조항이 기본권을 침해하는지에 관한 것이었다. 우리나라 형법에는 죄를 지은 범인이 친족이나 가족이면 범인은 닉죄로 처벌하지 않도록 하고 있다. 그런데 배우자의 금품 수수를 신고

토록 하는 김영란법이 과도하다는 의견이었다.

해당 쟁점에 대해서 헌법재판소는 합헌 5, 위헌 4로 합헌 결정을 내렸다. 헌법재판소는 이 조항이 행동자유권을 침해하지 않으며 또한 공직자 등과 경제적 이익 및 일상을 공유하는 긴밀한 관계에 있는 배우자가 직무와 관련하여 수수가 금지된 금품 등을 받는 행위는 사실상 본인이 수수한 것과 마찬가지라고 보아야 한다고 판단했다.

김영란법은 금품 등을 받은 배우자를 처벌하는 규정을 두고 있지 않다. 단, 신고 조항과 제재 조항은 배우자가 위법한 행위를 한 사실을 알고도 공직자 등이 신고 의무를 이행하지 아니할 때 비로소 적용된다. 신고 의무를 위반한 행위를 처벌하는 것이므로 헌법에서 금지하는 연좌제에 해당하지 아니하며 자기 책임 원리에도 위배되지 않는다고 했다.

처음에 논란의 원인이 된 것처럼 우리나라 현행 형법에는 '범인은닉과 친족 간의 특례' 조항이 있다. 이 법에 따르면, 아버지의 범죄에 대하여 자식이 숨겨주었을 때 처벌하지 않는다. 그뿐만 아니라 가족이나 친족이 범죄를 저질렀을 때 숨겨주는 행위에 대해서도 처벌하지 않는다. 이 조항은 대표적으로 유학 사상이 현대 법률에 반영된 것으로 가족은 국가의 근본이며 윤리의 출발점이라는 생각에 기초하고 있다. 또한, 정직과 정의란 고정되어 있는 것이 아니며 그 직분과 역할에 따라 달라져야 한다는 공맹 철학에 근거한 것이다.

『논어』에 공자가 초나라 재상인 섭공과 나누는 대화가 있다. 어느 날 섭공이 공자에게 말한다.

섭공: 우리 고장에는 몸을 정직하게 행동하는 자가 있으니 그의 아버지

가 양을 훔치자 아들이 이것을 고발했습니다.

공자: 우리 고장의 정직한 자는 이와 다릅니다. 아버지는 자식을 숨겨주고 자식은 아버지를 숨겨주니, 정직함이란 그 가운데 있는 것입니다.[138]

공자는 아버지와 자식이 서로 숨겨주는 것이 천리天理와 인정人情의 지극한 경지라고 보았다. 그러므로 정직하기를 국가 법률에 의지해 따로 구하지 않아도 정직함이란 이 가운데 있다는 것이다. 이러한 관점을 맹자도 그대로 계승했다. 어느 날 제자 도응이 고대 성인이며 효의 상징인 순임금에 대한 이야기를 가정하여 묻는다.

도응: 순임금이 천자가 되고 고요가 법관이 되었는데 순임금의 아버지인 고수가 사람을 죽였다면 어떻게 하겠습니까?

맹자: 고요는 법을 집행할 뿐이다.

도응: 그렇다면 순임금은 금지하지 않습니까?

맹자: 순임금이 어찌 금지할 수 있겠는가? 고요는 대대로 내려온 전수받은 법이 있는 것이다.

도응: 그렇다면 순임금은 어떻게 하시겠습니까?

맹자: 순임금은 천하를 버리는 것을 마치 헌신짝을 버리듯이 하셨을 것이다. 아버지를 몰래 업고 도망하여 바닷가를 따라 거처하면서 종신토록 흔쾌히 즐거워하면서 천하를 잊으셨을 것이다."[139]

---

138 『논어집주』, 「자로」 18, "葉公 語孔子曰 吾黨 有直躬者 其父 攘羊 而子 證之 孔子 曰 吾黨之直者 異於是 父爲子隱 子爲父隱 直在其中矣"

139 『맹자집주』, 「진심장구」 상 35, "桃應 問曰 舜 爲天子 皐陶 爲士 瞽瞍 殺人 則如之何 孟子 曰

제자가 그 순임금과 고요의 이야기를 극단적으로 가정하여 맹자에게 물었다. 순임금은 공자와 맹자가 가장 높이 추앙했던 고대 성인이다. 패악한 아버지에게 대해서조차 효의 도리를 다해 천하를 기쁘게 했다 해서 '대효大孝'라고 불린다. 반면에 고요는 순임금의 신하로 법률을 담당했다. 공정하게 법질서를 시행해 천하를 안정시켰다고 해서 높이 존경받는 현인이었다. 유학에서는 효를 도덕의 출발점이며 인을 실천하는 근본으로 본다. 맹자는 대효인 순임금이라면 오직 부모를 편히 해드리고자 하는 일념으로, 조금도 망설임 없이 부모를 모시고 도망가기를 택할 것이라고 보았다. 이것이 천륜의 지극함이라는 것이다.

그러나 그렇다고 해서 순임금 본인의 효를 위해서 공정한 법 집행을 막지는 않았을 것으로 보았다. 법관인 고요는 다만 법의 엄중하고 공정한 집행만을 따를 뿐, 죄인이 천자의 아버지임을 고려치 않으니 이것이 인륜의 지극함이라고 보았다. 즉, 각자가 자기 본분에 따라 천륜과 인륜에 충실할 뿐 사사로이 권세를 이용해 이치를 어지럽히고 월권을 하지 않는다는 것이다.

지난해 최순실 게이트처럼 많은 고위 공직자들이 공사 구분 없이 직권을 남용해 천륜과 인륜을 함께 어지럽히는 현실에 비추어 볼 때 맹자의 분별은 추상같다. 김영란법이 그런 부분에 일정 부분 선을 그어줄 수 있으리란 기대를 한다. 아무튼, 우리 형법상 가족, 친족 간에는 범인은닉죄를 적용하지 않는 조항도 인간의 인지상정을 인정하고 가족 관계를

執之而已矣 然則舜 不禁與 曰 夫舜 惡得而禁之 夫有所受之也 然則舜 如之何 曰 舜 視棄天下 猶棄敝蹝也 竊負而逃 遵海濱而處 終身訢然樂而忘天下"

도덕의 기초로 본다는 유학 정신에 입각해 있다.

자산은 자산답고, 부채는 부채다워야 한다

지난해 불거진 대우조선해양의 분식 회계 파장으로 큰 국가적 손실
이 발생했다. 회사가 경영 위기에 처하면서 정리 해고로 많은 근로자가
직장을 잃고 투자가들은 엄청난 피해를 보았다. 구제금융이 시행되면
서 그 천문학적 손실이 고스란히 국민들에게 전가되었다. 이익은 소수
가 사유하고 손실은 사회가 떠안는 전형적인 기업 모럴 해저드이다. 검
찰 수사를 보면 대우조선해양은 오랜 기간 단순히 회계 분식에 그치지
않고 온갖 비리의 백화점이었다. 정관계, 금융계, 언론계 등에 대한 무
차별적인 로비, 지인들에 대한 사업 특혜, 횡령, 배임 등 기업 범죄의 종
합 세트다. 사회의 감시 시스템이 멈춰지고 경영자가 부도덕한데 그 기업
의 회계만은 제대로 투명하기를 바란다는 것이 얼마나 어리석은 망상인
지 또다시 깨닫게 해준 사례이다.

대부분 분식을 하는 회사는 결과적으로 보면 유사한 경로를 거친다.
여러 이유로 발생한 손실을 숨긴 채 가공의 자산을 계상하고 있다가 그
것이 드러나면 대규모 손실을 발표하고 쓰러진다. 대우조선해양도 크게
보면 수주 공기工期 동안에 공사손실충당금 등을 제대로 반영하지 않고
5조가 넘게 부풀려진 자산을 속이다가 그것이 발각되면서 순식간에 완
전 자본 잠식 상태로 돌아선 경우이다. 평소 공시된 재무제표를 믿고 있
던 투자가 입장에서는 그 모든 수치가 모두 거짓이라고 밝혀지면 갈 곳

이 없다. 이처럼 기업 회계를 속이는 행위는 투자가들의 신뢰를 저버리고 시장 질서를 무너뜨리는 중대한 범죄 행위이다.

그래서 기업 회계 자료를 분석할 때는 자산은 자산다워야 한다는 원칙이 있다. 기업이 자산을 보유하는 이유는 그 자산을 이용해서 돈을 벌거나 자산을 팔아서 돈을 벌기 위함이다. 즉, 자산에는 이용가치와 판매가치가 있어야 한다. 그런 목적이나 가치 없이 보유하고 있는 자산은 자산이 아니기 때문에 제때에 손상을 인식해서 가치를 줄여야 한다.

예를 들어, 요즘처럼 전자기기의 혁신이 빠른 시대에 지난해 삼성전자의 갤럭시노트 7처럼 대규모 리콜 사태라도 발생하면 그 파장은 이루 말할 수 없다. 당장에 삼성전자가 부담해야 할 수조 원이 넘는 손실도 큰일이지만 갤럭시노트 7의 성공을 전제로 많은 재고를 쌓아둔 부품회사 입장에서는 향후 제품 판매가 불확실해짐에 따라 완성된 부품부터 기타 원재료 등이 모두 무용지물이 되어 버릴 수 있다. 배터리를 납품했던 삼성SDI처럼 제조사인 삼성전자에서 삼성SDI에서 생산한 배터리를 쓰지 않겠다고 결정한 경우는 더 말할 나위가 없다.

그럼에도 불구하고 만약 부품회사들이 재무제표에서 재고자산에 대해 전혀 손상 처리를 하지 않고 있다면 회계 정보 이용자 입장에서는 그 재무제표가 정상이라고 인정하기 어렵다. 투자가라면 당연히 불안해하고 의심해야 한다. 이처럼 회사 재무 상태 표에 나타난 자산이 그 목적에 맞는 올바른 실질을 갖추지 못한 경우에 통상 자산이 자산답지 못하다고 말한다.

이처럼 기업 회계에서 재무제표가 그 기업의 실상을 제대로 반영하지 못할 때 투자가의 신뢰를 잃게 되는 것처럼, 일찍이 매사 명칭과 실제의 부합이 얼마나 중요한지 강조한 사람이 공자이다. 『논어』에 공자와 제자 자로 간의 이런 대화가 있다.

> 자로: 위나라 군주가 선생님을 기다려 정사를 하려고 하시니 선생님께서는 장차 무엇을 먼저 하시렵니까?
>
> 공자: 반드시 명분을 바로잡겠다.
>
> 자로: 선생님은 세상 물정을 정말 모르십니다. 어떻게 바로 잡으시겠습니까?
>
> 공자: 비속하구나. 자로야. 군자는 자신이 알지 못하는 것에는 제쳐놓고 말하지 않는 것이다. 명칭이 바르지 못하면 말이 이치에 순하지 못하고, 말이 이치에 순하지 못하면 일이 이루어지지 못한다. 일이 이루어지지 못하면 예악이 일어나지 못하고, 예악이 일어나지 못하면 형벌이 알맞지 못하고, 형벌이 알맞지 못하면 백성들이 손발을 둘 곳이 없게 된다. 그러므로 군자가 이름을 붙이면 반드시 말할 수 있으며 말할 수 있으면 반드시 행할 수 있는 것이니 군자는 그 말에 있어 구차히 함이 없을 뿐이다.[140]

공자는 당시 사회의 급선무는 파괴된 정치 질서를 회복하는 데 있다고 보았다. 그런데 그 정치 질서를 확립하기 위해서는 우선 사물의 명칭

---

140 『논어집주』, 「자로」 3. "子路 曰 衛君 待子而爲政 子將奚先 曰 必也正名乎 子路 曰 有是哉 子之迂也 奚其正 子 曰 野哉 由也 君子 於其所不知 蓋闕如也 名不正 則言不順 言不順 則事不成 事不成 則禮樂 不興 禮樂 不興 則刑罰 不中 刑罰 不中 則民無所措手足 故 君子 名之必可言也 言之 必可行也 君子 於其言 無所苟而已矣"

과 실제가 일치되어야 한다고 생각했다. 명칭이 실제에 합당하지 않으니 실상을 살필 수 없어 일이 이루어지지 못하고, 일이 이루어지지 못하니 문화도 법률도 자리 잡을 수 없었다고 보았다. 그래서 위정자인 경우에는 지위가 있으면 반드시 그에 해당하는 책임을 바르게 해야 하며 서로 권한을 침범하지 않는 것이 중요하다고 생각했다. 이것이 바로 공자의 '정명正名 사상'이다.

『논어』에는 또 이런 대화가 있다. 어느 날 제경공이 공자에게 정치를 물으니 공자가 이렇게 대답한다.

> 임금은 임금 노릇을 제대로 하고 신하는 신하 노릇을 제대로 하며, 아버지는 아버지 노릇을 자식을 자식 노릇을 하는 것입니다.[141]

임금, 신하, 아버지, 자식은 모두 각자의 지위와 이름이 있으며 그 지위와 이름에 맞는 각자의 본분이 있다. 임금은 임금다워야 한다는 것은 임금이라는 명칭을 가지고 있는 사람은 반드시 임금의 직분을 충실히 하여 그 임무를 완성해야 한다는 것을 의미한다. 동시에 임금은 임금이라는 이름에 상응할 때 임금의 권리를 누릴 수 있음을 의미한다. 신하, 아버지, 자식 및 사회 각층의 명칭과 이름도 이와 같다. 각각의 명칭에 따라 그 실질적인 모습을 구함으로써 이름과 실제가 부합해야 한다는 것이다. 이처럼 공자는 이름과 실질의 부합을 정치의 근본으로 보았다.

---

141 『논어집주』, 「안연」 11, "孔子對曰 君君, 臣臣, 父父, 子子"

맹자는 이러한 공자의 정명론을 더욱 치열하게 밀고 나갔다. 어느 날 제 선왕이 맹자에게 묻는다.

> **제 선왕:** 탕왕이 걸왕을 구금하고 무왕이 주왕을 정벌했다고 하니 그러한 일이 있습니까?
>
> **맹자:** 옛 책에 있습니다.
>
> **제 선왕:** 신하가 그 군주를 시해함이 가능합니까?
>
> **맹자:** 인을 해치는 자는 적賊이라 이르고, 의를 해치는 자를 잔殘이라고 이르고, 잔적한 사람을 일부一夫라 이르니, 일부인 주를 베었다는 말은 들었어도 군주를 시해했다는 말은 듣지 못했습니다.[142]

걸왕은 고대 하나라의 마지막 천자이고, 주왕은 은나라의 마지막 천자이다. 제 선왕은 제후였던 탕과 무가 천자였던 걸과 주를 죽인 것과 관련해 신하가 임금을 죽이는 일이 윤리적으로 가능한가를 물은 것이다. 이에 맹자는 잔적한 사람은 흉포하고 잔인하여 천리가 끊어지게 하고 인륜을 상하게 하여 세상을 어지럽힌다고 말한다. 이런 자에게는 백성들이 배반하고 다시는 군주로 여기지 않게 되니 이런 처지에 떨어진 사람은 이미 천자가 아니라고 말한다. 즉, 맹자에게 있어 천자라는 자리는 어떤 경우에도 보호받아야 할 불변의 지위가 아니다. 천자의 지위에 있는 자가 그에 걸맞은 인정과 덕행을 베풀지 못한다면 그는 이미 명칭

---

142 『맹자집주』, 「양혜왕장구」 하 8, "齊宣王 問曰 湯 放桀 武王 伐紂 有諸 孟子 對曰 於傳 有之 曰 臣弑其君 可乎 曰 賊仁者 謂之賊 賊義者 謂之殘 殘賊之人 謂之一夫 聞誅一夫紂矣 未 聞弑君也"

과 실제가 어긋나 천자가 아닌 일부一夫일 뿐이다. 그래서 맹자는 탕임금과 무임금은 그런 잔적한 사람을 처단했지 결코 천자를 시해한 적이 없다고 단언한다.

제 선왕에게 올바른 정치의 중요성을 강조하기 위해 한 이야기지만 맹자의 이런 파격적인 생각으로 인해 『맹자』라는 책은 오랫동안 많은 왕들에게 두려움의 대상이었다. 그러나 맹자의 이런 역성혁명론易姓革命論도 본래는 공자의 정명 사상을 근거로 하여 발전된 것일 뿐이다.

많은 사람들이 지금 우리는 단군 이래 가장 부유한 시대를 살고 있다고 말한다. 그러나 정작 주변을 보면 많은 이들이 하루하루를 힘들게 살아가고 있다. 또 하루가 멀다 하고 친인척 간에 범죄가 일어나고 자식을 죽이고 공직자가 국민을 무시하고 경영자가 회사 돈을 횡령하는 일들이 보도되고 있다. 이런 일들이 바로 이름과 실질이 부합되지 않은 것이고, 바로 인륜과 천륜이 무너진 모습들이다.

공자는 이런 일들이 계속되면 사회 문화가 비루해지고 힘없는 국민들은 손발을 놓을 곳이 없어진다고 말한다. 어쩌면 현재 우리 사회가 겪고 있는 세계 최저 수준의 출산율과 세계 최고 수준의 자살률이 공자가 말하듯 명칭과 실제가 부합되지 못하여 손발을 놓을 곳이 없어진 국민들의 마지막 선택일지도 모르겠다. 그래서 공자는 다시 한 번 말한다.

모난 잔觚이 모나지 않으면 모난 잔이라고 할 수 있겠는가? 모난 잔이라고 할 수 있겠는가?[143]

---

143 『논어집주』, 「옹야」 23, "子曰 觚不觚 觚哉 觚哉". 고(觚)는 '모난 잔'이라는 의미이다.

여백의 미학

요즘 아침에 일어나면 습관적으로 먼저 하는 일이 있다. 트위터, 페이스북, 카톡, 밴드 등 가입한 SNS를 점검하는 일이다. 밤새 일어난 전 세계 일들을 알기 위해 일일이 신문을 들추지 않는다. SNS 속에는 믿을 만한 지인들이 전해 준 주요 소식과 관심 분야 뉴스들이 종합되어 있다. 외국에 나가 있는 가족과도 과거처럼 복잡하게 편지나 국제전화를 쓰지 않는다. 곁에 있듯이 SNS를 통해 수많은 사진과 이야기를 실시간으로 주고받고 있다. 개개인이 세상 어디에서나 자기 생각과 일거수일투족을 타인과 공유하는 시대가 된 것이다.

그 영향력은 실로 가공할 만하다. 작게는 개개인의 메신저 기능부터 크게는 수십 년 독재 정권까지도 단숨에 무너뜨리는 힘이 되기도 한다. 2010년 중동 민주화 운동을 가능하게 했던 것도 SNS였고, 지난 연말 우리나라 대통령의 탄핵을 이끌어낸 전국적 촛불집회도 정보를 공유하는 SNS의 힘이 컸다.

그러나 이렇게 요긴한 SNS가 다른 한편으로는 큰 사회적 문제가 되고 있다. 많은 이들이 매 순간 중독 수준으로 SNS에 매달리는 것도 문제이지만 무지막지한 댓글로 인한 정신적 피해는 이루 말할 수 없다. 유명 연예인들의 SNS 댓글 피해는 이미 널리 알려진 문제이다. 요즘은 평범한 일반인들마저 무분별한 댓글에 상처를 받아 비극적인 선택을 하는 경우를 접하면 가슴이 아프다. 새롭게 얻어진 편리한 문명의 이기가 잘못 사용되어 타인에게 큰 상처를 입히거나 심지어 죽음으로 몰고 가게까지 하는 역작용을 낳고 있다. SNS 시대에 걸맞은 새로운 문화가 필요하다.

본래 우리에게는 타인에 대해 심한 말을 자제하는 좋은 문화가 있다. 그 대표적인 것이 '여의부진餘意不盡'이라는 유가 전통이다. "말을 할 때 극단적인 표현을 삼가고 늘 여지를 남기라."는 뜻이다.

> 덕행을 꾸준히 하고 항상 말을 신중히 하라. 부족함이 있으면 감히 힘 쓰지 않을 수 없다. 말은 여유를 두어 감히 모두 말하려 하지 마라. 말을 하면 행동을 돌아보고, 행동을 하면 말을 돌아보아야 하니, 군자가 어 찌 독실하지 않겠는가?[144]

사람이 살다 보면 누구나 가까운 이들과도 다툴 적이 있다. 그러나 화가 날수록 아무리 가까운 사이에서도 말은 신중해야 한다. 순간 화를 참지 못해 함부로 말을 뱉었다가 그것이 깊은 상처가 되어 헤어지는 부부를 볼 때가 있다. 이 모두가 여의부진의 지혜가 없어서 생긴 실패이다.

유가의 사표인 공자는 평소 타인에 대해 심하게 표현하는 경우가 거의 없었다. 제자들에게도 평소 언어 사용에 대해 늘 주의를 주었다. 어디에서나 지나친 말과 행동을 조심하여 본분을 벗어나는 일이 없도록 조심했다. 공자의 그러한 모습을 『논어』와 『맹자』는 이렇게 기록하고 있다.

---

144 『중용장구』 13, "庸德之行 庸言之謹 有所不足 不敢不勉 有餘不敢盡 言顧行 行顧言 君子胡不 慥慥爾"

인仁이란 말을 조심스럽게 하는 것이다.[145]

공자는 너무 심한 것은 하지 않으셨다.[146]

이런 유가의 학풍이 회화에 반영된 것이 동양화, 특히 수묵화에 있어서의 여백이다. 캔버스 바탕을 모두 칠로 메우고 시작하는 서양화와 달리 동양화는 여백을 살린다. 여백은 동양화의 두드러진 특징이다. 동양화에서는 채색된 부분만이 아니라 여백의 표현에서 작가의 정신 경계가 더 크게 드러난다. 여백을 통해 현상 뒤에 숨겨진 초월과 영원성을 표현하고 미美와 선善의 일치를 추구하기 때문이다. 이 때문에 작품 활동에 쓰는 화구도 달라서 서양화가 넓적한 붓으로 그리는 면面의 예술로 발전했다면, 동양화는 둥근 붓을 사용하는 선線의 예술이 되었다.

사물을 묘사함에 동서양이 이렇게 큰 차이가 있는 것은 왜 그럴까? 여러 요인이 있겠지만, 무엇보다도 자연과 인생에 대한 유가 철학의 영향이 크다. 유가는 과불급過不及을 모두 경계하는 중용의 정신을 귀하게 여겼다. 그래서 유가에서는 평소 자신의 감정을 극단으로 밀고 나가거나 드러내는 것을 경계한다. 공자는 이렇게 말한다.

아무리 기뻐도 방종한 지경에 빠지지 않고, 아무리 슬퍼도 몸이 상할 정도가 되어서는 안 된다.[147]

---

145 『논어집주』, 「안연」 3, "子曰 仁者 其言也訒"
146 『맹자집주』, 「이루장구」 하 10, "孟子曰 仲尼 不爲已甚者"
147 『논어집주』, 「팔일」 20, "子曰 關雎 樂而不淫 哀而不傷"

인간의 정감에 대한 이러한 공자의 태도가 유가 예술 정신으로 발전했고, 중용에 입각한 절제 문화, 즉 예禮의 뿌리를 이루었다. 그래서 동양화에서는 고흐의 〈자화상〉이나 뭉크의 〈절규〉처럼 작가의 광기를 그대로 드러내거나 인간의 감성을 극단으로 자극하는 예술품은 찾아보기 힘들다.

이런 경향은 축제나 음식 문화에서도 동서양이 선명하게 대비된다. 세계적으로 유명한 브라질의 삼바 축제나 스페인의 소몰이 축제 같은 것은 화려하고 격렬하고 방탕하다. 열기가 지나쳐 축제 기간 중 매년 많은 사람들이 다치고 죽는다. 그런데도 그 축제가 그치지 않고 꾸준히 이어진다. 이런 수준의 유흥을 동양 문화권에서는 찾아보기 어렵다.

음식 문화에서도 우리는 전통적으로 강한 맛보다는 소박하여 자연스럽고 원재료의 깊은 맛을 느낄 수 있는 조리법을 귀하게 여겼다. 돌아가신 분들을 추모하는 제사의 경우에는 음식의 맛만이 아니라 색깔조차도 너무 붉고 자극적인 것은 피했다. 그 대표적인 유산이 지금도 조미료를 거의 쓰지 않고 만드는 안동 지방의 헛제삿밥이다. 이 모든 것들에 여백을 귀하게 여기는 유가의 중용 사상이 배어 있다.

맹자는 어떤 이가 말을 함부로 한다면 그 사람은 꾸짖을 가치도 없다고 말한다.[148] 일단 좋은 언어 습관은 어려서부터 부모와 학교가 제대로 가르칠 필요가 있다. 또한, 사회적으로는 전통적인 여백 문화를 되살리고 확산시키는 것도 선진 문화 창달에 좋은 방법이라고 생각한다. 회

---

148 『맹자집주』, 「이루장구」 하 22, "孟子曰 人之易其言也 無責耳矣"

화에서 보는 여백을 언어 세계로 가져오면 그것이 함께 살아가는 세상에서의 언어 예법이 될 수 있다. 사회의 다양한 관계 속에서 남이 나와 조금 뜻이 다르다 해서 매번 상처를 주고 비난한다면 그 관계가 지속될 수 있겠는가. 서로가 조금씩 내 표현에 여백을 둔다면 세상은 훨씬 여유가 있고 따뜻한 곳이 될 것이다. SNS만이 아니라 삶에서도 이제 여백을 찾을 때이다.

한산 기슭旱麓

저기 한산 기슭 바라보니 개암나무 싸리나무 울창하네
즐거우신 우리 님은 편안히 복 받으셨네

정갈한 저 옥자루 술그릇에 황금빛 고운 술이 철철 넘치네
평안한 우리 님에게 하늘에서 복록이 쏟아지네

솔개는 날아서 하늘에 닿고 물고기는 즐거운 듯 연못에서 뛰고 있네
평안한 우리 님께선 만백성을 덕으로 이끄신다네

맑은 술 차려놓고 털 붉은 소 잡아놓았으니
신에게 바치고 제사 드려 큰 복 내리시길 축수하리

울창한 굴참나무 두릅나무 백성들이 베어다 땔나무 하네
평안한 우리 님은 신들도 위로해 주시네

무성한 칡덩굴은 가지 줄기 가리지 않고 감겨 오르네

평안한 우리 님은 신들도 복을 구함에 있어 어긋남이 없네

瞻彼旱麓하니 榛楛濟濟로다 豈弟君子여 干祿豈弟로다
　첨피한록　　　　진호제제　　　　개제군자　　　　간록개제

瑟彼玉瓚에 黃流在中이로다 豈弟君子여 福祿攸降이로다
　슬피옥찬　　　　황류재중　　　　개제군자　　　　복록유강

鳶飛戾天이어늘 魚躍于淵이로다 豈弟君子여 遐不作人이리오
　연비려천　　　　어약우연　　　　개제군자　　　　하부작인

淸酒旣載하며 騂牡旣備니 以享以祀하야 以介景福이로다
　청주기재　　　　성모기비　　　　이향이사　　　　이개경복

瑟彼柞棫은 民所燎矣로다 豈弟君子는 神所勞矣로다
　슬피작역　　　　민소료의　　　　개제군자　　　　신소로의

莫莫葛藟여 施于條枚로다 豈弟君子여 求福不回로다
　막막갈류　　　　이우조매　　　　개제군자　　　　구복불회

　이 시는 왕이 무한하게 복록을 누릴 것을 축원하는 노래이다. 주자는 문왕의 덕을 읊은 노래라고 보았다. 이 시에는 "솔개는 날아서 하늘에 닿고 물고기는 즐거운 듯 연못에서 뛰고 있네."라는 매우 유명한 구절이 있다. 자사는 『중용』에서 이 구절을 인용해 이렇게 풀이했다.

　군자의 도는 크면서도 은미하다. 그 도는 어리석은 부부라도 참여하여 알 수 있으나 그 지극함에 이르러서는 비록 성인이라도 또한 알지 못하는 바가 있다. 부부의 어리석음으로도 행할 수 있으나 그 지극함에 이르러서는 비록 성인이라도 또한 능하지 못한 바가 있으며 천지의 큼으로도 사람이 오히려 부족하다고 여기는 바가 있는 것이다. 『시경』에 이르기를 "솔개는 날아 하늘에 이르는데 물고기는 연못에서 뛰논다."고 했

으니 상하에 이치가 밝게 드러남을 말한 것이다.[149]

　우주 만물을 낳고 움직이는 하늘의 이치는 그 쓰임이 멀리 있는 것이 아니다. 창공에서 비상하는 솔개의 날갯짓에도 연못에서 헤엄치는 물고기의 움직임도 모두 그 이치의 쓰임이 아닌 것이 없다. 이치의 드러남은 이처럼 일상 주변에서도 명확히 볼 수 있고 알 수 있다는 것이다. 그러나 그 원리를 제대로 아는 것은 깊고 은미隱微해서 사람의 지혜로 모두 알기 어렵다. 자연의 이치가 이러하듯 군자의 도도 가까이는 필부필부 匹夫匹婦라도 능히 그 이치에 따라 살아가지만, 그 지극한 까닭에 있어서는 성인도 미처 알지 못하여 다하지 못하는 바가 있다는 뜻이다.

　주희는 이에 대한 주석에서 "자사가 이 시를 인용하여 키워주고 변화시키는 힘이 상하에 밝게 드러남에 이 이치의 쓰임 아님이 없음을 밝혔으니 이것이 이른바 크다費는 것이다. 그러나 이 원리는 보고 들음이 미칠 수 있는 바가 아니니 이른바 은隱이라는 것이다."라고 설명했다.[150]

---

149 『중용장구』 12, "君子之道 費而隱 夫婦之愚 可以與知焉 及其至也 雖聖人 亦有所不知焉 夫婦
　　之不肖 可以能行焉 及其至也 雖聖人 亦有所不能焉 天地之大也 人猶有所憾 故 君子 語大
　　天下 莫能載焉 語小 天下莫能破焉 詩云 鳶飛戾天 魚躍于淵 言其上下察也"
150 『중용장구』 12, "子思引此詩 以明化育流行 上下昭著 莫非此理之用 所謂費也 然 其所以然者
　　則非見聞所及 所謂隱也"

수양의 경영

우환에 살고, 안락에 죽다

하늘이 높다고는 하지만 몸을 감히 굽히지 않을 수 없고 땅이 두텁다고 하지만 발을 감히 조심하지 않을 수 없다.[151]

우리는 통상 군자라 하면 일상사에 대범하여 사소한 일 따위에는 개의치 않는 사람이라고 생각하는 경향이 있다. 하지만 『논어』에서 공자가 생각하는 군자는 매우 섬세하고 치밀하여 일반적인 이미지와는 조금 다르다. 공자의 제자 중에 용맹하기로 이름난 제자가 자로이다. 자로의 용맹은 공자도 일찍이 인정하여 자로는 전차戰車 천대를 보유한 천승지국 千乘之國의 군대를 다스릴 만한 사람이라고 평했다. 하루는 자로가 공자에게 물었다.

---

151 『시경』, 「소아」, 정월(正月)」, "謂天蓋高 不敢不局 謂地蓋厚 不敢不蹐"

자로: 삼군을 통솔하신다면 누구와 함께하시겠습니까?

공자: 맨손으로 범을 잡으려 하고, 맨몸으로 강하를 건너려 하고, 죽어도 후회함이 없는 자와 나는 함께하지 않겠다. 반드시 일에 임하여 두려워하며 도모하기를 좋아하여 성공하는 자와 함께할 것이다.[152]

자신의 용감함을 칭찬받고 싶은 마음에 자로가 군대를 들어 질문했다. 공자는 작은 일도 꾀하지 않으면 이룰 수 없고 조심하지 않으면 반드시 패한다는 것을 들어 자로를 깨우치고자 했다. 물론 평소 다소 경솔한 자로를 가르치고자 한 말이겠지만 실제로 공자가 생각하는 군자의 모습도 이에서 크게 벗어나지 않는다. 그래서 공자는 평소 제자들에게 이렇게 말한다.

어찌할까 어찌할까 말하지 않는 자는 나도 어찌할 수 없다.[153]

공자는 험난한 세상에서 제자들이 매사 늘 공경하는 마음으로 자신을 성찰하라고 가르쳤고 일을 도모함에는 깊고 멀리 생각하기를 바랐다. 이런 점은 동시대 서양 철학자들이 형이상학적 사변에 치중했던 것과 비교하면 상당히 대비되는 면모이다. 이는 공자가 추상적인 문제보다 늘 현실적인 삶의 문제를 중시하는 실천가적인 면모가 강했기에 나타난 것으로 보인다. 일상 속에서 이런 공자의 생활 자세는 유학의 중요한 학

---

152 『논어집주』, 「술이」 10, "子路 曰 子 行三軍 則誰與 子 曰 暴虎馮河 死而無悔者 吾不與也 必也 臨事而懼 好謀而成者也"

153 『논어집주』, 「위령공」 15, "子曰 不曰如之何如之何者 吾末如之何也已矣"

풍이 되어 우환의식憂患意識으로 이어졌다. 공자의 제자 중 이런 가르침을 평생 충실하게 실천하며 살다간 사람을 하나 꼽으라면 대표적인 사람이 증자이다. 증자는 이렇게 말한다.

나는 날마다 세 가지로 내 몸을 살핀다. 남을 위하여 일을 도모함에 충성스러웠는가? 친구와 사귐에 불성실하지는 않았는가? 배운 것을 다시 익혔는가?[154]

이런 자세로 살다 보니 제자 중에 좀 둔하다고까지 평가받았던 증자가 결국에는 공자의 학문을 후대에 전하는 대업을 이루었다. 증자는 병환 끝에 임종을 앞두고서 손발을 제자들에게 보여 주며 이렇게 말했다.

이제야 부모에게 받은 신체를 온전히 보존하는 책무를 끝내게 되었구나.[155]

증자는 부모가 준 신체를 온전히 보전하지 못하는 것을 큰 불효로 생각했다. 행여나 자신의 잘못으로 신체를 훼손하여 큰 불효를 범할까 봐 평생 조심했다. 그 자세가 마치 얼음을 밟듯 전전긍긍하는 모습이었다고 전한다. 신체에 대해서도 이런 마음이었다면 증자가 혹시나 행실을 바르게 하지 못해 부모를 욕보이는 일에 대해서 어떤 입장이었을지 능

---

154 『논어집주』, 「학이」 4, "吾日三省吾身 爲人謀而不忠乎 與朋友交而不信乎 傳不習乎"

155 『논어집주』, 「태백」 3, "曾子 有疾 召門弟子曰 啓予足 啓予手 詩云 戰戰兢兢 如臨深淵 如履薄氷 而今而後 吾知免夫 小子"

히 짐작할 수 있다.

이처럼 공자의 문하에서는 우환의식을 통해서 도덕 정신을 무장했다. 재화나 권세를 잃을까 염려하는 것은 공자의 문하에서 생각하는 우환의 대상이 아니었다. 그것은 소인의 근심일 뿐이다. 우환의식은 바깥으로는 현세에서의 대의 실현을 갈망하고, 내면으로는 덕행을 닦고 학문을 수양함에 부족함이 없는지 반성하는 겸손하고 경건한 마음의 자세이다. 공자에서 증자로 이어진 이러한 학풍은 이후 자사를 거쳐 맹자에게 전달되었다. 맹자는 개인 차원의 우환의식을 확장해 국가 경영에 적용하고 인재 발탁에 활용했다.

> 나라에 들어가면 법도 있는 대신의 집안과 보필하는 신하가 없고, 나라 밖에 나오면 적국과 외환이 없다면, 그 나라는 항상 망한다. 그런 뒤에야 사람은 우환이 있어서 살 수 있고 안락 때문에 오히려 죽음을 당함을 알 수 있는 것이다.[156]

우리는 늘 근심 걱정 없이 살기를 희망한다. 그러나 맹자는 근심 걱정이 없다면 국가도 반드시 망한다고 말한다. 맹자의 이런 통찰은 우리 현대사만 돌아보아도 쉽게 수긍할 수 있는 사실이다. 6·25전쟁 직후 우리는 늘 큰 적대국이 없어 국가 방위 걱정도 적고, 자원도 풍부한 주변국들을 부러워했다. 인도네시아, 말레이시아, 필리핀 등이 그런 이웃들이

---

156 『맹자집주』, 「고자장구」 하 15, "入則無法家拂士 出則無敵國外患者 國恒亡 然後 知生於憂患 而死於安樂也"

었다. 당시만 해도 모두가 우리보다 훨씬 경제 여건이 좋았고 실제로도 잘살았다. 그러나 단 50년이 지나지 않아 우리는 매년 많은 방위비를 부담하면서도 경제 수준에 있어 비교도 되지 않을 만큼 이웃들을 앞질렀고 선거를 통한 평화적 정권 교체를 실현했다. 이것만 보아도 우환에 살고 안락에 죽는다는 맹자의 탁견에 무릎을 치지 않을 수 없다. 우환이 갖는 이런 역설은 개인사에서도 마찬가지이다. 맹자가 말한다.

> 사람 중에 덕의 지혜와 기술의 지혜를 가지고 있는 자는 항상 어려움 속에 있다. 오직 외로운 신하와 서자들이 그 마음을 잡음이 위태로우며 환患을 염려함이 깊다. 이 때문에 통달하는 것이다.[157]

맹자는 개인의 발전도 이런 우환이 있기에 가능하다고 말한다. 왕에게 버림받은 신하나 서자로 태어나 제대로 대접받지 못하는 서자들이 마음에 항상 화를 당할까 염려하는 마음이 있기 때문에 오히려 천리에 통달하고 학문이 깊어진다는 것이다. 이 역시 우리 역사에서 쉽게 확인 가능한 이야기이다. 유배 18년간 500권의 대작을 만들어낸 정약용이나 정조 시대 서자로 태어나 대표적인 실학자로서 조선 개혁을 주장했던 이덕무, 박제가 등 북학파들이 그런 사람들이다. 이처럼 역사를 돌아보면 진실로 인간은 우환이 있기에 문화와 문명이 발전해 왔다는 사실에 더욱 공감하게 된다.

---

157 『맹자집주』, 「진심장구」 상 18. "孟子曰 人之有德慧術知者 恒存乎疢疾 獨孤臣孼子 其操心也 危 其慮患也深 故達"

우환의식의 중요성은 기업 경영 현장에서는 더욱 분명하다. 우리 현대 기업사를 보면 정부 보호 아래 사업했거나 독점적 시장 지위에 안주했던 기업들 중에서 한 세대를 넘긴 기업들이 드물다. 국내 소주 시장을 석권하고 있었던 진로, 제과 시장의 강자였던 해태제과, 정부 출연 기관으로 최고의 직장이었던 장기신용은행 등 IMF 이후만 보아도 남들의 부러움을 한몸에 받다가 순식간에 사라진 기업은 많다.

필자도 오랫동안 기업에 몸담으며 사장이 발표하는 신년사를 들을 때마다 의문을 가진 적이 있다. 사장은 언제나 경영 환경이 더 어렵다고만 했지, 어느 한 해도 수월할 것 같다고 말한 적은 없었다. 그런 소리를 오래 듣다 보면 나중엔 사장의 위기의식이 모두 엄살로 들릴 때가 있었다. 하지만 지금 돌아보면 치열한 경쟁 속에서 최고경영자가 늘 근심 걱정을 달고 사는 것이 정상적인 모습이다. 기업이 존속 발전한다는 것은 말처럼 쉬운 일이 아니다. 매해 경쟁을 버티어 내고 한 계단이라도 발전한다는 것은 대단한 노력이 필요한 일이다. 경영 문제를 진단하는 것까지는 위기감이 없어도 머리만으로 할 수 있다. 그러나 실천은 어렵다. 위기감 없이 꾸준히 원가를 절감하고 생산성을 향상시킨다는 것은 거의 불가능한 일이다.

그러나 제아무리 회사가 크고 인원이 많아도 현실에 만족하고 안주하기 시작하면 글로벌 경쟁 속에서 한순간에 도태될 수 있는 것이 오늘의 현실이다. 생존 자체가 어느 기업에나 쉽지 않은 도전이고 행운이 필요한 모험이 되어 버렸다. 만약 회사의 경영자가 지금 주변을 둘러보아도 별다른 위기 요인이 보이지 않는다면 그건 벌써 위험한 조짐이라고 판단해도 무리가 아니다. 이미 조직이 편견에 빠져 균형감을 잃은 것이고 변화를 읽지 못하고 있다는 신호일 수 있다. 한때 왕국을 이루었던 노키아가 그랬고, 코닥이 그것을 입증하고 있다.

물이 맑으면 갓끈을 빨고 물이 흐리면 발을 씻는다

공맹의 시대에서 수천 년이 지났다. 사람의 힘으로 수렵하던 시대에서 이제 우주선을 만들어 머나먼 우주를 탐사하는 시대가 되었다. 그럼에도 모든 일의 중심에는 사람이 있고, 사람을 알아보는 일의 중요성은 예나 지금이나 조금도 변치 않았다. 지금도 우리는 경영 현장에서는 인사가 만사라고 말한다. 기업마다 나름 우수 인재를 뽑기 위해 심혈을 기울여 채용 과정을 설계하고 있다. 채용 이후에도 직원들의 업무 성과를 기록 관리하고 심사하는 시스템에 많은 투자를 하고 있다. 과거에 비하면 인력 관리가 많이 정교해지고 객관화되었다. 그럼에도 불구하고 아직도 고위 간부직 승진 시에는 학연, 지연, 혈연 등 연고에 의지하거나 점쟁이를 찾아 자문을 구하는 기업이 있다. 그만큼 사람을 알아보는 일이 어렵고 중요하기 때문일 것이다.

그러나 사람을 알아본다는 것은 자연 현상을 연구하여 그 원리나 내용을 알아내는 것과는 근본적으로 다른 일이다. 우리가 기업에서 사람을 알아본다는 것은 서로 간에 관계 맺기를 전제로 하여 이루어지는 일이다. 채용 인사에서 좀 더 좋은 사람을 알아보려 노력하는 것은 유능하고 책임감이 강하며 성실해서 회사 발전에 기여해 줄 그런 사람을 찾고자 하는 의도 때문일 것이다. 그러나 사람이란 고정된 물건이 아니므로 회사가 어찌하느냐에 따라 직원들도 그에 상응하게 처신한다. 『맹자』에 보면 이런 이야기가 있다.

어느 날 공자가 길을 가는데 아이들이 노래한다. "창랑의 물이 맑거든 나의 소중한 갓끈을 빨 것이요, 창랑의 물이 흐리거든 나의 더러운 발을 씻겠다." 이를 듣고 공자가 말한다. "제자들아, 저 노래를 들어보라. 물이 맑으면 갓끈을 빨고 물이 흐리면 발을 씻는 것이니, 이는 물이 자초하는 것이다."[158]

자연물인 강물과 사람 사이에도 관계가 상대적이니 사람 사이에는 어떨까? 맹자는 공자의 이야기를 들어 사람이 먼저 자신을 수양하지 않으면 종국에는 남들도 나를 업신여긴다는 점을 경계했다.

천륜인 부모 자식 관계를 제외하고 모든 인간관계는 모두가 선택과 약속으로 맺어진 인륜 관계이다. 인륜 관계에는 서로가 반드시 실천해야 할 마땅한 책임과 의무가 있다. 유학에서는 그것을 의義라고 한다. 의를 따른다는 것은 각자 자신의 직분과 분수에 따라 도리에 어긋남이 없도록 하는 것을 의미한다. 왕조시대 군신 관계에서도 임금이 예로써 신하를 대할 때 신하는 충으로써 임금을 받든다. 군신유의君臣有義란 그런 의미다. 의로 맺어진 관계는 쌍무적이다. 어느 한쪽이 합당한 자세를 지키지 못하면 상대도 관계에 대한 의무가 사라진다. 이런 사이에서는

---

158 『맹자집주』, 「이루장구」상 8. "有孺子歌曰 滄浪之水淸兮 可以濯我纓 滄浪之水濁兮 可以濯我足 孔子 曰 小子 聽之 淸斯濯纓 濁斯濯足矣 自取之也"

상호 간에 올바른 도리가 훼손되면 관계는 바로 무너지고 만다. 그래서 맹자는 이렇게 말한다.

> 군주가 신하 보기를 수족과 같이하면 신하가 군주 보기를 배와 심장과 같이한다. 군주가 신하 보기를 개와 말처럼 한다면 신하가 군주 보기를 길거리 사람 보듯 할 것이며, 군주가 신하 보기를 흙이나 지푸라기 보듯 하면 신하가 군주 보기를 원수 보듯이 하는 것이다.[159]

어느 군주나 충성스런 신하를 원한다. 그러나 그가 아무리 생살여탈권을 가진 군주라 할지라도 신하 대하기를 하찮은 물건처럼 취급한다면 어떤 신하도 그에게 충성하지 않는다. 오히려 원수 보듯 군주를 미워할 것이다. 군주와 신하 사이조차도 이럴진대 하물며 기업에 있어서야 말할 나위가 있겠는가?

아직도 한 번씩 일부 기업에서 종업원을 노비나 머슴 취급하는 사례가 보도되고 있다. 몇 해 전 대한항공 땅콩 회항 사건이 보여 주듯 아직도 임직원을 동등한 인격체로 생각하지 않는 사람들이 있다. 그러나 세상 어디에도 그런 대우를 받으면서 회사에 충성하는 인재는 없다. 단지 생계가 걸린 문제라 쉽게 표현하지 못했을 뿐 그런 대우를 당하면 누구나 분개할 일이다. 아마 그 회사에서는 직접 당하지 않은 동료 직원들이라 할지라도 본인 처지에 대한 심한 모멸감을 공유했을 것이다. 그런 기

---

159 『맹자집주』, 「이루장구」 하 3, "孟子告齊宣王曰 君之視臣 如手足 則臣視君 如腹心 君之視臣 如犬馬 則臣視君 如國人 君之視臣 如土芥 則臣視君 如寇讐"

업 문화에서 제아무리 용한 점쟁이를 불러서 면접을 본들 무슨 인재가 모이겠는가? 설사 혹 다행히 채용했다 한들 조만간 그 인재들이 회사 경영진을 미워한다면 그런 분위기에서 어떻게 구성원들이 합심하여 자신의 능력을 최대한 발휘하겠는가?

회사가 탁한 물이라면 직원들 모두가 회사에 와서는 더러운 발이나 씻으려 할 것이다. 그러나 회사의 문화가 맑은 물과 같다면 직원들도 회사를 소중한 생명수로 여길 것이다. 지인에 대해 연구하기 전에 우선 남들을 대하는 나 자신부터 돌아볼 일이다. 세상에서 우리 회사를 제대로 평가해 주지 않는다고 혹은 우수한 인재가 회사에 오지 않는다고 불만이 있는 경영자라면 맹자의 이 말을 새겨둘 만하다.

사람은 반드시 스스로 업신여긴 뒤에 남이 그를 업신여기며, 집안은 반드시 스스로 훼손한 뒤에 남이 그를 훼손한다. 나라는 반드시 스스로 공격한 뒤에 남이 그를 공격하는 것이다.[160]

우산의 나무도 일찍이 아름다웠다

요새는 우리나라 산에도 나무가 무척 많다. 설악산이나 지리산 같은 명산이 아니더라도 도심 주변 산에만 올라도 하늘이 보이지 않을 정도

---

160 『맹자집주』, 「이루장구」 상 8, "夫人必自侮然後 人侮之 家必自毀而後 人毀之 國必自伐而後 人伐之"

로 우거진 숲이 있다. 어린 시절 식목일만 되면 단체로 올라가 나무를 심었던 그런 민둥산이 아니다. 산에 숲이 깊어지니 야생 동물도 많이 늘었다. 뉴스를 통해 도심 한가운데를 휘젓고 다니는 야생 멧돼지 때문에 시민들의 안전이 위험하다는 소식도 이젠 낯설지 않다. 과거엔 우리 산과 선진국의 산은 본래 토양이 좀 다르려니 생각한 적도 있었다. 멧돼지나 너구리, 고라니 같은 동물들을 산에서 만난다는 건 선진국에서나 있을 수 있는 꿈같은 이야기라 치부했다.

그런데 이제 와서야 그들의 산과 우리 산이 다른 것이 아니란 걸 알았다. 사람들이 나무를 베지 않으니 우리 산도 이렇게 숲이 우거지고 동물들이 뛰노는 멋진 자연이란 것을 깨달았다. 우둔한 탓에 필자가 이제야 깨달은 사실을 맹자는 수천 년 전에 이미 인간의 본성을 설명하면서 예로 들고 있다.

우산牛山의 나무가 일찍이 아름다웠는데 대도시의 교외에 있기 때문에 도끼와 자귀로 매일 나무를 베니 아름답게 될 수 있겠는가. 밤에 자라고 비와 이슬이 적셔주니 싹이 나오는 것이 없지 않건마는 소와 양이 또 연이어 방목된다. 이 때문에 저와 같이 척박하게 되었다. 사람들은 그 척박한 것만을 보고는 본래부터 훌륭한 재목이 있지 않았다고 하니 이것이 어찌 산의 본성이겠는가.

이처럼 비록 사람에게 보존된 것인들 어찌 인의의 마음이 없겠는가. 그러나 그 양심을 잃는 것이 도끼와 자귀로 나무를 아침마다 베는 것과 같으니 이렇게 하고서 아름답게 될 수 있겠는가. 밤에 자라나는 바와 새벽의 맑은 기운에서는 사람도 그 좋아하고 미워함이 다른 사람들과 서로 가깝다. 그러나 낮에 하는 소행이 그것을 형틀에 묶듯이 하니 형틀에 묶기를 반복하면 밤의 기운이 보존될 수 없고 밤기운이 보존될 수 없으면 금수와 거리가 멀지 않게 된다. 사람들은 그 금수와 같은 것을 보고는 일찍이 훌륭한 재질이 있지 않았다고 하니 이것이 어찌 사람의 실정이겠는가.

그러므로 만일 그 기름을 잘 얻으면 물건마다 자라지 않음이 없고 만일 그 기름을 잃으면 물건마다 사라지지 않음이 없는 것이다. 공자께서 말씀하시기를 '잡으면 보존되고 놓으면 잃어서 나가고 들어옴이 정한 때가 없으며 그 방향을 알 수 없는 것'은 오직 사람의 마음을 말함일 것이다.[161]

우산은 제나라의 동남쪽에 있는 산이다. 우산의 숲이 전에는 아름다웠는데 지금은 대도시가 옆에 있다 보니 나무를 베어 가는 자가 많아서 그 아름다움을 잃었음을 말한다. 밤에 자라는 것은 모든 수목이 다 밤에 생장하는 바가 있다는 것이다. 그리고 산의 나무가 비록 베어졌다 해도 싹은 나오는데 이마저도 소와 양이 또 와서 해쳤다고 말한다. 이 때문에 산이 벌거숭이가 되고, 초목이 모두 없어지는 지경에 이르렀다.

---

161 『맹자집주』, 「고자장구」 상 8. "孟子 曰 牛山之木 嘗美矣 以其郊於大國也 斧斤 伐之 可以爲美乎 是其日夜之所息 雨露之所潤 非無萌蘖之生焉 牛羊 又從而牧之 是以 若彼濯濯也 人 見其濯濯也 以爲未嘗有材焉 此 豈山之性也哉 雖存乎人者 豈無仁義之心哉 其所以放其良心者 亦猶斧斤之於木也 旦旦而伐之 可以爲美乎 其日夜之所息 平旦之氣 其好惡 與人相近也者 幾希 則其旦晝之所爲 有梏亡之矣 梏之反覆 則其夜氣 不足以存 夜氣 不足以存 則其違禽獸 不遠矣 人 見其禽獸也 而以爲未嘗有才焉者 是豈人之情也哉 故 苟得其養 無物不長 苟失其養 無物不消 孔子 曰 操則存 舍則亡 出入無時 莫知其鄕(向) 惟心之謂與"

맹자에게 경영을 묻다

좋아하는 바와 미워하는 바가 서로 가깝다는 것은 사람의 마음이 똑같이 옳게 여기는 바가 있다는 것이다. 맹자는 사람의 양심도 이와 같아서 비록 낮에 많이 잃어버렸다 해도 밤사이에 반드시 다시 자라나는 것이 있다고 한다. 특히, 새벽에 사물과 접하기 전에는 이해득실의 욕망이 일어나지 않아 양심이 반드시 드러나는 바가 있다고 보았다. 다만 그 발현됨이 지극히 미미한데 낮에 또 악한 짓을 하여 양심을 형틀에 묶듯이 하니, 이것이 마치 산의 나무를 이미 베어 버리고 돋아나는 싹은 소와 양을 방목하여 먹어 버림과 같다고 말한다.

그리고 공자의 말을 인용해 마음이란 잡으면 보존되고 놓으면 잃어버리니, 공부하는 사람들은 마땅히 새벽의 맑은 기를 보존하고 확충하여 외물에 끌려다니지 않도록 해야 한다는 것이다. 그러면 수양을 완성하고 덕성의 아름다움을 성취할 수 있다고 말한다.

결국, 맹자는 인간의 본성이 선하지만, 우리가 세태에 시달리고 욕심에 휘둘리다 보니 그 선한 본성을 놓치며 살고 있다고 말한다. 이것은 물질세계 속에서 욕망하고 경쟁하며 살아가는 인간이 가지고 있는 어쩔 수 없는 모습이다. 그러나 인간의 본성 자체는 본래 선한 존재임을 잊지 말라고 말한다. 그리고 누구나 부단히 공부하고 마음을 보존하기 위해 노력한다면 선한 본성을 꽃피울 수 있다.

그런 점에서 인간이 본성을 회복하고 윤리적이 되려면 좀 더 나은 환경도 필요하지만, 내면의 성찰이 일상화되어야 한다. 사회 활동 중에 자신도 모르게 늘 사욕에 끌려다니던 마음을 고요히 살피고 맑은 본심을 드러내는 훈련을 해야 한다. 그런 과정 없이 단지 환경이 바뀌었다고 혹은 지식 습득만으로는 인간의 선한 본성이 제대로 발현되지는 못한다.

그것이 조선의 선비들이 그토록 맹자의 심성론을 공부하고 수양을 중시한 이유이다. 맹자의 우산지목牛山之木 이야기는 윤리 경영이 화두가 된 현대 기업 경영에서 구성원들의 윤리의식을 함양시킬 방안을 찾는데 핵심 내용이 될 수 있고 새로운 통찰을 제공한다.

도리를 다하고 운명을 맞이하다

요즘 같은 불경기에 도리어 크게 번창하는 사업이 있다. 점집이다. 점이라 해도 요즘은 사주, 타로카드, 신점, 관상, 손금 등 종류도 다양하다. 본래부터 우리나라 사람들이 점치는 걸 좋아하는 데다 불황이 이어지면서 유명한 점집은 문전성시를 이룬다고 한다. 연간 점 산업에 흘러가는 돈이 1조 원을 넘었다고 한다. 하긴 경기가 좋은 때도 많은 사람들이 기본적으로 신년이 되면 토정비결을 한 번쯤은 찾아보고 한 해를 시작한다. 더구나 집안에 수험생이라도 있거나 사업이라도 하면 용하다는 점집 한두 군데 정도 찾아가는 사람들은 흔히 볼 수 있다. 올해처럼 큰 선거라도 있으면 후보자들의 점친 이야기가 화제다. 후보자 부모 묘 위치부터 후보자들의 사주팔자와 점괘 이야기가 유권자들 사이에서도 화제가 된다.

점 보러 가는 사람들은 공통점이 있다. 평소에 다들 믿는 종교도 다를 텐데 이상하게 다들 운명에 대해서만은 이미 정해진 것이 있다고 믿는다. 그리고 그걸 알 수 있다고 생각한다.

과학 문명이 이렇게 발달한 현대 사회도 이러하니 수천 년 전 공맹이 살던 시대야 오죽했을까 짐작이 된다. 더구나 공맹의 시대는 갑골로 점을 쳐서 일상사의 모든 것을 결정하던 은나라의 풍속이 아직 많이 남아 있던 시대이다. 그런데 신기하게도 공자나 맹자 모두 점괘로 알아보는 운명이나 귀신 같은 것과는 상당히 거리를 두었다. 『논어』에 보면 이런 말이 나온다.

공자는 이익과 운명과 인은 잘 말씀하지 않으셨다.[162]

이에 대해 송대 유학자 정이천은 이익을 따지면 의를 해치고 운명의 이치는 은미하고 인仁의 도리는 크니 모두 공자께서 드물게 말씀하셨다고 풀이했다.

공자는 괴이한 일이나 큰 힘, 어지러운 일이나 귀신을 말씀하시지 않으셨다.[163]

후학들은 이에 대해, "공자는 평소 떳떳함을 말씀하고 괴이함을 말씀하지 않으며 덕을 말씀하고 힘을 말씀하지 않았다. 다스려짐을 말씀하고 어지러운 일은 말씀하지 않으며 인간의 일을 말씀하고 귀신의 일을 말씀하지 않았다."고 풀이하고 있다. 서양의 종교가 아직도 기적을 귀하게 생각하고 찬양하는 것에 비하면, 공자의 평소 언행은 신기할 정도로

---

162 『논어집주』, 「자한」 1, "子 罕言利與命與仁"
163 『논어집주』, 「술이」 20, "子 不言怪力亂神"

상식적이고 합리적이다. 공자를 배우는 것이 평생의 소원이라는 맹자도 같은 입장을 보여 준다.

> 천시天時가 지리地利만 못하고 지리가 인화人和만 못하다. 3리 되는 성과 7리 되는 성곽을 포위해서 공격해도 이기지 못하는 경우가 있다. 포위 공격하면 반드시 천시를 얻을 때가 있으련마는 그런데도 이기지 못함은 이는 천시가 지리만 못하기 때문이다.[164]

당시만 해도 전쟁을 하면 공격하는 나라에서는 늘 갑골점이나 시초점蓍草占[165]을 쳐서 승리한다는 점괘를 가지고 전쟁을 개시했다. 더구나 3리와 7리의 성곽은 작은 성이다. 이런 작은 성을 포위하여 공격할 때 여러 날 지구전을 하다 보면 반드시 점괘에 맞는 천시가 좋을 날도 있으련만 이기지 못한다고 말한다. 그래서 점괘보다 더 중요한 것은 지리적인 이점이고, 이보다 더 중요한 것은 사람들의 단결이라는 것이다. 맹자가 운명 같은 것에 의지하지 않고 얼마나 철저하게 과학적으로 전쟁의 승패를 바라보고 있는지 알 수 있다.

이런 맹자가 사람들에게 운명을 대하는 올바른 자세에 대해 이렇게 말한다.

---

164 『맹자집주』, 「공손추장구」 하 1, "孟子曰 天時不如地利 地利不如人和三里之城 七里之郭 環而攻之而不勝 夫環而攻之 必有得天時者矣 然而不勝者 是 天時 不如地利也"

165 시초라는 빳빳한 풀나무를 가지고 치는 점, 나중에는 시초 대신 구하기 쉬운 댓가지를 주로 사용함. 시초점은 중국에서 약 3천 년 전부터 시작된 것으로 보이며, 죽통 같은 것에 댓가지들을 넣고 점칠 때 죽통을 흔들거나 그 안에 있는 댓가지들을 꺼내서 양손으로 나누면서 점을 침.

요절하거나 장수함에 의심하지 않아 몸을 닦고 천명을 기다림이 명을 세우는 것이다. 살면서 명 아님이 없으나 그 정명正命을 순하게 받아야 한다. 그러므로 정명을 아는 자는 위험한 담장 아래에 서지 않는다. 그 도를 다하고 죽는 자가 정명이다. 질곡桎梏으로 죽는 자는 정명이 아니다.[166]

의심하지 않는다는 것은 천리를 아는 것이 지극한 것을 말한다. 명을 세운다는 것은 하늘이 부여해 준 것을 온전히 보존하여 인위적으로 해치지 않음을 이른다. 살아갈 때 길흉화복은 사람이든 물건이든 모두 하늘이 명한 것이라고 보았다. 그러나 오직 인위적으로 이르게 함이 없이 저절로 이른 것만이 바른 운명이 된다. 그러므로 군자가 자기 몸을 닦고 기다림은 그것을 순히 받으려고 하는 것이다.

그래서 정명을 아는 사람이라면 위험한 곳에 서 있다가 담이 무너져 압사당하는 그런 일은 하지 않는다는 것이다. 질곡桎梏은 죄를 지어 구속되는 것이다. 죄를 범하여 죽는 것도 위험한 담장 밑에 서 있다 죽는 것과 마찬가지이다. 모두 사람이 제 잘못으로 취한 것이고 하늘이 한 것이 아니라 하겠다.

맹자가 말하는 것은 길흉화복은 모두 하늘에서 정해지지만, 사람이 그 마땅한 본분을 다할 때 자연스럽게 주어지는 것이 제대로 된 운명이라는 것이다. 운명을 기다림에도 도道가 있다. 중요한 것은 먼저 자신에게 주어진 본분을 다하는 것이다. 그러나 우리는 일상에서 내가 지켜가

---

166 『맹자집주』, 「진심장구」 상 1. "殀壽 不貳 修身以俟之 所以立命也 莫非命也 順受其正 是故 知命者 不立乎巖墻之下 盡其道而死者 正命也 桎梏死者 非正命也"

야 할 본분에 대해서는 잘 생각하지 않는다. 운명이란 내 행동과 관계 없이 모든 것이 수동적으로 정해져 있다고 생각한다. 그래서 내가 무슨 짓을 하든 죽고 사는 것은 운명이라고 치부하고 방자하게 행동한다. 이런 모습을 『중용』에서는 이렇게 정리한다.

> 군자는 평평한 곳에 있으면서 천명을 기다리고, 소인은 위험한 짓을 행하면서 요행을 기다린다.[167]

매일 술, 담배로 지새우다 병에 걸려 죽는 것 역시 제대로 된 운명이 아니다. 그러고도 죽지 않기를 기대했다면 그건 운명을 기다린 게 아니고 요행을 바란 것이다. 다른 일들도 마찬가지이다. 기업 하는 사람이라면 우선 좋은 가격의 좋은 제품을 만들고서 사업 운을 기다려야 한다. 정치하는 사람이라면 성실한 자세로 유권자들의 마음을 얻고서 당선을 기다려야 한다. 권모술수를 자랑하고 괴력난신怪力亂神을 좋아하면서 멋진 운명을 꿈꾸는 것은 2,500년 전 공맹도 인정하지 않았던 요행이다.

호연지기, 미래를 위한 리더십

나 스스로 돌이켜 정직하지 못하다면 가난하고 천한 자를 대해도 내가 그를 두려워하지 않을 수 있겠는가? 그러나 스스로 돌이켜 정직하다면

---

167 『중용장구』 14, "君子 居易以俟命 小人行險以徼幸"

천만 명이 온다 해도 나 혼자 가서라도 당당히 대적하겠다.[168]

『맹자』에 나오는 공자의 말이다. 참으로 당당하고 의연한 힘이 느껴진다. 어디서 저런 대단한 기백이 나오는 걸까? 지금처럼 어지러운 세상에 저렇게 바르고 의연한 리더를 만날 수 있다면 얼마나 좋겠는가.

요즘은 각 기업들마다 직원 리더십 교육에 상당한 예산을 투자하고 있다. 전 직원 대상 외부 초청 강연도 많다. 아마 그런 강연 중에서 가장 많이 다루어지는 주제가 리더십과 소통이다. 필자가 몸담았던 기업에서도 최소 1년에 한두 번 이상은 리더십 강의를 초빙했다. 대부분 그런 강의의 공통점은 그 당시에 민감하게 유행하는 리더십이 좋은 리더십의 주제로 소개되곤 했다. 서번트 리더십, 셀프 리더십, 변혁 리더십, 코칭 리더십, 히딩크 리더십 등등.

또 하나는 리더십 내용의 상당 부분이 서양 리더십 이론에서 빌려 온 것이 많고 이를 지식으로 전달한다는 것이다. 그런 강의를 들을 때마다 필자는 리더십이 일종의 기교나 처세술처럼 다루어지는 것에 불만을 느꼈다. 또 한편 정작 리더십의 보물 창고인 유학의 수천 년 지혜가 소홀히 취급되는 것이 안타까웠다.

유학은 기본적으로 외부 세계에 대한 지식 탐구보다는 "자신을 수양하고 타인을 편안하게 해준다."는 수기안인修己安人[169]을 학문의 목표로

---

168 『맹자집주』, 「공손추장구」 상, "自反而不縮 雖褐寬博 吾不惴焉 自反而縮 數千萬人 吾往矣"
169 『논어집주』, 「헌문」 45, "子路 問君子 子 曰 修己以敬 曰 如斯而已乎 曰 修己以安人 曰 如斯而已乎 曰 修己以安百姓 修己以安百姓 堯舜 其猶病諸"

해왔다. 그래서 학문의 출발은 기본적으로 내적인 성찰과 수양으로부터 시작한다. 사서 공부의 첫 과목이라는 『대학』에서는 유학이 지향하는 리더십 양성 과정을 일목요연하게 정리하고 있다.

> 밝은 덕을 천하에 밝히고자 하는 사람은 먼저 그 나라를 다스려야 한다. 그 나라를 다스리고자 하는 사람은 먼저 그 집안을 가지런히 하여라. 그 집안을 가지런히 하고자 하는 이는 먼저 자신의 몸을 닦아야 한다. 그 몸을 닦고자 하는 사람은 먼저 그 마음을 바르게 하고, 그 마음을 바르게 하고자 하는 사람은 먼저 그 뜻을 성실히 하여라. 그 뜻을 성실히 하고자 하는 자는 먼저 그 지식을 지극히 했으니, 지식을 지극히 함은 사물의 이치를 궁구함에 있다.[170]

이것이 『대학』의 그 유명한 '팔조목八條目'[171]이다. 유학에서 리더십이란 우선 마음을 바르게 하는 본인의 수양에서부터 출발한다. 그리고 일상의 실천을 통해 앎과 행동의 일치를 이루어가야 한다. 아무리 학식이 많다고 해도 실천이 없고, 도덕적 감화로 자신과 주변 사람을 편하게 다스리지 못하는 사람은 군자로서 인정되지 못했다. 그러다 보니 유교 문화권에서는 적어도 명망 있는 유학자라면 강렬한 도덕의식과 실천력을 갖고 있다는 공통점이 있었다.

이 같은 과정을 통해 양성된 리더십의 경지를 잘 표현한 것이 맹자의

---

170 『대학장구』경 1장. "古之欲明明德於天下者 先治其國 欲治其國者 先齊其家 欲齊其家者 先修其身 欲修其身者 先正其心 欲正其心者 先誠其意 欲誠其意者 先致其知 致知 在格物"
171 "格物 致知 誠意 正心 修身 齊家 治國 平天下"

호연지기이다. 호연浩然은 장강이 성대히 흐르는 듯한 모습을 말한다. 즉, 글자의 의미로만 보면 호연지기란 장강이 흐르듯 힘차게 용솟음치는 정신적인 기운이란 뜻이다. 어느 날 제자 공손추가 맹자에게 물었다.

공손추: 선생님은 어디에 장점이 있으십니까?

맹자: 나는 말을 알고 호연지기를 잘 기르고 있다.

공손추: 호연지기가 무엇입니까?

맹자: 설명하기 어렵다. 그 기가 지극히 크고 지극히 강하니 정직함으로써 기르고 해침이 없으면 호연지기가 천지의 사이에 가득 차게 된다. 그 기는 의義와 도道로부터 도움을 받으니 의와 도가 없으면 호연지기가 굶주리게 된다. 이 호연지기는 의가 많이 축적되어서 생겨나는 것이다. 그러나 의란 하루아침에 갑자기 엄습하듯 얻어지는 것이 아니다. 인의仁義를 행하고서 마음에 부족하게 여기는 바가 있으면 호연지기가 굶주리게 된다. …중략… 호연지기를 기르려고 노력하되 효과를 미리 기대하지 말고 또 마음에서 잊지도 말고 억지로 조장하지도 말라.[172]

호연지기는 사람이 올바른 행동을 하고 나서 하늘과 땅을 보아 한 점 부끄러움이 없을 때, 자신의 내면에서 느껴지는 떳떳하고 당당한 기운

---

172 『맹자집주』, 「공손추장구」 상 2, "敢問夫子 惡乎長 曰 我 知言 我 善養吾 浩然之氣 敢問 何謂 浩然之氣 曰 難言也 其爲氣也 至大至剛 以直養而無害 則塞于天地之間 其爲氣也 配義與道 無是 餒也 是集義所生者 非義 襲而取之也 行有不慊於心則餒矣 我 故 曰 告子 未嘗知義 以 其外之也 必有事焉而勿正 心勿忘 勿助長也 無若宋人然 宋人 有閔其苗之不長而揠之者 芒 芒然歸 謂其人曰 今日 病矣 予 助苗長矣 其子 趨而往視之 苗則槁矣 天下之不助苗長者 寡 矣 以爲無益而舍之者 不耘苗者也 助之長者 揠苗者也 非徒無益 而又害之"

과 비슷하다. 그리고 그러한 도덕적 행위가 꾸준히 이어져서 그로 인한 힘이 내면에 쌓일 때 생기는 큰 기운이라고 볼 수 있다. 따라서 호연지기는 육체적 기운이 아니며 의義와 도道라는 방향성을 가진 정신적인 기운이다. 맹자는 이런 호연지기가 충만하면 큰 과업을 맡아도 흔들리지 않는 굳센 마음을 얻을 수 있다고 말한다.

동양 사회는 근현대사에서 더 개화된 서양 군사력과 문물에 치여 큰 곤욕을 치렀다. 그리고 절치부심 끝에 드디어 100년 만에 다시 아시아의 중흥기를 열었다. 이미 아시아의 기업들 중에도 서구 기업을 추월하여 각 분야 일등 자리에 서게 된 기업들이 많이 있다. 그런 기업들에게는 아무도 걸어 보지 못한 미래를 개척할 막중한 임무가 주어졌다. 이들은 이제 서구 기업을 모방하는 방식만으로는 더 이상 한 걸음도 나아갈 수 없는 수준에 도달했다. 새로운 경영 철학과 방식이 필요하다. 그 중 화급한 과제의 하나가 새 문명 창조의 주역이 될 미래형 리더십을 수립하는 것이다. 그 미래형 리더십으로 추천하고 싶은 것이 바로 호연지기 리더십이다.

필자는 앞으로도 계속 아시아의 발전이 이어진다면 아마 그건 분명히 리더십에 있어 동양의 장점이 서구를 앞지르기 때문일 것이라고 보고 있다. 그런 리더십은 지금까지 우리가 익숙했던 모습과는 많이 다를 것이다.

그러나 아직도 어떤 기업들은 리더십을 개발한다고 회사 간부들을 군부대에 입소시켜 준 군사 훈련에 참여토록 하는 기업들이 있다. 필자는 늘 그런 훈련의 효과에 대해 의문을 가지고 있다. 전형적인 개발독재 시대의 향수에 젖어 있는 교육 방식이라고 생각한다. 이제 우리에게 필요한 리더십은 목표만을 향해 물불 안 가리고 덤비는 군대식 패기가 아니다. 패기란 그런 식으로 한두 번 군사 훈련에 참여해서 만들어지는 정신도 아니다. 이는 그야말로 맹자가 경계한 조장助長 행위이다.

그보다는 평상시 직장 생활에서도 개인 수양을 장려하고 도덕과 윤리의 실천이 일상이 될 수 있도록 직장 환경을 조성해 주어야 한다. 평소 균형 잡힌 생각과 실천으로 언행일치를 습관화하고 법을 지키고 윤리를 준수하며 사회에서도 모범적인 시민이 된다면, 그런 구성원들은 장차 도덕적 기운이 충만한 리더로 성장할 것이다. 우리 정치만이 아니라 기업에서도 인간의 보편적 가치에 충실하고 평소 도덕 실천을 통해 길러진 호연지기로 세상을 이끌어갈 리더가 많이 나오길 기대한다.

문고리 3인방과 윤리의식

지난가을 대통령과 최순실의 국정 문란 행위에 항의하며 시작된 작은 촛불이 전국 곳곳에서 수개월 동안 들불처럼 일어났다. 처음엔 단순히 이화여대에서 벌어진 어린 운동선수의 학사 부정이려니 생각했는데, 꼬리를 물고 드러난 그 몸통의 크기에 온 국민이 경악했다. 그들이 벌인 국정 농단 행각을 듣고 있으면 그 몰염치함에 부끄럽고 고통스럽기까지 했다. 결국, 헌정 사상 처음으로 현직 대통령이 이 모든 헌정 문란 행위의 주범으로 입건되고 탄핵을 당하는 지경에 이르렀다.

현대 민주주의 국가에서 더구나 만인이 쳐다보는 권력의 중심부에서 어떻게 그렇게 오랫동안 무지막지한 범죄가 가능했을까? 우리가 그런

무도한 대통령을 뽑은 것도 통탄할 일이지만, 상상을 뛰어넘는 그 범죄의 수준과 방법에 놀라지 않을 수 없다. 사회 곳곳 이권이 있는 곳이라면 어디든 칼을 들이댄 수준이 거의 비적 떼에 가깝지 않은가. 더 놀라운 것은 청와대 주변 그 많은 정치인들과 관료들이 그들의 이런 범죄 행각을 오랫동안 지켜보면서도 대부분 눈을 감거나 굽실거리고 복종했다는 점이다. 이미 다들 꽤 성공한 지식인이고 공직자들인데 일반인의 상식으론 도저히 이해하기 어려운 처신이었다. 새삼 우리 사회의 도덕 교육과 공직자 윤리 의식에 대해 근본적인 회의감을 가지게 했다.

지난해 검찰 수사가 한창 진행 중일 때 마침 이와 관련해 눈에 띄는 신문기사가 있었다. 청와대 문건 유출로 구속된 정호성 비서관을 포함한 문고리 3인방과 최순실의 인연을 다룬 내용이다.[173] 이 기사에 따르면, 이재만, 정호성, 안봉근 등 3인방은 박근혜 대통령이 의원 시절 보좌관으로 뽑은 자들이다. 그러나 채용 당시 이들의 면접은 박근혜 의원이 아니라 최순실과 정윤회가 보았다고 한다.

이들과 비슷한 시기에 보좌관 생활을 했던 양 모 씨에 따르면 최순실은 면접자들에게 이렇게 말했다고 한다. "우리는 잘난 사람이 아니라 맑은 사람을 찾는다." 그렇게 맑은 사람을 고른 탓인지 보좌진들은 모두 윗사람 말을 잘 듣는 모범생 타입이었다고 한다. 그들을 오랫동안 봐온 주변인들은 대체로 그들이 성실했다고 전한다. 정호성과 대학을 함께 다닌 윤 아무개 씨는 "누구와도 척지지 않고 자기주장이 강하지 않은

173 김종철, 「김기춘마저 인사위에서 이재만의 눈치를 봤다」, 『한겨레』, 2016. 11. 18.

착한 친구였다."고 말했다. 한양대에서 박사 논문지도 교수였던 예종석 교수는 이재만을 "시키는 일 외에 다른 것을 할 줄 모르는 모범생이었다."고 기억했다. 대구대 중문과를 졸업한 안봉근 역시 윗사람의 지시는 100퍼센트 이행하는 순종파였다고 알려져 있다. 한마디로 하면 이들 모두가 대체로 착하고 성실하고 겸손한, 소위 바람직한 덕목을 고루 갖춘 사람들이었다는 것이다. 그런 그들이 결과적으로 박근혜-최순실의 손발이 되어 국정을 농단하고 나라를 도탄에 빠뜨린 종범자들이 되었다.

이 기사를 보고 떠오른 이야기가 『장자』, 「외편 거협胠篋」 편이다. '거협'이란 "작은 상자를 열어 상자 안의 물건을 훔친다."는 뜻이다. 장자는 작은 상자를 훔쳐가는 도둑을 예로 들어 이렇게 말한다.

상자를 열고 주머니를 뒤지고 궤짝을 뜯는 도둑을 염려하여, 지키고 방비하기 위해서는 반드시 끈이나 줄을 당겨 단단히 묶고 빗장과 자물쇠를 튼튼히 채운다. 이것이 세속에서 이른바 '도둑을 방비하는' 지혜이다. 그러나 큰 도둑은 궤짝을 통째로 등에 지고 상자를 손에 들고 주머니를 어깨에 메고 달아나면서 오직 끈이나 줄, 빗장이나 자물쇠가 견고하지 못할까 두려워한다.

그렇다면 앞서 이른바 지혜라는 것은 큰 도둑을 도와주는 것이 아니겠는가. 그 때문에 시험 삼아 따져 보려고 한다. 세속에서 이른바 지혜라는 것은 큰 도둑을 위해 도와준 것이며, 이른바 성<U+FFFD>이란 것은 큰 도둑을 위해 지켜준 것이 아니겠는가.

옛날 제나라는 이웃 고을이 서로 바라보이고 닭 우는 소리와 개 짖는 소리가 서로 들리며, 그물을 치고 쟁기와 보습을 사용하는 땅이 사방

2,000리에 달하는 나라였다. 사방 국경 안을 통틀어 종묘와 사직을 세우고 고을을 구석구석까지 다스림에 어찌 성인을 본받지 않았겠는가마는 전성자[174]가 하루아침에 제나라 임금을 죽이고 그 나라를 훔쳤으니 훔친 것이 어찌 나라뿐이었겠는가. 성인이 만들 규범도 함께 훔쳤다. 그 때문에 전성자는 도적이라는 이름을 얻었지만, 몸은 요·순과 같이 편안한 지위에 머물러 작은 나라가 감히 비난하지 못하고 큰 나라가 감히 주벌하지 못해서 열두 세대 동안이나 제나라를 차지했다. 이는 제나라를 훔쳤을 뿐만 아니라 성인의 규범까지 아울러 훔쳐서 도적의 몸을 지켰기 때문이다.[175]

장자는 공자와 같은 성인이 주장하는 인의 교육이 평소에는 세상을 올바르게 만들어 주는 좋은 문화이지만, 나쁜 정치가와 같은 큰 도둑을 만나면 오히려 그 정권 유지에 봉사하는 효과적인 수단으로 악용될 수 있음을 경계하고 있다.

『한겨레』 신문이 전하는 문고리 3인방의 인물평이 사실이라면 장자의

---

174 제나라 대부 전상. 제나라의 군주였던 간공을 죽이고 그 아우였던 평공을 세운 후 국정을 전횡했다. 전상의 증손인 전화에 이르러 결국 군주를 내쫓고 스스로 제나라의 군주가 되었다.

175 『장자』 제10편, "將爲 胠篋 探囊發匱 之盜 而爲守備 則必攝緘縢 固扃鐍 此 世俗之所謂知也 然而巨盜至 則負匱揭篋擔囊而趨 唯恐緘縢扃鐍之不固也 然則鄕之所謂知者 不乃爲大盜積者也 故 嘗試論之 世俗之所謂知者 有不爲大盜 積者乎 所謂聖者 有不爲大盜 守者乎 何以知其然邪 昔者 齊國 隣邑 相望 鷄狗之音 相聞罔罟之所布 耒耨之所刺 方二千餘里 闔四竟之內 所以立宗廟社稷 治邑屋州閭鄕曲者 曷嘗不法聖人哉 然而 田成子 一旦 殺齊君而 盜其國 所盜者 豈獨其國邪 竝與其聖知之法而盜之 故 田 成子 有乎盜賊之名 而身處堯舜之安 小國 不敢非 大國 不敢誅 十二世 有齊國 則是 不乃竊齊國 竝與其聖知之法 以守其盜賊之身乎"

주장을 이번 사례에 적용해도 무리가 없을 것 같다. 개개인의 도덕적 자율 의식을 키워주지 못하고 주입식 교육을 통해 일방적으로 가르친 성실, 겸손과 같은 덕성은 큰 도둑들을 만나면 장자의 말처럼 오히려 범죄를 돕는 수단으로 전락할 위험성이 다분히 있다. 그렇기에 국정 농단을 자행한 큰 도둑들은 처음부터 자신들처럼 무도하고 불량한 사람들을 찾는 것이 아니라 나름 성실히 살아온 맑은 사람들을 애써 찾았다고 보아야 할 것이다.

그럼 우리 도덕 교육은 어떻게 바뀌어야 할까? 나는 바로 이런 점에서 우리 시대에 맹자의 호연지기가 재조명되어야 한다고 생각한다. 윤리 의식이란 과학 지식과 다르다. 윤리 의식은 평소 인의를 실천하여 얻어지는 주관적 체험을 통해 생생한 기억과 느낌으로 체득되어야 한다. 역사 공부나 과학 이론처럼 객관적 지식 형태로 기억되는 윤리 의식은 외부의 유혹이나 압력 앞에서는 무용지물이다.

특히나 고위 공직자가 지켜야 할 윤리란 주체의 강인한 도덕적 자율성이 없이는 불가능한 것이다. 견제가 적고 유혹이 많은 자리에서는 자신을 다잡을 수 있는 더 높고 의연한 도덕성이 필요하다. 그런 도덕적 자율성은 결코 암기된 지식을 통해 얻어지는 것이 아니다. 오랜 기간 일상 속에서 윤리적 실천 행위를 통해 자연스럽게 몸과 마음으로 습득하고 다져져야 한다. 평소 인간관계에서 역할에 따른 올바른 도리를 실천하여 자신만의 주관적 체험을 쌓고 그로 인한 기쁨과 당당함을 체험해보아야 한다. 이를 통해 개개인이 자신의 삶에 대해 떳떳해질 때 견고한 도덕적 자율성이 갖추어지는 것이다. 맹자는 이것이 바로 호연지기라 말하고 있다.

나는 이번 국가 위기 사태가 우리 사회의 윤리 교육 내용과 방법을 되짚어 보고 그 질을 끌어올릴 수 있는 큰 전환점이 되기를 바란다. 공직자만이 아니라 평소 기업에서의 윤리 교육도 이처럼 호연지기를 키우는 방식으로 바뀌어야 한다. 지금처럼 주입식으로 전달되는 윤리 교육이나 규제만으로는 국민이 원하는 도덕 사회 구현은 공염불에 그칠 가능성이 크기 때문이다.

영대靈臺

영대 짓는 역사 일으키사 땅을 재고 푯말 세우니
백성들 몰려와 일을 시작하여 며칠 안 되어 이루어졌네

서두를 것 없다고 이르셨으나 백성들 자식처럼 모여들었네
왕께서 영유에 계시니 암사슴 엎드려 쉬네

암사슴 살이 쪄서 반들거리고 백조는 희기도 하네
왕께서 연못가를 거니시니 물고기 떼 물에서 가득 뛰노네

채색하여 장식한 기둥 사이에 큰북 쇠북 걸려 있네
나란히 걸어놓은 큰북과 쇠북, 아아 즐거워라. 못가의 궁전이여

나란히 걸어놓은 큰북과 쇠북, 아아 즐거워라. 못가의 궁전이여
악어가죽 북소리 둥둥 울리고, 소경 악사들 일제히 풍악 울리네.

經始靈臺하야 經之營之[176]하시니
경시영대　　　　　경지영지

庶民攻之라 不日成之로다 經始勿亟하나 庶民子來로다
서민공지　　불일성지　　　경시물극　　　서민자래

王在靈囿하시니 麀鹿攸伏이로다
왕재영유　　　　　우록유복

麀鹿濯濯하고 白鳥翯翯이로다 王在靈沼니 於牣魚躍이로다
우록탁탁　　　백조학학　　　　　왕재영소　　오인어약

虡業維樅이요 賁鼓維鏞이로다 於論鼓鍾이여 於樂辟廱이로다
거업유종　　　분고유용　　　오륜고종　　　오락벽옹

於論鼓鍾이여 於樂辟廱이로다 鼉鼓逢逢하니 矇瞍奏公이로다
오륜고종　　　오락벽옹　　　타고봉봉　　　몽수주공

　문왕이 백성들과 함께 즐기는 모습을 노래한 시이다. 『맹자』에서도 「양혜왕」 편에 이 시가 나온다.[177] 맹자가 양혜왕을 만나러 가니 왕이 못가에서 크고 작은 기러기와 사슴을 바라보며 묻는다. "현자도 이런 것을 즐거워합니까?" 이에 맹자는 "현자인 뒤에야 이것을 즐거워할 수 있으니, 어질지 못하면 비록 이런 것을 소유한다 해도 즐길 수 없다."고 말한다. 그리고 이 시와 『서경』의 「탕서湯誓」에 나오는 하나라 폭군 걸왕의 이야기를 비교하여 설명한다. 문왕이 즐거움을 백성과 함께했기 때문에

176　경(經)은 '처음 계획하는 것'이고, 영(營)은 '여기에 필요한 재정과 물자를 마련함'을 이른다. 「영대」라는 이 시에서 따와서 현재 우리가 쓰고 있는 경영(經營)이란 용어가 만들어졌다.

177　『맹자집주』, 「양혜왕장구」 상 2, "詩云 經始靈臺 經之營之 庶民攻之 不日成之 經始勿亟 庶民子來 王在靈囿 麀鹿攸伏 麀鹿濯濯 白鳥鶴鶴 王在靈沼 於牣魚躍 文王 以民力爲臺爲沼 而民 歡樂之 謂其臺曰靈臺 謂其沼曰靈沼 樂其有麋鹿魚鼈 古之人 與民偕樂 故 能樂也"

백성들도 문왕이 즐거워함을 좋아했고, 그래서 문왕 또한 그 즐거움을 오래도록 누릴 수 있었음을 전한다. 맹자는 이 시를 통해 백성과 즐거움을 같이 하는 여민동락與民同樂의 정치가 군주에게도 이롭다는 사실을 증명했다.

曲阜市孟子世家谱续修办公室

어린 시절 맹자가 살았다는 고택

근처에 스승인 자사의 서원이 있었다고 한다. 지금은 시장이 형성되어 맹자의 어린 시절 일화들을 떠올리게 한다.

3부

유학이 바라보는 인간 세상

유학의 인간관

인간은 우주의 중심이다

유학에선 인간이 만물 중에서 가장 맑은 기운으로 이루어진 영명하고 특별한 존재라고 말한다. 이러한 생각의 기원은 통상 동아시아 철학의 원형이라는 『주역周易』에서부터 크게 드러난다. 『주역』의 우주관에 따르면, 우주에는 세 가지의 중요한 주체가 있다. 위에는 하늘이 있고, 밑에는 땅이 있으며, 그 중심에 인간이 존재한다. 사람은 하늘과 땅과 함께 삼극三極을 이룬다. 그래서 인간은 전체 우주의 구성 성분이면서 또한 우주의 중심이자 관찰자이고 체험자이다.[178]

---

178 『주역』, 「설괘전(說卦傳)」에서는 인간이 천지와 더불어 삼재(三才)를 이룬다고 보고, 그 각각의 도에 대해 설명하고 있다. "옛날에 성인이 역을 지은 것은 장차 그것으로써 본성과 천명의 이치를 따르게 한 것이다. 하늘의 도를 세워 '음'과 '양'이라고 말하고, 땅의 도를 세워 '강(剛)'과 '유(柔)'라고 말하며, 인간의 도를 세워 인과 의라고 말한다."(昔者聖人之作易也 將以順性命之理 是以 立天之道曰陰與陽 立地之道曰柔與剛 立人之道曰仁與義) 이 같은 천지인의 인식 틀은 인간이 우주 안에서 차지하는 가치와 존엄성에 대한 자각을 나타낸다고 볼 수 있다.

사서의 하나인 『중용』에서는 이런 생각이 더욱 발전하여 우주와 인간은 하나로 합쳐진다는 천인합일天人合一 사상을 말한다. 이를 통해 '사람이 우주의 중심'이라는 생각을 더욱 명확히 하고 있다.

오직 천하의 지극한 정성이어야 능히 그 성품을 다할 수 있으니 그 성품을 다하면 능히 만물의 성질을 다할 것이요, 능히 만물이 성질을 다하면 가히 천지의 화육化育을 도울 것이요, 천지의 화육을 도우면 가히 천지와 더불어 참여하게 된다.[179]

인간은 하늘, 땅과 더불어 우주의 삼재三才로서 우주 만물의 창조 발전에 참여하는 존재라는 것이다. 이처럼 우주의 중심인 사람은 바로 하늘의 눈과 귀가 되어 모든 가치 판단의 주역을 담당한다. 맹자는 민본주의 사상을 전개하면서 『서경』의 구절을 빌려와 "하늘은 백성이 보는 것을 통해 세상을 보고 백성이 듣는 것을 통해 세상의 소리를 듣는다."고 역설한다.[180]

이를 현대 과학의 개념으로 바꾸어 표현한다면, 우주는 빅뱅 이후 약 145억 년 만에 그 안에 인간이란 존재를 가짐으로써 드디어 자신이 우주임을 인간의 눈과 귀를 통해 보고 듣고 인식하게 되었다는 것이다. 즉, 인간은 단순히 수많은 우주 만물 중의 하나가 아니라 우주의 한 부

---

179 『중용장구』, 22, "惟天下至誠 爲能盡其性 能盡其性 則能盡人之性 能盡人之性 則能盡物之性 能盡物之性 則可以贊天地之化育 可以贊天地之化育 則可以與天地參矣"
180 『맹자집주』, 「만장장구」 상, "天視 自我民視 天聽 自我民聽 此之謂也"

분이면서 또한 우주의 정신에 해당하는 특별하고 위대한 존재이다.

인간이 위대하다는 생각은 유학만의 관점은 아니다. 서양에서도 인간은 만물의 영장으로서 다른 존재보다 뛰어난 존재라고 생각했다. 그러나 동서양이 인간과 자연의 관계를 바라보는 시각에는 커다란 차이가 있다. 근대에 합리주의 철학이 풍미했던 서양은, 특히 뉴턴 이후 자연은 신이 만든 기계에 불과하다는 기계론적 자연관이 유행했다. 근대 서양인들에게 자연은 만물의 영장인 인간이 마음껏 이용하고 약탈해야 할 대상이라는 생각이 지배적이었다.

반면에 동양인에게 자연은 지배의 대상이라기보다는 보호해야 할 대상이고 더 나아가서는 지혜를 전해 주는 스승과 같은 존재였다. 공맹의 평소 가르침도 자연 속에서 이치를 배우고 본받으며 심성을 닦아 만물과 하나가 되는 천인합일의 경지를 지향했다.

중니는 요·순을 조종으로 삼아 도를 높이고 문왕·무왕의 법을 가까이 지켰으며 위로는 자연의 운행을 본받고 아래로는 물과 땅의 이치를 답습했다.[181]

이러한 자연관은 유학만의 특성은 아니다. 도가 계열인 노자도 『도덕경道德經』에서 "사람은 땅을 본받고 땅은 하늘을 본받고 하늘은 도를 본받는다."[182]고 말했다. 이처럼 동양 사상에는 자연은 정복의 대상이 아

---

181 『중용장구』 30, "仲尼祖述堯舜 憲章文武 上律天時 下襲水土"
182 『도덕경』 25, "人法地 地法天 天法道 道法自然"

니라 배움의 대상이며, 인간은 위대하지만, 만물과 일체라고 생각하는 전통이 있었다.

특히, 송대에 이르러 주희가 성리학을 완성하면서 이러한 생각을 더욱 공고히 했다. 주희는 북송 시대 주돈이周敦頤, 1017-1073가 주장한 태극도설太極圖說을 기반으로 성리학의 우주론을 완성했다. 그에 따르면 모든 사물들은 인간과 마찬가지로 태극의 동일한 이치를 부여받았다고 간주한다. 따라서 원리적으로 보면 인간과 동물, 자연물은 전혀 다르지 않다. 다만, 인간은 우연히 부여받은 기氣의 청탁淸濁 여부에 따라 다른 사물보다 더 뛰어난 존재로 비칠 뿐이다. 결국, 인간과 우주 만물이 하나라는 만물 일체 사상이 성리학자들의 보편적인 자연관을 이루었다.

인간의 본성은 선하다

지금은 세계 어느 경영 현장에서나 인간 중심을 강조하고 있다. 많은 이들이 그러한 인간 존중의 경영 철학은 민주주의 정치제도와 함께 서양에서 유래했다고 생각하지만, 인본주의 철학을 제일 먼저 제창한 사상가는 동양의 공자였다. 물론 그 이전에도 이미 동아시아 전통 사상에는 공자 사상의 뿌리가 된 인간과 하늘, 인간의 본성에 대한 여러 가지 견해가 있었다.

그 중 대표적인 것이 하늘의 덕은 끊임없이 생명을 낳고 살리는 데 있다는 생각이었다.[183] 이런 하늘의 덕이 아래로 내려와 인간의 본성과도 서로 통했다는 생각이 공자 이전부터 내려오고 있었다. 그러나 유학의 창시자인 공자가 정작 하늘과 인간 본성에 대해 직접적으로 언급하는 경우는 적었다.[184] 대신 인이라는 덕성이 인간에게 내재해 있으니 인간 은 그 인에 따라 살아야 한다고 가르쳤다. 그래서 공자의 학문을 '인학 仁學'이라고 말하기도 한다.

이러한 공자의 생각을 체계화시켜 맨 먼저 '성선설'을 주장한 것은 맹 자이다. 이전에 공자는 "사람의 천성은 서로 비슷하지만, 습관으로 인해 서로 멀어진다."[185]고 했다. 그 의미는 사람의 본성은 비슷하지만, 훗날 서로 다른 나쁜 습관으로 인해 많은 차이가 생기게 된다는 것이다. 맹 자는 이 생각을 발전시켜 인간에게는 동일한 본성이 있음을 주장하고 그 본성은 선하다는 주장을 내놓았다.

맹자는 신발 만드는 사람이 다른 사람의 발을 보지 않고 만들더라도 삼태기처럼 만들지 않는 것은 사람의 발 모양은 모두 비슷하기 때문이 라고 말한다. 사람이 모두 제각각 달라 보여도 그 본질에는 큰 공통점 이 있다는 것이다. 이어 사람의 눈, 코, 귀, 입이 각자 좋아하는 바에 모 두 공통점이 있는데 어찌 인간의 마음에만 그런 공통점이 없겠는가 하 고 반문한다.

---

183 『주역』, 「계사전」, "天地之大德曰生"
184 『논어집주』, 「공야장」 12, "子貢曰 夫子之文章 可得而聞也 夫子之言性與天道 不可得而聞也"
185 『논어집주』, 「양화」 2, "性相近也 習相遠也"

입이 맛에 있어서 똑같이 즐김이 있으며, 귀가 소리에 있어서 똑같이 들음이 있으며, 눈이 색에 있어서 똑같이 아름답게 여김이 있다고 하는 것이니, 마음에 이르러서만 홀로 똑같이 옳게 여기는 바가 없겠는가? 마음에 똑같이 옳게 여기는 것은 어떤 것인가? 이理와 의義를 이른다. 성인은 우리 마음에 똑같이 옳게 여기는 바를 먼저 아셨다. 그러므로 이와 의가 우리 마음에 기쁨은 고기가 우리 입에 좋음과 같은 것이다.[186]

맹자는 사람에게는 누구나 차마 다른 생명을 해치지 못하는 마음不忍人之心이 있다고 말한다. 그 마음은 바로 우리 마음속 깊이 내재해 있는 인에 뿌리를 두고 있다. 그래서 사람들에게 인간의 심성이 본래 선하다는 것을 입증하기 위해 든 사례가 그 유명한 '우물로 기어가는 아기' 이야기이다.

사람들이 모두 사람을 해치지 못하는 마음을 가지고 있다고 말하는 까닭은 지금 사람들이 갑자기 아기가 장차 우물에 들어가려는 것을 보면 모두 깜짝 놀라고 측은해 하는 마음을 가지게 되기 때문이다. 이는 아기의 부모와 교분을 맺으려고 해서도 아니고, 인자하다는 명예를 구하려고 해서도 아니며, 악명을 싫어해서도 아니다. 이로 말미암아 본다면 측은해 하는 마음惻隱之心이 없으면 사람이 아니며, 부끄러워하고 미워

186 『맹자집주』, 「고자장구」 상 7. "故 曰 口之於味也 有同耆焉 耳之於聲也 有同聽焉 目之於色也 有同美焉 至於心 獨無所同然乎 心之所同然者 何也 謂理也義也 聖人 先得我心之所同然耳 故 理義之悅我心 猶芻豢之悅我口"

맹자에게 경영을 묻다

하는 마음羞惡之心이 없으면 사람이 아니고, 사양하는 마음辭讓之心이 없으면 사람이 아니며, 옳고 그름을 따지는 마음是非之心이 없으면 사람이 아니다. 측은지심은 인의 단서요, 수오지심은 의의 단서요, 사양지심은 예의 단서요, 시비지심은 지의 단서이다.[187]

이러한 맹자의 사단지설四端之說을 근거로 유학에는 인간의 본성이 선하다는 관점이 적극적으로 수용되었다. 일상 속에서의 보편적인 경험을 통해 인간의 본성이 선하다는 맹자의 논증은 『중용』에서 "인간의 본성은 하늘로부터 부여받았다."[188]는 생각과 연결되어 이후 인仁=성性=천명天命이라는 유학 사상으로서 완성되었다. 이로써 인간은 도덕적 행위의 근거를 더 이상 하늘에 있는 신이나 초월적 권위에 의탁하지 않고 스스로 안에 지닐 수 있게 되었다.[189]

이것은 매우 중요한 의미를 지닌다. 근대 철학의 아버지라는 칸트는 자율적 인간만이 도덕적일 수 있다고 주장했다. 가치 판단의 기준을 외부에 의지하지 않고 내면에 가지고 있는 인간만이 진정 자율적일 수 있다. 칸트의 관점에서는 그런 사람만이 진실로 도덕적일 수 있는 것이다.

---

187 『맹자집주』, 「공손추장구」 상 6, "所以謂人皆有不忍人之心者 今人 乍見孺子 將入於井 皆有怵惕惻隱之心 非所以內交於孺子之父母也 非所以要譽於鄉黨朋友也 非惡其聲而然也 由是觀之 無惻隱之心 非人也 無羞惡之心 非人也 無辭讓之心 非人也 無是非之心 非人也 惻隱之心 仁之端也 羞惡之心 義之端也 辭讓之心 禮之端也 是非之心 知之端也"
188 『중용장구』 1, "天命之謂性 率性之謂道 修道之謂敎"
189 서양 플라톤 철학 전통에서는 진정한 가치 기준은 현실 세계를 벗어난 이데아에 있다고 보았으며, 기독교 문화에서는 도덕 가치의 기준은 신의 계시로부터 나오며 인간은 원죄를 지었다는 관점을 가지고 있다.

지금도 중동에서는 신의 이름으로 광신적 집단에 의해 반문명적 만행이 자행되고 있다. 이것은 아마도 도덕 가치 기준을 인간 내면에서 찾지 못한 서구 문명의 근본적인 한계일 것이다. 반면에 유교 문화권에서 종교 전쟁이 발생하지 않았던 가장 큰 이유는 아마도 인간 개개인이 자신의 내면에 도덕적 행위의 근거를 가지고 있다고 여겼기 때문일 것이다. 신에 대한 믿음이 아닌 인간 존엄성에 대한 믿음과 도덕적 자율성을 중시하는 문화에서는 광신적 종교 갈등이 자리할 여지가 적다.

　이로써 맹자에 이르러 진정한 인본주의 철학이 구축되었다. 이후 순자 계열에 와서 일부 본성이 악하다는 주장을 제기하는 경우도 있었지만 일단 성선설이야말로 유학의 정통성을 가리는 중요한 기준이 되었다.

　최근 들어 심리학계에서는 이미 2,500년 전 맹자가 갈파했던 성선설을 진화론에 근거하여 과학적으로 해석하려는 시도가 이어지고 있다. 이들은 인간이 타인을 돌보는 선한 본성을 가지게 된 것이 큰 두뇌를 가진 아기를 출산해야 하는 출산 과정과 관련이 있다고 설명한다. 머리는 크고 신체는 미숙한 인간의 아이는 여타 동물과 달리 태어난 후 오랫동안 부모의 절대적인 보살핌을 받아야 살아남을 수 있다. 그러나 식량을 구하고 자식을 보살피는 부담은 어미 혼자만의 능력으로 감당할 수 있는 범위를 넘어선다. 그 결과 일가친척이 공동체를 이루고 협력하여 자녀를 양육하는 체계를 만들게 되었다. 이처럼 큰 두뇌를 가진 자손을 키우기 위해 노력하는 과정에서 인간의 유전자 속에는 오랜 세월에 걸쳐 헌신, 연민, 보살핌, 책임감과 같은 선한 본능이 형성되었다는 것이다.[190]

190　대커 켈트너, 『선의 탄생』, 옥당, 2011.

이러한 과학적 해석을 보면 2,500년 전에 이미 맹자가 우물로 기어가는 아기를 구하는 사람들의 태도에서 인간에게 내재한 선한 본성을 간파했다는 것이 얼마나 놀라운 통찰이었는지 감탄하게 된다.

인간은 관계 속에 존재한다

헤라클레스, 돈키호테, 로빈스 크루소, 타잔, 배트맨 등 모두가 어릴 적부터 익히 접했던 소설 속의 대표적인 서양 영웅들이다. 이들에게는 공통점이 있다. 모두가 하나같이 혼자 돌아다니며 외로이 적과 맞서고 자연의 난관을 극복한다. 실제 역사에서야 영웅들의 모습이 다르겠지만, 상상 속의 서양 영웅들은 주로 개인으로 활약한다.

반면에 중국 『삼국지三國志』의 관우, 장비나 우리나라의 임꺽정, 홍길동 같은 대표적인 소설 영웅들은 모두 무리를 이끄는 우두머리들이다. 심지어 도술道術을 자유로 구사하는 홍길동조차도 활빈당을 만들어 활동한다. 동양 문화에서 혼자 다니며 싸우는 건 영웅의 모습이 아니다. 어쩌면 국가가 구제하고 보호해야 할 곤궁한 자들이고 잘못하면 부랑자로 간주되기 쉬운 존재들이다.

실제로 『맹자』에 보면, 이런 외로운 사람들에 대한 국가의 역할에 대해 논하는 부분이 있다. 어느 날 제 선왕이 왕도 정치에 대해 묻자, 맹자가 대답한다.

늙었으면서 아내가 없는 것을 홀아비라 하고, 늙었으면서 남편이 없는 것을 과부라 합니다. 늙었으면서 자식이 없는 것을 무의탁자라 하고, 어리면서 부모가 없는 것을 고아라고 합니다. 이 네 가지는 천하의 곤궁한 백성으로서 하소연할 곳이 없는 자들입니다. 문왕은 선정을 펴고 인을 베푸시되 반드시 이 네 사람들에게 먼저 하셨습니다.[191]

이처럼 혼자 있는 사람을 바라보는 상이한 이미지에는 동서양의 인간관이 전제되어 있다. 서양의 인간관이 더 이상 '나누어지지 않는 존재' 개인in-dividual을 기초로 하고 있다면 동아시아의 인간은 인과 인의 사이 人間, 즉 관계 속에 존재한다. 유학 사상의 핵심이며 인간 덕성의 총합을 나타내는 인仁이라는 글자도 사람이 둘이 있음을 형상화한 것이다.

인을 천지가 만물을 낳는 마음天地之心이라 칭했던 주희와 달리 인을 철저하게 인간관계에서의 실천 덕목으로 해석했던 다산 정약용은 그의 『중용강의보中庸講義補』에서 인을 이렇게 설명했다.

옛 전서에 따르면 인仁이란 글자는 인人과 인人이 중첩된 문자였다. 아버지와 자식은 두 사람이고 형과 동생도 두 사람이며, 군주와 신하도 두 사람이고 목민관과 백성도 두 사람이다. 무릇 두 사람의 관계에서 그 본분을 다하는 것을 인이라고 한다.[192]

---

191 『맹자집주』, 「양혜왕장구」 하 5, "老而無子曰獨 幼而無父曰孤 此四者 天下之窮民而無告者 文王 發政施仁 必先斯四者"
192 『중용강의보』, "古篆仁者 人人疊文也 父與子 二人也 兄與弟 二人也 君與臣 二人也 牧與民 二人也 凡二人之間 盡其本分者 斯謂之仁"

이 같은 정약용의 해석을 기준으로 한다면 혼자 있는 사람에게서는 인간의 본성이라는 인(仁)과 불인(不仁)을 구분할 수 없다. 무인도에 혼자 사는 로빈슨 크루소가 옷을 입고 다니든 말든 아무 데서나 볼일을 보든 말든 그의 도덕과 인격에 무슨 의미가 있단 말인가? 하루하루 생존해야 한다는 생물학적 과제 이외에 타인에 대한 배려도 예의도 정직도 로빈슨 크루소에게는 아무런 의미가 없는 것이다.

이처럼 우리가 말하는 인륜이라는 것은 사람이 사회적 존재로서 남과의 관계 맺기 속에 있다는 전제에서만 의미를 지닌다. 관계론의 학문인 유학의 모든 도덕 가치는 인간이 사회적 존재로서 공동체의 일원으로 살아간다는 현실을 전제로 해서 성립된 규범들이다.

필자는 종종 종합편성채널 MBN에서 〈나는 자연인이다〉이라는 프로그램을 흥미 있게 보곤 한다. 그간 출연자 중에는 이미 산속에 들어간 지 10년이 넘는 사람도 많았다. 그러나 그중 옷을 본인이 직접 만들거나 식기를 만들어 음식을 해먹는 사람을 본 적이 없다. 비록 거처하는 곳은 사람들과 떨어져 산속에 있을지언정 타인의 도움 없이 완전히 혼자 힘만으로 살아갈 수는 없다. 동물이 아닌 바에야 모두가 정도의 차이가 있을 뿐이지 사회적 관계 속에서 상호 의존하고 연계되어 살아간다.

이처럼 사람은 태어나면서부터 공동체 속에서 누군가의 도움과 배려를 받으며 살아간다. 어려서는 가정에서 부모의 각별한 보살핌 속에 자라고 가족 안에서 사랑과 배려와 질서를 배운다. 자라서는 모르는 타인들과 관계를 맺어 돕고 도움을 받으며 살아간다. 그래서 가정을 공동체의 출발이며 사회적 존재로서 인간이 가지게 되는 기본 단위로 여긴다.

그래서 유학에서는 가정을 소중하게 생각한다. 가정이 무너지면 인간

은 외로워진다. 외톨이가 된 삶은 유학에서 인간으로서 덕목을 습득해
갈 1차적 환경을 갖지 못한다는 점에서 우려가 되는 삶의 방식이다. 춘
추전국시대 수백 년간 날마다 이어지는 전란 속에서 공자와 맹자는 가
족이 해체되고 가정이 무너지는 모습을 보았다. 그 전시에서 황폐해지
는 인간과 사회상을 보면서 다시 세상을 재건하는 길도 우선 가정을 살
려내는 데 있음을 깨달았을 것이다. 그것이 유학에서 효를 중시하고 부
모 자식 관계를 인륜의 시작으로 설정한 이유이다.

민둥산에 오르다陟岵

저 민둥산에 올라

아버지 계신 곳을 바라보니,

아버지 이르시기를, 아, 내 아들 출정하여

밤낮으로 끊임없이 일하니

부디 몸조심하다가,

머물러 있지 말고 돌아오너라.

저 민둥산에 올라

어머니 계신 곳을 바라보니,

어머니 이르시기를, 아, 내 막내아들 출정하여

밤낮으로 자지도 못하니

부디 몸조심하다가

어미를 저버리지 말고 돌아오너라.

저 산마루에 올라

형님 계신 곳을 바라보나니,

형님 말씀 떠오르네. 아, 내 아우 출정했다가,

밤낮으로 여럿이 고생하고 있을 테지.

부디 몸조심하다가

죽지 말고 돌아오너라.

陟彼岵兮하여 瞻望父兮하노라
척피호혜　　　　첨망부혜

父曰嗟予子여 行役夙夜無已로다
부왈차여자　　　행역숙야무이

上愼旃哉하며 猶來無止하라
상신전재　　　유래무지

陟彼屺兮하여 瞻望母兮하노라
척피기혜　　　　첨망모혜

母曰嗟予季여 行役夙夜無寐로다
모왈차여계　　　행역숙야무매

上愼旃哉하여 猶來無棄하라
상신전재　　　유래무기

陟彼岡兮하여 瞻望兄兮하노라
척피강혜　　　　첨망형혜

兄曰嗟予弟여 行役夙夜必偕로다
형왈차여제　　　행역숙야필해

上愼旃哉하여 猶來無死하라
상신전재　　　유래무사

『시경』, 「위풍」 편에 나오는 「민둥산에 오르다陟岵」라는 시다. 징용당해
멀리 전쟁터에 간 젊은이가 집이 있는 고향 쪽을 바라보며 쓴 시이다.
자식의 안위를 걱정하는 가족들의 목소리가 귓가에 생생하게 들리는 듯

맹자에게 경영을 묻다

하다. 자신과 아무 상관도 없는 전쟁터에 끌려다녀야만 했던 힘없는 민중의 애환을 볼 수 있다.

　수천 년 전 사람의 마음인데도, 지금 우리와 다름이 없다. 특히 감동적인 건 다 같이 걱정하는 마음이라도 형은 죽지 말라는 표현을 거침없이 쓰지만, 부모는 다르다. 죽음이란 말을 차마 입에 담을 수가 없어서 머물지 말라고, 버리지 말라고 에둘러 말하는 부모의 애절한 심정을 느낄 수 있다.

02

유학의 경제관

더 멀리 보고 싶다면 언덕 위에 올라라

종종 경영자들과 유학 이야기를 하다 보면 흔한 반응이 유학 사상은 자본주의 시대와 맞지 않는다는 것이다. 이윤 추구를 목적으로 하는 기업 활동과 덕을 우선시하고 재물을 경시한 유학 사상은 가치가 상충된다는 것이다. 반면에 그런 생각을 하는 사람들조차도 대부분 서구의 기독교 사상과 기업 활동과는 서로 잘 조화된다는 선입견을 가지고 있다.

아마도 그런 생각의 배후에는 자본주의가 서구에서 전해진 이유도 있겠지만 막스 베버Max Weber, 1864-1920의 『프로테스탄티즘의 윤리와 자본주의의 정신』이라는 책의 영향이 매우 크다고 본다. 너무나 유명해진 이 책에서 막스 베버는 프로테스탄티즘 윤리 중 청렴, 근검, 검소 등의 덕목이 자본주의가 서구에서 먼저 발전한 원인이 되었다고 주장했다. 이후 서구에 의해 동양이 식민지화하는 과정에서 이 책의 논리가 널리 퍼졌고, 현재까지도 이런 관점이 자연스럽게 통용되고 있다.

물론 이후 카를 마르크스Karl Heinrich Marx, 1818-1883는 프로테스탄티즘 이론을 비웃으며 초기 자본주의는 그런 청교도적 근면과 절약 때문에 자본을 모아 시작된 것이 아니고, 식민 지배를 통한 약탈과 침탈의 세계 체제를 구축한 것에 힘입은 것이라고 지적했다.

그러나 역사적 사실 여부를 떠나 막스 베버의 영향으로 많은 이들이 기독교 문화는 본래부터 매우 기업 친화적인데 반해, 유학은 오히려 기업 활동을 방해하고 장애가 된다는 선입관을 가지고 있다. 그러나 동서양을 막론하고 농경 사회를 배경으로 하는 중세에서 이윤 추구를 규제하는 것은 중세 종교의 공통된 입장이었다. 막스 베버의 프로테스탄티즘 논리는 기존 성경에 대한 재해석일 뿐 본래 그런 생각이 보편적인 것은 아니었다. 본래 중세까지 기독교는 반자유주의, 반자본주의적 입장이 강했다. 정치적으로도 중세 기독교는 왕권신수설을 지지하여 전제 왕권의 정신적 후원자 역할을 자임하고 있었다.

지금 이미 자본주의가 세계 경제의 대세가 되었고 체제를 떠나 어느 나라에서나 시장 경제를 중시하는 세상에서 유학과 경영의 관계를 말하는 것은 어떤 의미가 있을까? 유학은 세계 어떤 철학이나 종교보다도 현실 지향적 학문이다. 현실을 긍정하고 삶의 가치를 일상 속에서 찾아가는 유학의 성격 때문에 유학을 '일용지간日用之間의 학문'이라고 한다.[193] 더구나 기독교 윤리에서 막스 베버가 재해석해 낸 청렴, 근검, 검

---

193 유학은 내세를 상정하지 않는다. 따라서 사후 심판에 대한 두려움이나 기대를 말하지도 않는다. 인간의 삶은 내세를 위한 것이 아니라 현세에 그 가치와 의미가 있다. 또한, 인간이 추구해야 할 진리도 평범한 일상 속에 있다고 보았다. 이에 대한 강조가 경전 곳곳에 있다. ① 아래로 인간의 일을 배워 위로 천리에 통달한다. 下學而上達(『논어집주』, 「헌문」) ② 도는 가까이 있는데 멀리서 구하며, 일이 쉬운 데 있는데도 어려운 데에서 찾는다. 道在爾而求諸遠 事在易而求諸難(『맹자집

소 같은 개념들이야말로 유학에서는 늘 일상화된 기본 가치들이 아닌가? 그런 유학이 현대 경영에 제대로 활용되지 못하는 것은 후학들의 책임이지 선현들의 잘못은 아니라고 생각한다.

현대 사회는 공자와 맹자의 시대와 시간상으로도 약 2,500년의 간격을 가지고 있다. 그 시대는 갓 철기 시대가 시작되어 한창 농업이 발전하기 시작한 시대이고 또한 매일 같이 전쟁을 일삼던 전란의 시대였다. 그런 시대에 살다간 성현들의 글에서 정보통신 산업 사회에 바로 적용할 만한 대안을 기대한다면 어리석은 일이다. 그럼에도 불구하고 인간의 인성이 거의 변하지 않았다는 사실, 그리고 경영의 중심은 여전히 인간이라는 사실 때문에 필자는 유학이 현대 경영에도 큰 지혜를 전해 줄 수 있다고 믿는다.

우리나라 기업들도 이제는 세계 1위에 오른 회사들이 많다. 더 이상 과거처럼 앞선 세계 일류 기업을 벤치마킹하고 추종해서 갈 수가 없다. 기술도, 제품도, 기업 문화도 우리 스스로 생각하고 창조해 가야 한다. 그런 점에서 수천 년 동양 선현들의 지혜를 배우고 현대적으로 재해석한다는 것은 큰 의미가 있다. 『맹자』에 보면 이런 말이 나온다.

높은 것을 만들고자 한다면 반드시 구릉 위에서 시작하고, 낮은 것을 만들고자 한다면 반드시 개천과 연못 자리를 써라. 정치를 하면서 선왕

주」, 「이루」 상) ③ 백성들은 도를 매일 쓰면서도 알지 못한다. 百姓日用而不知(『주역』, 「계사전」) ④ 도가 사람에게 멀리 있지 않으니 사람이 도를 행하면서 사람(인간의 도덕과 윤리)을 멀리한다면 도가 아니다. 道不遠人 人之爲道而遠人 不可以爲道(『중용장구』, 13) 등등.

의 도를 따르지 않는다면 지혜롭다고 할 수 있겠는가?[194]

맹자는 우리에게 더 멀리 보고 싶다면 수천 년 축적된 동양 지혜의 구릉 위에서 미래를 바라보라고 권하고 있다. 악화되는 경제 환경을 돌파하기 위해 지금 새로운 경영을 모색하는 우리에게 시사하는 바가 크다.

밥부터 먹고 가르친다

많은 사람들이 유학은 개인의 수양에 치중하다 보니 재물에 무관심하고 실제적이지 못하다는 오해를 한다. 그런 오해를 불러일으킨 대표적인 구절이 『대학』에 나오는 "덕은 근본이고 재물은 말이다."라는 덕본재말德本財末 사상이다. 그러나 이 구절은 앞뒤 문장을 보지 않고 한 대목만 끊어서 인용하다 보니 잘못 이해된 부분이 많다. 이 구절의 전체 문장은 다음과 같다.

군자는 먼저 덕을 삼가는 것이다. 덕이 있으면 이에 백성이 있고, 백성이 있으면 이에 토지가 있고, 토지가 있으면 이에 재물이 있고, 재물이 있으면 이에 쓸이 있는 것이다. 덕은 근본이고 재물은 말이다.[195]

---

194 『맹자집주』,「이루장구」상 1, "爲高 必因丘陵 爲下 必因川澤 爲政 不因先王之道 可謂智乎"
195 『대학장구』 10, "是故 君子 先愼乎德 有德 此有人 有人 此有土 有土 此有財 有財 此有用 德者 本也 財者 末也"

유학이 재물을 멀리하는 것이 아니라 덕을 우선하는 것이 궁극적으로 재물을 얻을 수 있는 정도임을 말한 것이다. 그리고 이는 개인 수양의 차원에서 말한 것이지, 실제 정치 경제 제도를 논한 부분이 아니다. 오히려 실제 정치 문제에 있어서는 공자나 맹자 모두 매우 구체적이고 현실적인 가르침을 전한다.

공자와 맹자 모두 백성들의 민생에 있어서는 경제 문제의 해결이 최우선임을 강조한다. 『논어』에는 행정가로서 공자의 경세관經世觀을 볼 수 있는 대화가 있다. 공자가 위나라에 갈 때 제자 염유가 수레를 몰았는데 이때 공자와 염유의 대화이다.

> **공자:** 백성이 많구나.
> **염유:** 이미 백성이 많으면 또 무엇을 더해야 합니까?
> **공자:** 부유하게 해야 한다.
> **염유:** 이미 부유해지면 또 무엇을 더해야 합니까?
> **공자:** 가르쳐야 한다.[196]

공자는 정치의 요체는 우선 백성이 많아야 하고, 백성이 많으면 토지와 주택을 마련해 주고 세금을 낮추어 부유하게 해주어야 한다고 말한다. 그리고 나서 학교를 세워 교육에 힘써야 한다고 말한다. 공자도 백성의 삶에 있어서는 경제 문제 해결이 민생의 최우선임을 강조한다. 『논

---

196 『논어집주』, 「자로」 9. "子曰 庶矣哉 冉有曰 旣庶矣 又何加焉 曰 富之 曰 旣富矣 又何加焉 曰 教之"

어』 어디에도 현실 경제를 무시하고 추상적인 도덕 교육을 우선하는 공자 모습은 찾아볼 수 없다.

인정은 토지개혁에서부터 시작한다

맹자는 천하를 주유하면서 공자의 인정仁政을 구체화하여 실제 현실 정치에 적용코자 노력했다. 등나라의 왕이 맹자의 왕도 정치에 대해 관심을 가지고 신하 필전畢戰을 보내 맹자가 평소 도입을 주장했던 정전법 井田法이라는 토지제도에 대해 자문을 구했다. 이에 맹자가 필전에게 간곡히 당부한다.

당신의 임금께서 장차 인정仁政을 행하고자 하여 당신을 선택해 일을 시키셨으니, 당신은 반드시 힘써야 합니다. 인정은 반드시 토지의 경계 境界를 바르게 구획하는 것에서부터 시작되니, 경계를 구획하는 것이 바르지 못하면 정지井地가 균등하지 못하고 녹봉 역시 공평하지 못하게 됩니다. 이러므로 포악한 군주와 탐관오리들은 반드시 토지의 경계를 다스리는 일을 태만히 하는 것입니다. 토지의 경계를 구획하는 것이 이미 바르게 되면 토지를 백성들에게 나누어 주고 관리들의 녹봉을 제정하는 일은 앉아서도 정할 수 있습니다.[197]

---

197 『맹자집주』, 「등문공장구」 상 3, "使畢戰 問井地 孟子 曰 子之君 將行仁政 選擇而使子 子必勉 之 夫仁政 必自經界始 經界 不正 井地 不均 穀祿 不平 是故 暴君汚吏 必慢其經界 經界 旣 正 分田制祿 可坐而定也"

맹자는 왕도 정치란 단순히 왕이 마음공부나 신경 쓰고 형벌이나 가볍게 한다고 이루어지는 것이 아님을 분명히 한다. 과감한 개혁을 통해 실제적으로 백성들에게 경제적 토대를 마련해 주는 것으로부터 시작해야 함을 역설하고 있다. 더 나아가서는 가구 단위로 빈 농지에 뽕나무를 심고 가축을 사육해 백성들의 따뜻한 의복과 노인 복지까지 챙길 것을 제안한다.

5묘畝의 집 주변에 뽕나무를 심게 하면 50세 된 자가 비단옷을 입을 수 있으며, 닭과 돼지, 개와 큰 돼지를 기르되 새끼 칠 때를 놓치지 않게 하면 70세 된 자가 고기를 먹을 수 있습니다. 100묘의 토지를 경작함에 농사철을 빼앗지 않는다면 여러 식구인 집이 굶주리지 않을 수 있으며, 학교 교육을 신중히 행하여 효제孝悌의 의리로써 거듭 가르친다면 머리가 희끗희끗한 노인이 도로에서 짐을 지거나 이지 않을 것입니다. 70세 된 자가 비단옷을 입고 고기를 먹으며, 젊은 백성인 여민黎民들이 굶주리거나 춥지 않게 하고서도 왕도 정치를 하지 못하는 자는 있지 않습니다.[198]

요즘으로 말하면 유휴 토지를 활용한 특용 작물 재배와 가축 사육을 장려해 농가의 복지 혜택과 소득 증대를 권하고 있는 것이다. 이러한 맹자의 생각을 동시대에 속하는 서양의 플라톤의 국가관과 비교해 보면 맹자 주장의 현대성을 쉽게 이해할 수 있다.

---

198 『맹자집주』, 「양혜왕장구」 상 3. "五畝之宅 樹之以桑 五十者 可以衣帛矣 鷄豚狗彘之畜 無失其時 七十者 可以食肉矣 百畝之田 勿奪其時 數口之家 可以無飢矣 謹庠序之敎 申之以孝悌之義 頒白者 不負戴於道路矣 七十者 衣帛食肉 黎民 不飢不寒 然而不王者 未之有也"

플라톤은 백성의 교육이나 먹고사는 문제는 사적인 영역으로 간주하여 국가 기능에서 배제하고자 했다. 국가는 민생 문제에 개입을 최소화하고 국방과 외교, 치안 등의 질서 유지 임무만 맡아야 한다고 주장했다. 근대까지 플라톤의 이런 야경국가夜警國家 개념이 줄곧 서양 정치 경제 사상의 근간을 이루어 왔다.

반면에 그 시대에 이미 토지 개혁안을 주장하고 가장 합리적인 세법을 제안하며, 백성들의 생활 안정과 교육까지를 포함한 복지국가 개념을 제안한 맹자의 경세가적인 통찰과 안목은 그저 놀라울 뿐이다.

시장 경제 활동을 장려하고 가격 차별을 인정하다

일반적으로 많은 사람들이 유학은 농업을 중시하고 상업을 천시했다는 오해를 한다. 그러나 『논어』나 『맹자』를 보면, 실제로 공맹이 얼마나 상업 활동을 장려하고 물물의 유통을 중요하게 생각했는지를 볼 수 있다. 공맹은 모두 물물의 흐름을 막는 행위를 나쁜 정치의 모습으로 간주했다.

맹자가 무력으로 패자가 되고 싶어하는 제 선왕에게 왕도 정치를 권하면서 이렇게 말한다.

지금 왕께서 훌륭한 정치를 펴고 인을 베푸시어 천하에 벼슬하는 자들로 하여금 모두 왕의 조정에서 벼슬하고자 하게 하며, 경작하는 자들로 하여금 모두 왕의 들에서 경작하고자 하게 하며, 상인들로 하여금 모두 왕의 시장에 물건을 저장하고자 하게 하며, 여행하는 자들로 하여금 모두 왕의 길에 나가게 한다면 천하에 그 군주를 미워하는 자들이 모두 왕에게 달려와 하소연할 것이니 이와 같다면 누가 이것을 막겠습니까?[199]

맹자는 상업을 하는 사람들도 모두 왕이 보살피고 보호해야 할 사람들로 인식했다. 그래서 단순히 상업의 허용만이 아니라 더 적극적으로 상업을 장려할 수 있는 제도의 시행을 건의했다.

시장의 가게에 자릿세만 받고 화물에 대한 세금을 징수하지 않으며, 법대로 처리하기만 하고 자릿세도 받지 않으면 천하의 장사꾼들이 모두 기뻐하여 그 시장에 화물을 보관하기를 원할 것입니다. 성문에서는 기찰하기만 하고 세금을 징수하지 않으면 천하의 여행자들이 모두 기뻐하여 그 길로 나가기를 원할 것입니다.[200]

또한, 맹자는 시장에서의 상품 가격 차별을 인정하고 그것의 순기능을 적극적으로 옹호했다. 『맹자』, 「공손추장구」에 보면 자급자족을 이념으로 삼는 농가학파인 허행을 추종하는 진상이란 사람과의 대화가 나

199 『맹자집주』, 「양혜왕장구」 상 7, "今王 發政施仁 使天下仕者 皆欲立於王之朝 耕者 皆欲耕於王之野 商賈 皆欲藏於王之市 行旅 皆欲出於王之途 天下之欲疾其君者 皆欲赴愬於王 其如是 孰能禦之"
200 『맹자집주』, 「공손추장구」 상 5, "市 廛而不征 法而不廛 則天下之商 皆悅而願藏於其市矣 關 譏而不征 則天下之旅 皆悅而願出於其路矣"

온다. 진상이 허행이 주장하는 일물일가一物一價 원칙에 대해 다음과 같이 말한다.

> 허자의 도를 따르면 시장의 물건값이 두 가지가 아니어서 온 나라 안에 거짓이 없어 비록 5척 동자로 하여금 시장에 가게 하더라도 혹시라도 그를 속일 자가 없을 것입니다. 베와 비단의 길이가 서로 같으면 값이 서로 같으며, 오곡의 양이 서로 같으면 값이 서로 같으며, 신의 크기가 서로 같으면 값이 서로 같습니다.[201]

이에 대해 맹자가 반론한다.

> 물건이 똑같지 않음은 물정의 실정이니 값의 차이가 혹은 서로 배가 되고 다섯 배가 되며 혹은 서로 열 배가 되고 백 배가 되며 혹은 서로 천 배가 되고 만 배가 되거늘, 그대가 이것을 나란히 하여 똑같이 하려 하니 이는 천하를 어지럽히는 짓이다. 만약 큰 신과 작은 신이 값이 같다면 사람들이 어찌 큰 신을 만들겠는가? 허자의 도를 따른다면 서로 이끌고서 거짓을 할 것이니 어떻게 국가를 다스릴 수 있겠는가?[202]

---

201 『맹자집주』, 「등문공장구」 상 4, "從許子之道 則市賈 不貳 國中 無僞 雖使五尺之童 適市 莫之 或欺 布帛長短 同 則賈相若 麻縷絲絮輕重 同 則賈相若 五穀多寡 同 則賈相若 屨大小 同 則賈相若"

202 『맹자집주』, 「등문공장구」 상 4, "曰 夫物之不齊 物之情也 或相倍蓰 或相什伯 或相千萬 子 比 而同之 是 亂天下也 巨屨小屨 同賈 人豈爲之哉 從許子之道 相率而爲僞者也 惡能治國家"

맹자는 시장을 인간 문명사회에서 반드시 있어야 하는 필요 제도로 이해하고 있다. 품질의 차이, 수급의 차이에 따른 가격 결정 원리에 대해서도 충분히 이해하고 있음을 알 수 있다. 시장이 있어야만 물품의 교환이 가능해지고 분업을 통해 문명이 앞으로 나아갈 수 있음을 정확히 인식하고 있는 것이다. 그래서 일부 폐단이 있다 할지라도 시장을 적극적으로 보호하고 발전시켜야 한다고 주장한 것이다.

그렇다고 맹자가 맹목적인 시장주의자는 아니다. 시장의 실패 가능성을 모른 것도 아니다. 우리가 현재 쓰고 있는 '불공정한 이익 독점'이란 의미의 '농단壟斷'이란 말도 『맹자』에서 유래한 것이다.

> 옛날에 시장에서 교역하는 자들이 자기가 가지고 있는 물건을 가지고 없는 물건과 바꾸면 시장 관리가 세금을 거두진 않고 분쟁을 다스릴 뿐이었다. 그런데 천한 놈이 있어 반드시 시장의 높은 언덕에 올라가서 좌우로 바라보면서 시장의 이익을 모두 취하자 사람들이 모두 천하게 여겼다. 그러므로 그에게 세금을 징수했으니 상인에게 세금을 징수한 것은 그 천한 놈으로부터 비롯되었다.[203]

맹자가 천한 놈이라고까지 표현하며 문제시한 것은 정상적인 상거래와 유통이 아니다. 오히려 시장의 질서를 교란시키고 편법으로 이익을 독점하는 불공정 거래에 대해 지적하고 있다. 맹자는 이러한 불공정한

---

203 『맹자집주』, 공손추장구 하 10. "古之爲市者 以其所有 易其所無者 有司者 治之耳 有賤丈夫焉 必求龍斷而登之 以左右望而罔市利 人皆以爲賤 故 從而征之 征商 自此賤丈夫始矣"

행위가 상거래만이 아니라 관직 임명에서도 벌어지고 있다고 개탄한다. 어쩌면 맹자는 그 시대에 이미 불공정 거래에 대한 개념과 시장이 제 기능을 못 할 때 국가가 어떤 역할을 해야 하는지에 대해서도 정확히 인식하고 있었던 듯하다.

분업이 없다면 천하가 피곤해진다

고대 농경 사회임에도 불구하고 맹자는 이미 분업의 의미를 깊이 이해하고 있었다. 『맹자』, 「등문공장구」 상에는 현인이라면 자급자족하는 삶을 살아야 한다고 주장하는 진상에게 맹자가 분업의 중요성을 설파하는 대목이 있다. 어느 날 농가학파인 허행의 말을 듣고 크게 감동한 진상이 맹자와 이런 대화를 나눈다.

> **진상:** 등나라 군주는 진실로 현군입니다. 그러나 아직 도를 듣지는 못했습니다. 현자는 백성들과 함께 밭을 갈고서 먹으며 밥을 짓고서 정치를 한다고 합니다. 그런데 지금 등나라에는 창고와 곡간이 있습니다. 그렇다면 이는 백성을 해쳐서 자신을 봉양하는 것이니 어찌 어질 수 있겠습니까?
> **맹자:** 허자는 반드시 곡식을 심은 뒤에 먹는가?
> **진상:** 그렇습니다.
> **맹자:** 허자는 반드시 삼베를 짠 뒤에 입는가?
> **진상:** 아닙니다. 허자는 갈옷을 입습니다.

맹자: 허자는 관을 쓰는가?

진상: 관을 씁니다.

맹자: 무슨 관을 쓰는가?

진상: 흰 비단으로 관을 만듭니다.

맹자: 스스로 그것을 짜는가?

진상: 아닙니다. 곡식을 주고 바꿉니다.

맹자: 허자는 어찌하여 스스로 짜지 않는가?

진상: 농사일에 방해가 되기 때문입니다.

맹자: 허자는 가마솥과 시루로써 밥을 지으며 쇠붙이로써 밭을 가는가?

진상: 그렇습니다.

맹자: 스스로 그것을 만드는가?

진상: 아닙니다. 곡식을 주고 바꿉니다.

맹자: 곡식을 가지고 농기구와 바꾸는 것이 대장장이를 해침이 되지 않으니 대장장이 또한 그 농기구를 가지고 곡식과 바꾸는 것이 어찌 농부를 해침이 되겠는가? 또 허자는 그릇과 농기구를 직접 만들어 모두 그 집 안에서 취하여 쓰지 않고 어찌하여 바쁘게 백공百工과 교역하는가? 어찌하여 허자는 번거로움을 꺼리지 않는가?

진상: 백공의 일은 진실로 밭 갈면서 동시에 할 수는 없는 것입니다.

맹자: 그렇다면 천하를 다스림은 유독 밭 갈고 또 할 수 있단 말인가. 정치가의 일이 있고 백성의 일이 있으며, 또 한 사람의 몸에 백공이 만든 것들이 모두 구비되어 있으니 만일 반드시 자기가 만든 뒤에야 쓴다면

이는 천하 사람을 거느려 분주히 나다니게 만드는 일이다.[204]

주제는 정치를 하는 일이 농사일을 하면서 한가로이 할 수 있는 일이 아님을 설명하고자 하는 것이었지만, 맹자는 분업의 관점에서 정치와 농사일을 구분했다. 농경 사회에서도 분업이 있어야 농부는 제철을 놓치지 않고 작물을 키울 수 있으며, 장인들은 식량을 걱정하지 않고서 그릇을 만들고 농기구를 제작할 수 있는 것이다. 농부가 백공을 위해 농사짓는 것이 아니고 백공도 농부를 사랑해서 쟁기를 만드는 것이 아니지만, 서로 분업을 통해 만든 상품을 교환함으로써 서로에게 도움이 되고 생활이 여유로워진다.

분업이 다른 사람을 괴롭히는 일이라고 주장한 농가학파에게 분업이야말로 서로 모르는 사람끼리 상부상조하는 가장 좋은 방법임을 말하고 있다. 사람은 스스로 혼자서 모든 걸 자급자족할 때보다 분업을 이용할 때 훨씬 풍요로운 삶을 누릴 수 있다.

분업에 대한 맹자의 통찰이 얼마나 탁월한가는 2,000년이 지나 애덤 스미스의 『국부론』에서 재차 확인할 수 있다. 그는 경제를 풍요롭게 하

---

204 『맹자집주』, 「등문공장구」 상 4. "陳相 見孟子 道許行之言曰 滕君 則誠賢君也 雖然 未聞道也 賢者 與民竝耕而食 饔飧而治 今也 滕有倉廩府庫 則是厲民而以自養也 惡得賢 孟子 曰 許子 必種粟而後 食乎아 曰 然 許子 必織布而後 衣乎 曰 否 許子 衣褐 許子 冠乎 曰 冠 曰 奚冠고 曰 冠素 曰 自織之與 曰 否 以粟易之 許子 奚爲不自織 曰 害於耕 許子 以釜 甑爨 以鐵耕乎 曰 然 自爲之與 曰 否 以粟易之 孟子 曰 許子 必種粟而後 食乎 曰 然 許子 必織布而後 衣乎 曰 否 許子 衣褐 許子 冠乎 曰 冠 曰 奚冠 曰 冠素 曰 自織之與 曰 否 以 粟易之 曰 許子 奚爲不自織 曰 害於耕 許子 以釜甑爨 以鐵耕乎 曰 然 自爲之與 曰 否 以粟易之 然則治天下 獨可耕且爲與 有大人之事 有小人之事 且一人之身而百工之所爲 備 如必自爲而後 用之 是 率天下而路也"

는 첫 번째 원리로 분업을 꼽았다. 애덤 스미스는 분업이 있어야 노동자의 기술이 향상되고 제품의 제조 시간이 단축되며 전문화를 통해 기계 등의 발명을 가능하게 한다고 말한다. 또 분업은 시장의 크기에 영향을 받으므로 자유로운 시장 경제 체계야말로 분업 발전과 문명 향상의 핵심이라고 주장했다.

시장에 대한 세율을 낮추고 물류를 자유롭게 하며 분업의 중요성을 설파하는 맹자의 주장은 수천 년 시공간을 뛰어넘어 경제학의 아버지라 칭송된 애덤 스미스의 주장과 맥을 같이하고 있는 것이다.

중자에게 청하다將仲子

부탁하노니 중자여, 우리 마을을 넘어들어와
내가 심은 버들을 꺽지 마세요
어찌 버들이 아까우리오마는 부모님이 두렵답니다
도련님이 그립기도 하지만 부모님 말씀이 더욱 두렵습니다

부탁하노니 중자여, 우리 집 담을 넘어들어와
내가 심은 뽕나무를 꺽지 마세요
어찌 뽕나무가 아까우리오마는 어른들이 알까 두렵답니다
도련님이 그립기도 하지만 어른들의 말씀이 더욱 두렵습니다

부탁하노니 중자여, 우리 집 화원을 넘어들어와
내가 심은 박달나무를 꺽지 마세요
어찌 박달나무가 아까우리오마는 사람들의 말 많음이 두렵답니다
도련님이 그립기도 하지만 남들의 뒷공론이 더욱 두렵습니다

將仲子兮여 無踰我里하여 無折我樹杞어다
장중자혜　　무유아리　　　무절아수기

豈敢愛之리오만 畏我父母니라
기감애지　　　외아부모

仲可懷也나 父母之言이 亦可畏也니라
중가회야　　부모지언　　역가외야

將仲子兮여 無踰我墻하여 無折我樹桑이어다
장중자혜　　무유아장　　　무절아수상

豈敢愛之리오만 畏我諸兄이니라
기감애지　　　외아제형

仲可懷也나 諸兄之言이 亦可畏也니라
중가회야　　제형지언　　역가외야

將仲子兮여 無踰我園하여 無折我樹檀이어다
장중자혜　　무유아원　　　무절아수단

豈敢愛之리오만 畏人之多言이니라
기감애지　　　외이지다언

仲可懷也나 人之多言이 亦可畏也니라
중가회야　　인지다언　　역가외야

춘추 제후국 중의 하나였던 정나라의 시이다. 사람의 눈을 피해서 정분을 나누는 젊은 남녀의 마음을 노래하고 있다. 중자라는 청년을 그리워하면서도 혹시라도 남들의 눈에 띄어 야단을 맞을까 봐 가슴 졸이는 처녀의 마음이 잘 표현되어 있다. 주희는 이 시가 남녀상열지사男女相悅之詞를 노래한 대표적인 시라고 평했다.

수천 년 전에 있었던 일이지만 오늘날 우리 청춘 남녀의 마음과 조금도 다름이 없다. 부모님이 아실까 봐 전전긍긍하면서도 남자의 구애를 받아들이는 조심스러운 어느 처녀의 마음을 상상할 수 있어 절로 미소가 일어난다.

그러나 정작 당시 『시경』을 정리한 공자는 정나라의 노래는 음란하다 하여 싫어했다. 『논어』, 「위령공」 편에 보면 안연히 공자에게 나라를 다스리는 방법에 관해 묻는다. 답변 중에 공자가 음악에 대해 이렇게 말한다.

음악은 소무韶舞를 할 것이요, 정나라 음악은 추방하며, 말재주 있는 사람은 멀리해야 한다. 정나라 음악은 음탕하고 말 잘하는 사람은 위태롭다.[205]

소무韶舞는 성인인 순임금이 지었다는 음악이다. 공자는 『논어』, 「양화」 편에서 정나라 음악에 대해 또 이렇게 말한다.

나는 자주색이 붉은색을 빼앗는 것을 미워하며, 정나라 음악이 아악을 어지럽히는 것을 미워하며, 말 잘하는 입이 나라를 전복시키는 것을 미워한다.[206]

---

205 『논어』, 「위령공」, "樂則韶舞 放鄭聲 遠佞人 鄭聲淫 佞人殆"
206 『논어』, 「양화」, "子曰 惡紫之奪朱也 惡鄭聲之亂雅樂也 惡利口之覆邦家者"

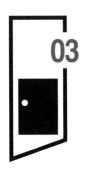

03

맹자는 어떤 사람인가?

겨울에는 『논어』를 읽고, 여름에는 『맹자』를 읽어라

옛 선비들은 『논어』는 겨울에 읽고, 『맹자』는 여름에 읽었다고 한다. 오랫동안 『논어』와 『맹자』를 글로 만나왔지만 참으로 적절한 이야기다. 공자는 그 표현이 온화하고 지나침이 없다 보니 『논어』를 읽으면 언제나 봄날 같은 온기를 느낀다. 각박한 세상에 『논어』를 읽으면 마음이 훈훈해진다.

반면에 『맹자』는 그 표현이 명쾌하고 기상이 준엄하다. 일상의 매너리즘에 젖어 있던 소시민의 정신을 번쩍 깨우는 맛이 있다. 맹자는 찬란한 도덕심의 소유자이면서 천재적인 머리와 웅변력, 태산 같은 기상을 지니고 있다. 그래서 조선에서는 공부하는 선비라면 누구나 『맹자』를 읽으며 문장을 배웠다. 지금도 조선 사대부들의 상소문을 보면 그 기상과 문체가 맹자의 영향을 받았음을 쉽게 느낄 수 있다.

조선 건국의 일등 공신인 정도전도 평생 『맹자』를 곁에 두고 읽었다고 한다. 새로운 세상을 꿈꾸는 혁명가들은 맹자를 사랑했고, 그런 이유로 권력자들은 맹자를 싫어했다. 중국 송나라에 이르러 『맹자』가 사서로 표창되고 『논어』와 함께 유가 경전의 대표로 인식되었지만, 오랫동안 『맹자』는 유교 문화권에서도 금서로 분류되었다. 하지만 부도덕한 세상에 안주하지 않고 세상을 개혁하고 싶은 사람이라면 지금도 『맹자』의 매력을 벗어나기 어렵다. 그것이 내가 계절을 불문하고 『맹자』를 자주 보게 되는 이유인 것 같다.

또 내가 『맹자』를 좋아하는 이유는 『맹자』에는 구체적인 스토리가 있기 때문이다. 유학의 4대 경전이라면 잘 아는 것처럼 『논어』, 『맹자』, 『대학』, 『중용』이다. 『대학』과 『중용』이야 본래 짧지만, 『맹자』는 그 글자 수가 3만 4,685자로 『논어』의 거의 세 배에 달하는 분량이다. 그럼에도 나는 가장 자주 『맹자』를 보게 된다. 『맹자』를 보아야 다른 경전들의 의미를 생생하게 이해할 수 있다. 비유하자면 『맹자』를 통해서야 유학의 펄펄 뛰는 심장과 차가운 지성을 동시에 만날 수 있다.

『대학』과 『중용』은 유학 사상을 핵심적으로 요약하여 정리하다 보니 짧다. 길다고 하는 『논어』만 해도 짧은 문답형 글들로 이루어져 있다. 또한 『논어』에서 공자는 같은 질문이라도 제자들마다 그 처지에 맞게 매번 다른 표현으로 가르침을 전달하다 보니 후세인이 깊은 철학적 함의를 이해하기가 쉽지 않다.

그러나 다행히도 우리는 맹자가 있어서 공자의 사상을 제대로 이해할 수 있게 되었다. 공자가 앞서서 이야기해 놓은 정신에 뼈와 살을 입혀서 생생하게 살아 있는 학문과 제도로 내놓은 것은 맹자이다. 공자 사상에 대한 경세가로서의 맹자의 통찰과 해석이 있었기에 유학이 후대에도 그 생명력을 잃지 않을 수 있었다. 동시대 서양 철학사에 비교하자면 마치 제자인 플라톤이 있어 소크라테스의 사상이 후세에 알려진 것처럼 맹자의 친절한 해석이 있었기에 공자의 학문이 온전히 전달되었다고 하겠다.

맹자, 공자를 위해 태어난 사람

맹자는 기원전 372년경에 태어나 기원전 289년경에 죽었다. 공자가 대략 기원전 551년경에 태어나 기원전 479년경에 죽었으니 공자로부터 약 100여 년 뒤에 살다 간 사람이다. 맹자의 출생지는 추나라인데 공자의 고향인 곡부와 아주 인접한 지역이다. 어려서부터 학문을 좋아했고 공자의 손자인 자사에게 공부했다. 공자의 가장 어린 제자가 증자였고 그 제자가 자사이니 맹자는 공자로부터 3대째 이어진 제자이다. 증자가 『대학』을 쓰고, 자사가 『중용』을 지었다고 하니, 맹자에게는 이미 『논어』, 『대학』, 『중용』의 사상이 모두 전달된 셈이다.

맹자는 유학에서 공자 다음가는 성인이라 하여 아성으로 불린다. 공자가 유학을 창설했다면, 맹자는 유학 이론의 초보적인 완성을 대표한다. 유학의 발전 방향으로 말한다면, 공자 사상이 유학에 대하여 방향을 정해 놓은 것에 대해, 이론 체계를 세워서 비로소 완전한 유학 체계를 건립한 것은 맹자에 이르러서다. 그러므로 유학 계통에서 맹자는 극히 특수한 지위를 가지고 있다. 맹자의 이론이 유학 사상의 중요한 기반과 근거가 되기 때문이다.

그 중 대표적인 것이 성선설이다. 공자가 인, 의, 예의 중심을 잡은 것에 대해, 맹자는 성선설을 제시하여 공자의 학설을 보충·완성했다. 유학적 인간관의 가장 큰 특징인 성선 이론이 없었다면 유학은 일찍이 그 기반을 상실하여 철학사에서 소멸되고 말았을 것이다.

맹자의 실제 인생 행적도 공자와 닮은 점이 많다. 즉, 벼슬에 나가기까지는 추나라에서 제자를 가르쳤고, 약 40세부터 공자처럼 천하를 주유하며 제후들에게 왕도 정치를 유세하고 다녔다. 그러나 나이 60세가 넘어서까지 뜻을 이루지 못하자, 다시 추나라로 돌아와 책을 쓰며 여생을 마쳤다.

이때 직접 쓴 책이 지금 우리가 보고 있는 『맹자』이다. 우리가 상식적으로 알고 있는 많은 고사성어와 유학 용어는 상당수 『맹자』 책에 연원을 두고 있다. 사단지심, 호연지기, 여민동락, 양능良能, 양지良知 등등 이루 말할 수 없이 풍부한 동양의 지혜를 우리는 맹자에게 빚지고 있다. 그러나 당시의 제후들이 필요로 했던 것은 신속히 효과를 낼 수 있는 부국강병의 정치술이었다. 그러한 제후들의 현실적인 관심에서 다소 멀게 느껴졌던 맹자의 이론은 대다수 제후에게 채택되지 못했다. 결국, 맹자는 당대에 왕도 정치를 구현하겠다던 자신의 이상을 포기해야만 했다.

전란의 시대, 난세를 살다

공자와 맹자는 주나라의 후반부인 춘추전국시대에 살았다. 춘추전국시대는 주나라가 수도를 서쪽의 서안에서 동쪽의 낙양으로 이전한 시점을 기점으로 그 이후를 가리킨다. 다시 세분하면, 공자는 춘추시대에 살았으며, 맹자는 전국시대에 살았다. 춘추시대는 기원전 770년에서 기원전 403년까지이며, 전국시대는 기원전 403년에서 진나라가 천하를 통일하기 전인 기원전 222년까지이다. 지금은 우리가 노나라, 추나라 등 모두 나라로 부르지만, 엄밀히 말하면 춘추전국시대를 포함해 기원전 1046년부터 기원전 256년까지는 모두 주나라 시대에 속한다. 주나라 초기 주 왕실은 친인척들과 개국 공신들에게 토지를 나누어 주고 제후로서 임명해 다스리며 주 왕실을 지키게 했다. 이것이 시간이 지나 제후의 영토가 세습되면서 제후국으로서 독립적인 국가를 이루는 봉건체제가 되었다. 주 왕실 초기 이렇게 나누어진 제후국의 수는 약 140여 개가 넘었다.

그러나 시간이 지나 주 왕실의 권위가 약해지고 제후국들 간에 혈연적 유대감이 사라지면서 강한 나라가 약한 나라를 잡아먹는 약육강식의 시대가 전개되었다. 그 본격적인 시작이 주나라의 수도 천도를 기점으로 한 춘추시대이다. 춘추시대를 지나 전국시대로 들어가면서 주 왕실은 사실상 유명무실해졌고, 140여 개가 넘던 나라가 전쟁을 통해 7개국으로 통합되었다.

이후 최종적으로 진나라에 의해 통일될 때까지 중국 대륙은 끊임없이 전란에 시달렸다. 맹자가 죽은 시기가 기원전 289년이니 진나라 통일 약 60여 년 전이다. 맹자는 중국 천하가 전국시대 마지막으로 달리던 가장 치열한 환란의 시기를 헤치며 살아야 했다.

춘추전국시대는 윤리적으로나 정치적으로 인륜이 무너져가는 혼란기였지만, 다른 한편으로 생산력이란 측면에서는 철이 보급되어 농기구를 쇠로 제작했고, 소를 농사에 본격적으로 이용하기 시작한 때이기도 하다. 소와 쇠 보습을 이용하여 밭갈이 방식이 바뀌자 생산력이 크게 늘었다. 생산이 늘자 잉여가 생기고, 인구가 늘고 상공업이 발달했다.

이러한 생산력의 증대로 상업이 활성화되면서 상인 계층의 등장이 두드러졌다. 특히, 전국시대에는 국가 차원에서 생산력을 높이려는 정책도 시도되었으며, 상인의 세력이 커져서 상인으로서 부를 가지고 진나라의 재상까지 된 여불위呂不韋 같은 사람도 등장했다.

전국시대는 또한 제자백가諸子百家의 시대였다. 무엇보다도 숱한 사상과 학설이 난무하게 된 것은 정치적 상황 때문이었다. 격변의 시기에 제후들은 부국강병을 위해, 생존하기 위해, 이기기 위해 모든 지혜를 강구했다. 국경의 제한도 없었기 때문에 선비들은 이런 환경에서 마음껏 자신의 학설을 제후들에게 유세할 수 있었고, 채택만 된다면 그것으로 충분한 사회적·경제적 보상을 얻을 수 있었다. 사상을 통제할 중앙권력이 존재하지 않았으므로 이를 배경으로 중국사상사에서 가장 활발하고 다채로운 논쟁이 전개될 수 있었다. 법가法家, 도가道家, 농가農家, 종횡가縱橫家, 명가名家, 음양가陰陽家, 잡가雜家 등을 표방하는 수많은 학자들이 왕성한 사상 활동을 펼치고 있었으며, 맹자는 그들 가운데 한 사람이었다. 맹자는 공자의 제자로 자처하면서, 다른 학파들을 비판하고 때로는 그들과 논쟁하면서 유학의 골격을 구축했다.

떨어지는 매화 열매摽有梅

떨어지는 매화 열매 그 열매 일곱 개 남았네.

나를 찾는 남정네들 좋은 날 가려 내게 오세요

떨어지는 매화 열매 그 열매 이제 세 개 남았네.

나를 찾는 남정네들 오늘 바로 오세요

떨어지는 매화 열매 바구니 기울여 모두 담았네.

나를 찾는 남정네들 어서 내게 말만 하세요

摽有梅여 其實七兮로다 求我庶士는 迨其吉兮인저
표유매   기실칠혜   구아서사   태기길혜

摽有梅여 其實三兮로다 求我庶士는 迨其今兮인저
표유매   기실삼혜   구아서사   태기금혜

摽有梅여 頃筐墍之로다 求我庶士는 迨其謂之인저
표유매   경과기지   구아서사   태기위지

『시경』, 「소남召南」 편에 나오는 시이다. 『시경』은 이전에 있던 많은 시들 중에서 일부를 뽑아 공자가 정리한 것이니, 최소 기원전 5세기 이전의 시들이다. 까마득한 상고시대 같지만, 사람의 정서는 어찌나 지금과 다

름이 없는지 볼 때마다 묘한 감동을 받는다. 이 시는 봄이 이제 가려 하는데 아직 짝을 구하지 못한 처녀의 안타까운 심정을 표현하고 있다.

옛날에는 젊은 남녀가 때를 놓치지 않고 혼사를 치를 수 있게 해주는 것이 위정자의 통치력을 나타내는 지표였다고 한다. 그리고 시는 왕이 그 지역 민심을 판단하고 제후의 정치를 평가하는 수단이었다. 민간에서 불리는 이런 시를 채집해 주왕周王은 그곳 제후의 통치력을 평가했을 것이다.

어찌 그때만 그럴까. 꽃 같은 청춘에 결혼을 포기하는 우리 젊은이들을 보면 예나 지금이나 정치가 해야 할 일이 무엇인지 분명하기만 하다.

• 주희 『논어집주』

• 주희 『맹자집주』

• 주희 『대학장구』

• 주희 『중용장구』

• 『시경』

• 『예기』

• 『장자』

• 『순자』

• 주자, 여조겸 편저, 『근사록』

• 이이, 『성학집요』, 김태완 역, 청어람미디어, 2007

• 왕숙 편찬, 『공자가어』, 임동석 역, 동서문화사, 2009

• 정약용, 『맹자요의』, 이호형 역, 현대실학사, 1994

• 채인후, 『맹자의 철학』, 천병돈 역, 예문서원, 2000

• 애덤 스미스, 『도덕감정론』, 박세일, 민경국역, 비봉출판사, 1996

• 도메 다쿠오, 『지금 애덤 스미스를 다시 읽는다』, 우경봉 역, 동아시아, 2010

• 모종삼, 『중국철학강의』, 김병채 역, 예문서원, 2011

• 배병삼, 『우리에게 유교란 무엇인가』, 녹색평론사, 2012

• 황태연, 김종록, 『공자 잠든 유럽을 깨우다』, 김영사, 2015

• 대커 켈트너, 『선의 탄생』, 하윤숙 역, 옥당, 2011

• 윤석철, 『프린시피아 매네지멘타』, 경문사, 1991

• 백민정, 『정약용의 철학』, 이학사, 2007

• 금장태, 『인과 예: 다산의 논어 해석』, 서울대 출판부, 2006

• 서복관, 『중국예술정신』, 권덕주 외 역, 동문선, 1990

• 송재용 외, 『Samsung Way』, 21세기북스, 2013

• 신정근, 『맹자여행기』, h2, 2016

• 김용옥, 『중용 인간의 맛』, 통나무, 2011

맹묘(孟廟)에 있는 아성전

맹자의 영혼을 기리는 곳이다. 맹묘에서 제일 크고 높은 건물이다.

유학과 경영의 낯선 만남, 미래를 여는 경영 이야기

맹자에게 경영을 묻다

초판 1쇄	2017년 06월 16일
지은이	유정년
발행인	김재홍
편집장	김옥경
디자인	이유정, 이슬기
교정 · 교열	김진섭
마케팅	이연실
발행처	도서출판 지식공감
등록번호	제396-2012-000018호
주소	경기도 고양시 일산동구 견달산로225번길 112
전화	02-3141-2700
팩스	02-322-3089
홈페이지	www.bookdaum.com
가격	15,000원
ISBN	979-11-5622-290-3 03320
CIP제어번호	CIP2017012241
	이 도서의 국립중앙도서관 출판도서목록(CIP)은 서지정보유통지원시스템 홈페이지(http://seoji.nl.go.kr) 와 국가자료공동목록시스템(http://www.nl.go.kr/kolisnet)에서 이용하실 수 있습니다.